# 相州自由民権運動の展開

大畑　哲

有隣堂

# はじめに

本書に収めた諸論文は、神奈川県内の相州地域にかかわる自由民権運動の研究を収録したものである。自由民権期の神奈川といえば、今日の神奈川県に三多摩を加えた、いわゆる「武相」地域をさすが、わたしはその中の相州を対象地域にして、長年研究を進めてきた。そのわけは、三多摩には早くから色川大吉氏をはじめ、渡辺奨、沼謙吉、若手では新井勝紘、鶴巻孝雄氏など錚々たる研究者がおり、次々と優れた業績を挙げられていたのに対して、当時、相州地域には研究者も少なく、研究業績からいっても一種の空白地帯をなしていたからであった。また、研究を進めていくうちに、同じ旧神奈川県内でも、武州と相州との間に民権運動の展開や性格の違いがあることに気付き出した。その違いについては、本書の全体を通じて明らかにしたつもりである。

かねてからわたしは、相州における民権運動を、(1)国会開設運動　(2)民権結社の時代　(3)松方デフレ下の運動　(4)大阪事件　(5)明治二十年代における自由・改進の党争、の五つに区分して論じてきた。このうち、(1)と(2)は民権運動の開幕と高揚の時期、(3)(4)は運動の激化と解体の時期、(5)は運動の再建と分裂の時期である。

国会開設運動は、相州自由民権運動の本格的な開幕を告げるものであった。この運動は武州が、首都の民権派知識人やジャーナリストによる演説会や懇親会が先行したのに対して、相州では明治十三年二月、第三回地方官会議を傍聴した相州の県会議員六名の呼びかけで始まった。それを主導したのは、県議をはじめ戸長、郡書記、村議ら地方有力者たちで、それを民権派の郡長が支援した。それはまさに豪農主導による、地域ぐるみの官民一体の運動であった。そしてわずか三カ月の間に、相州九郡から二万三千余の請願署名を集めるという快挙を成し遂げた。六月五日、請願総代たちは、福沢諭吉の起草した建白書と署名簿を携えて上京した。その夜、一行は宿舎で、神奈川県令・野村靖から突如執拗な妨害工作を受けるが、それを蹴って建白を決行している。

国会開設運動の成功は、運動参加者たちに強烈な影響を与えた。自由・民権・平等は、時代のキーワードとなった。各地の活動家は、地方の団結をはかるため、民権結社の結成に乗り出した。それを支援したのが、首都の民権派知識人やジャーナリストであった。明治十四年八月、相州初の民権結社「湘南社」が大磯で旗揚げし、それをかわきりに大小の結社が続々と結成され、十七年までに相州全体で三十余（神奈川県下全体では百余）の結社を数えた。有力結社の湘南社や厚木の相愛社の発会式には、一〇〇〇名を超える参加者があったという。民権運動は結社の時代を迎えて、一般民衆も参加するより大衆的な性格を帯びていった。民権結社の活動は、演説会や学習会のほかに、勧業、教育、福祉、衛生、娯楽など、多様な分野にわたっていた。なかでも湘南社は、東京から専任の講師を招いて湘南講学会を開設し、外国語の原書を用いて主権論や自由論、代議政体論を学習討論するなど、極めて高度の学習活動を行っている。

民権結社はその間に、十四年政変、国会開設の詔勅発布、自由党の創立という政局の激動を体験して、幹部たちが一斉に自由党に加盟する。同党への加盟は神奈川では、明治十五年七月から始まるが、自由党時代を迎えて民権運動はより組織的、大衆的なものとなった。神奈川自由党はやがて、党員数において全国屈指の党勢を誇り、十七年十月の解党時まで、組織・財政の両面で党中央の最も頼りうる地方組織に発展していった。

明治十七年、自由民権運動は松方財政下で、深刻な危機にさらされる。急激なデフレ政策の結果、農産物価は暴落し、主産物の米と繭も数年前の半値以下に下落した。同時にこの時期には、民権思想が下層農民にまで浸透し、重税や負債に苦しむ農民たちが、各地で騒擾事件を引き起こしていく。彼らにとって自由民権とは、まさに「生存の自由と権利」を意味するものであった。農民騒擾はまず相州西部を席捲するが、同年五月に大磯で起きた高利貸・露木卯三郎殺害事件は、全相州を震撼させた。露木事件は、明治十一年十月に大住郡真土村の地主一家が焼き打ち殺傷された真土事件と比べて、その背景と原因は違うが、どちらも土地を奪われた農民たちが、集団で相手を殺害するという激化事件である。このような激化事件は武州にはない。この事件が武相の民権運動に与えた影響は極めて大きかった。

七月に入ると騒擾の波は、相州東部と武州・三多摩に波及し、ついに武相困民党という負債者集団を生み出していく。困民党は御殿峠事件など大小の騒擾事件を激発しながら、その年の十一月には武相七郡一五〇カ村の大組織に発展する。しかし翌十八年一月の県令交渉を最後に、官憲の弾圧を受け壊滅した。困民党事件の渦中で、武相の自由党幹部たちは、銀行会社の役員として困民党に敵対する者、両者の間に入って仲裁の労をとる者、また地主層を率いて地租軽減運動に当たる者など、さまざまであった。しかし秩父のように、自由党員で困民党に自ら参加した者は、三多摩出身の若林高之助ただ一人に過ぎなかった。そこに秩父困民党との決定的な違いがあった。

民権運動の解体期に、相州から大量の犠牲者を出した事件に、明治十八年の大阪事件がある。この事件は、『自由党史』では「朝鮮改革運動」といわれているように、当時の朝鮮内の政治的内紛に付け込んで、武装した自由党員の一団を送り込み、クーデターによって親日派に政権を奪取させようという、大井憲太郎らの描いた構想に基づくものであった。これを伝え聞いた旧自由党員たちは全国から集まり、一時は一二〇名に上ったという。しかし、計画は渡航資金の不足から遅延を重ね、ついにその年の十一月末、朝鮮での実行隊が大阪と長崎で一斉に逮捕されて終わった。この事件で相州の参加者は、資金募集の任務を課せられたが、思うように集まらず、最後は大井らの指示で非常手段(強盗)に訴えて資金を強奪するという悲劇的役割を演じた。この時、若き北村透谷が、親友の大矢正夫から同調を求められたという有名なエピソードがある。ともあれこの事件は、国内革命という民権運動の本来の目的を見失い、「民権から国権へ」の第一歩を踏み出した事件として、相州の参加者にとっては二重の悲劇であった。

以上のほか二、三の点について付言しておきたい。

自由民権期には、神奈川を含む首都圏一帯に、嚶鳴社、国友会など中央の演説結社から多数の民権派知識人、ジャーナリストが地方遊説に派遣され、民権思想の普及と啓蒙に画期的な役割を果たしたことはよく知られている。そして政党時代に入ると、中島信行、大井憲太郎、星亨などの大物政治家が、相州の民権家や自由党員に大きな影響を与えている。中島と湘南社、大井と大阪事件、星と神奈川自由党など、指導者の個性が色濃く運動に反映することもあった。

もう一つ、相州の特徴として指摘しておきたいことに、在地民権家たちのまちづくりと村おこしの事業がある。これらの事業は、民権期を過ぎた明治二十年代以降になるが、私はかねがねこれを「民権思想の開花」と呼んできた。事業の内容は、教育・福祉・医療から農業・養蚕、はては治水や発電・鉄道にまで及んでいる。かつて研究者の間で、民権運動が挫折したあと、民権家の運動からの離脱を、「政治から実業へ」と評したことがあったが、今思えばそれは極めて一面的な評価だったと言わざるを得ない。つまりこれらの事業は、十年代に学び取った自由民権の革新思想を、実業の世界で再生したものと評価すべきではなかろうか。相州の民権家たちのその後の生涯と足跡を追っていくと、そのような結論に到達するのである。その典型が中郡盲人学校（現神奈川県立平塚盲学校・平塚ろう学校）の設立である。ここには湘南社で学び、クリスチャンとなった金目村の民権家たちの事業が、時を越えて生き続けているのである。民権思想の伝統と再生を学ぶには、このような視点に立った地方史の見直しが求められているように思う。

ともあれ、神奈川の自由民権運動は、まことに豊かな運動の遺産とそれを語る資料に恵まれている。神奈川の民権史には、高知や福島や秩父のような高名な指導者や大事件こそないが、運動の成立期から高揚期、混迷期と解体期といった運動史のどこをとっても、それなりの史実と資料に出会うことが出来る。そのことは、相州の運動の主体が多数の無名の豪農活動家からなり、運動に平民性と大衆性という性格を付与していることと関係があろう。

なお、本書では民権期の前後に起きた事件として、明治維新の草莽《そうもう》運動と明治二十年代の高座郡県会選挙の二論文を加えた。どちらも地元では古くから人口に膾炙している事件である。

〈目次〉

はじめに

I　民権運動の開幕

1　神奈川県における自由党の成立過程―相州を中心に……12

(1)　真土事件より民権運動へ　12

(2)　国会開設請願運動　15

(3)　地方政社と民権思想の浸透　19

(4)　県会闘争と詔勅の下付をめぐって　23

(5)　神奈川自由党の成立　27

2　草莽から自由民権へ―相州荻野山中藩陣屋事件をめぐって……35

(1)　荻野山中藩陣屋事件の概要　35

(2)　在地型草莽について　42

(3)　荻野山中藩陣屋事件の再検討　52

(4)　草莽から民権家へ　63

(5)　自由民権と「草莽意識」　73

3　国会開設運動……81

(1)　運動の発端　81

(2)　広がる運動　87

(3)　県令の妨害　93

(4)　福沢諭吉と相州　97

(5)　県会のたたかい　102

II　民権結社の時代

4　湘南社にみる憲法論議……114

(1)　学習結社の形成　114

(2)　憲法論議の内容　123

5 「小宮日誌」と相州自由民権運動……141
(1) 自由民権運動の開幕 144
(2) 民権結社・相愛社の誕生 146
(3) 自由党入党と村政改革運動 152
(4) 講学会と板垣遊説 159
(5) 愛甲郡自由党の組織と活動 164
(6) 十七年不況と地租軽減運動 168
(7) 民権運動の挫折と豪農の実態 175

III 民権思想の開花

6 小笠原東陽の耕余塾とその弟子たち……184
(1) 東陽と耕余塾 184
(2) 自由民権運動と耕余塾 188
(3) 東陽の思想 193

7 自由民権とまちづくり──大磯・金目・南林間を中心に……197
(1) 中川良知と大磯 199
(2) 宮田寅治と金目村の「文化村」 203
(3) 利光鶴松と林間都市建設 208

IV 農民騒擾と困民党

8 武相困民党──相州を中心にして……218
(1) 武相困民党の騒擾過程 220
(2) 拠点地域の村落構造と経済環境 236
(3) 武相困民党の指導者たち 258

9 相州西部の農民騒擾──秦野市域を中心に……272
(1) 農民騒擾の社会的基盤 272
(2) 激化する農民騒擾 282
(3) 自由党と農民騒擾 294

10 露木事件の歴史的意義―神奈川県における困民党の形成過程……309
(1) 事件の概要 310
(2) 事件関係者の生家をたずねて 314
(3) 露木事件と武相困民党 318

V 大阪事件とその後の自由党

11 景山英子と相州の女性民権運動……328
(1) 景山英子の「不恤緯会社設立趣意書」 328
(2) 「愛甲婦女協会創立趣意書」 336

12 大阪事件と北村透谷……346
(1) 大阪事件と相州 346
(2) 武藤、大矢と透谷 352
(3) 透谷をめぐる青春群像 358
(4) 事件前夜の透谷 362
(5) 関連資料について 367

13 高座郡における明治二十六年の県会選挙―長谷川彦八の日記から……373
(1) 長谷川彦八と日記について 373
(2) 第一回県会選挙 377
(3) 選挙の取消と再選挙 380
(4) 選挙勝利とその後の彦八 387

あとがき
掲載論文初出一覧

# Ⅰ 民権運動の開幕

# 1　神奈川県における自由党の成立過程
## ——相州を中心に

### (1)　真土事件より民権運動へ

明治十一年十月二十六日の夜、神奈川県大住郡真土《しんど》村で、二六名の農民が地主一家を焼き打ち殺傷するという事件が起きた。この事件は、地租改正にからむ土地所有権の帰属をめぐって生じた紛争で、債主・松木長右衛門に質入れしていた農民たちが地券交付の際その質入地をだましとられ、長い紛争の挙句、万策尽きた農民がこの夜、長右衛門一家を襲い、長右衛門とその家族、下男ら七人を殺し、四人を傷つけたものであった。これが、世にいう有名な真土一揆（または松木騒動）である。

真土一揆は同時期に起きた一連の地租改正反対一揆—たとえば伊勢暴動や茨城県の一揆—とちが

って、改正事業そのものに抵抗したものでなく、改正事業の進行過程で生じた「質地受戻し騒動」というごくありふれた事件の激化形態にすぎなかった。しかし、この事件の経過がひとたびジャーナリズムを通じて神奈川県下に報道されるや、人びとの異常な反響をよび、世論は一致して加害者である質入農民に同情を寄せ、遂に県令・野村靖を通じて明治政府を動かし、被告首謀者たちの減刑をかちとったのである。

ところで、被告らに対する減刑歎願運動を大きく盛り上げたのが、相州三郡（大住・淘綾《ゆるぎ》・愛甲）一三六カ村の豪農層であった。これら豪農層は、戸長・村用掛・村総代というその地位をフルに活用して村ぐるみの歎願署名を集め、相州三郡一万五〇〇〇人の人民総代の名において、野村県令あてに歎願書を提出している。

歎願書は被告らが家族のことを顧みず、生命を捨ててまで「暴殺」の挙に出ざるを得なかった心情に深い同情を寄せながら、「思ふに怨悪の深き恨怒の至り必ず言語に載すべからざる者あらん、（中略）若し一村一郷之衆民にして悉く之を悪まば、是一人の私怨にあらずして一村一郷の公怨なり。一人の利害に関する者にあらずして一村一郷の利害関係する者なり。今真土村の松木長右衛門に於けるも実に之れに類する者の如し(1)」、と述べている。

わたしは、この減刑歎願運動にあらわれてくる豪農層の行動形態―村ぐるみ方式の請願―と、一揆参加者の行動を「公怨《こうえん》」とよんだ、その意識と思想に注目したい。村ぐるみ方式の運動という、豪農指導の行動形態は、その後、明治十三年からスタートする神奈川自由民権運動にくり返しみられる指導方式として定着していく。また、この一揆を農民の単なる「私怨」でなく、「一村一郷の公怨」によるものと受けとめた豪農意識は、やがて公議与論に基づく政治＝立憲政治をめざす、自由民権思想につらなっていくのである。

さらにこの真土事件は、県下の豪農民権家に忘れることのできない鮮烈な教訓として生き続けていく。十七年の大不況下に、武相一帯に燃えさかった負債返弁騒擾《そうじょう》を前にして、豪農党員の幹部たちは懸命になって調停工作に奔走するのであるが、(2)かれらの脳裏にはつねに数年前の真土の思い出が焼きついていた。真土の再現をいかに防止するかが、十七年騒擾期における神奈川自由党の最大の課題の一つであった。そこに福島・秩父とは異なる、神奈川の運動の特質と限界があった。ともあれ、われわれは真土一揆をめぐる減刑歎願の思想と行動のうちに、神奈川民権運動の歴史的原型を見出すことができるのである。

いわゆる地租改正は、封建的領主制に代わる地主的土地所有の再編と、上からの資本主義化をめざす経済的礎石をなすものであるが、封建時代そのままの貢租負担や地価額の天下り的決定は、農民層の強い反発を招き、全国各地に地租改正反対一揆をひき起こした。この一揆の細流は、やがて明治十年代の自由民権運動に合流し、豪農民権の主要課題の一つである「地租軽減」「民力休養」のスローガンとして定式化する。神奈川県においては、それが真土一揆への同情、減刑歎願という、いわば多分に屈折した経路をたどりつつも、やはり同じ思想と行動の線上に民権運動を生み出してゆくのであった。

## (2)　国会開設請願運動

相州の人民が、民権運動にはじめて登場するのは、明治十三年六月の国会開設請願運動であった。この年、相州人民は傘下《さんか》九郡五五九町村、二万三五五五名の署名をもって、元老院に独自の建白書を提出した。

明治十三年といえば、早くから全国の民権諸政社の結集体をもって任じた愛国社が、二府二二県八万七〇〇〇名の国会請願を集めてのぞんだ第四回大会を契機に民権勢力の全国的大連合をめざす国会期成同盟に改組し、運動の空前の高揚を迎えた年であった。全国的運動レベルからいって、一歩立ちおくれの状態にあった相州人民の目にも、「本年三月ニ至リテハ世上ノ人気弥々以テ此開設ニ熱心仕候趣ニテ……此事ニ就テハ如何ナル辺鄙ノ田舎ニ至ルマデモ一句ノ不ノ字ヲ申ス者之無ハ全ク人心ノ之ニ熟シテ時節到来[3]」した観があった。

こうした政治状勢の中で、神奈川県でも県会議員を先頭に、独自の国会開設請願が準備されていった。そのきっかけをなしたのは、十三年二月東京で開かれた地方官会議傍聴のため上京した、府県会議員有志の国会開設に関する申合せであった。神奈川を代表しそれに出席した今福元頴、神藤利八、山本作左衛門、杉山泰助、福井直吉、中川良知の六県議は、帰県するや直ちにこの運動に着手した。請願運動の経緯について筆頭総代の今福は、建白書提出の前夜、この行動を必死になって抑えようとした野村県令の面前で、次のように述べている。

「相州各郡の郡長は勿論有志諸氏と謀り、三月五日より其事に着手し、無知の細民には初めより憲法又は国会など六ケ敷き事を説くも通暁すまじきゆえ、自由の人民には必ず参政の権利ある旨を示し、漸くにて了解するを得て、始めて其参政の権を得るは国会を起すにありと説き、遂に請願書に連署せしめた(4)」

この建白書には、今福以下全部で一四名の総代が名を連ねており、そのうち一人を除いて全員が現職ないし後の県会議員である。この点でまさに神奈川の場合には、典型的な県議路線の性格を持っていた。しかもこの県議路線は、郡村段階の部厚い組織と運動に支えられていた。

一例を愛甲郡にとってみよう。ここでは請願署名をはじめるにあたって、郡下の「有志百十余名ノ集会ヲ厚木町長福寺ニ開催、請願人ノ調印ヲ執ルコトハ総代ニ任ス(5)」ことに一決、その総代人として、小宮保次郎、霜島久円の二県議を筆頭に難波惣平（村用掛）、天野政立（郡書記）、長野仙太郎(戸長)、梅沢義三郎など、六名の郡総代を送り出している。そしてこのあと、集会参加者の手を通じて、文字どおり郡村ぐるみの署名を集めている。請願運動のこの方式は、ちょうど二年前の真土の歎願運動を彷彿《ほうふつ》させる。

さてここで、六月七日元老院に提出された建白書—正しくは「国会開設ノ儀ニ付建言」という文書—の紹介と分析に移ろう。

全文二三〇〇字からなるこの建白書は、まず開国維新以来の国際状勢から説きおこして次のようにいう。「抑方今世界万国ノ交際ハ徳義人情ヲ以テ接ス可キモノニ非ス、又約束法律ヲ以テ制ス可キモノニ非ス、唯恃ム所ハ兵力ニシテ求ムル所ハ利益ノミ」。したがって「斯ル危キ万国交際ノ其中」

で、わが国の独立を維持し国権を張るためには十分な「護国ノ備ヘ」（国防力）を保持しなければならない。しかし今のような「微々寥々タル」わが国防力では、「迚モ外国ヲ威スルニ足ラサルノミナラス……思テ此ニ至レハ寝食モ安ンセサル」状態である。このような「焦眉ノ急難」を打開するには、国債発行によって国防の強化を計る以外に道はないが、「政府ハ果シテ人民ヲシテ悦テ此募（国債応募のこと）ニ応ゼシムル程ノ人心ヲ得タル歟」と、反問する。

なぜなら、「今日ノ有様ニテハ日本ハ政府ノ日本ニシテ未タ人民ノ日本ニアラス、故ニ日本ノ艱難モ唯政府ノ艱難ニシテ人民ノ艱難ニアラス、人民若シ国ノ艱難ヲ身ニ引受ケ国難ヲ身難トスルノ日ニ至レハ何ソ国財ノ不足ヲ憂ルニ足ラン、国債ヲ募テ紙幣ヲ消却スルカ如キハ易中ノ易ト可申モノナリ、其人民ヲシテ国難ニ当ラシムルノ方便ハ他ナシ、唯之ニ参政ノ権ヲ附与シテ国会ヲ開設スルノ一策アルノミ」と、主張する。さらに政府部内で秘密裡に検討されている外債募集案にふれて、それを「最下ノ拙策」とこきおろしたあと、「政府ニ国債ヲ集ムル能ハサルハ民心ヲ収ムル能ハサルカ故ナリ、此民心ヲ収ムルノ法如何ニシテ可ナラン、唯国会開設ノ一策アルノミ」と、くり返し痛論している。

ところでこの建白書は、最近になって明治最大の啓蒙思想家、福沢諭吉の起草になることが判明した（『福沢諭吉全集　20』所収）。福沢自身がどのようないきさつで起草にあたったのかいまだに明らかでないが、この建白書をめぐって歴史家の間で、二つの異なった評価がなされている。一つは憲法学者、鈴木安蔵がいち早く指摘した、その平民的特質である。つまり当時の国会論が、大方観念的な天賦人権論や絶叫型の士族的急進主義の主張を盛ったものであるのに反して、この建白書が士族ごのみの美辞麗句を極力さけ、率直に人民の抱負を語り、民力に基づく財政難＝国難の解決を述べて、人民の租税共議権を基調にした国会論を展開している点、平民的といわれるゆえん（鈴木安蔵「自由民権」）であった。さらにこの平民的特質は、建白書末尾に名を連ねている一四名の総代中、松本福昌一人を除いてともに平民（豪農）の出身であるという、指導層の階層分析からも指摘されている。[6] 歴史学者、服部之総は、このような評価を基礎に、相州の建白書を「国民的ブルジョアジーの戦闘的な要求書」（「明治の革命」―『服部之総著作集　5』）と規定した。

以上のような、すでに古典的ともいえる積極的な評価にたいして、最近全く逆の評価があらわれた。[7] この評価は、長らく霧に包まれていた建白起草者が福沢諭吉であったという新しい史実の発見から、建白の主張を福沢の政治思想の文脈の中でとらえようという試みである。福沢のこの時期の政治的立場が、いわゆる内安外競、官民調和論といわれ、かれの説く民権が実は国権拡張の手段に過ぎないことは、すでに多くの論者によって指摘されているとおりである。そうした文脈のなかでこの建白書の主張を検討すれば、政府が国会開設のイニシアチブをとり、それによって人民の自発的支持をひき出し、政府が人民からより円滑に租税を調達する―つまり下からの民権運動に対応して、政府に上からの指導権を待望する―これが福沢の国会論だというきわめて否定的な評価である。

この評価は、起草者その人の思想にこだわるあまり、その背後にある多数の建白署名者たちの要求を切り捨ててしまっているという批判をまぬがれまい。しかし他面、のちの改進党につながる福沢系の民権思想が、当時のジャーナリズムを通して県下の民権運動に、広範な影響を与えていたことを見逃すことはできない。同時にまた前者の評価も、神奈川自由民権運動の全体像とその歴史的過程に照らしてみるとき、その平民性をもって「国民的ブルジョアジーの要求」とまで規定できない、豪農＝地主的限界があった。この豪農民権の階級的立場と限界は、十七年不況下の農民騒擾の激化のなかで、中小農民の革命的戦闘性を何よりも恐れる改良主義として、もろくも露呈されていく。

ともあれ、神奈川の民権運動はこの国会開設運動を契機に、いっせいに火をふき、急速に全国的な運動と合流し、その有力な一翼を形成してゆくのである。

### (3)　地方政社と民権思想の浸透

国会開設運動は、明治十三年から翌年にかけて全国で三十余万の署名を集め、空前の大統一行動に発展した。神奈川県ではこのあと、地方政社結成の気運が急速に醸成した。政社結成のイニシアチブをとったのは、県議を中心とする郡村段階の請願総代であった。

ここで二、三の代表的政社について、結成前後の模様を紹介しておこう。

十四年八月、まず大磯で、福井直吉、伊達時ら大住・淘綾《ゆるぎ》郡の有志の手で、湘南社が旗揚げした。八月五日東京から中島信行、馬場辰猪、青木匡らを招いて盛大な発会式をあげ、県下における政社結成のトップをきった。結成から半年を経てようやく軌道にのった湘南社の活動を、『朝野新聞』は「同志百五十余人を団結して……山口左七郎を推して社長となし伊達時氏を幹事と為し、東京より細川瀏、沢田欽三郎の二氏を聘し両郡に六ケ所の講習所を置き職業の余暇、壮士集て学術を研究し、

又月に両度の演説討論を為して弁舌を磨き、所謂昼に田圃を耕し夜に燭を剪て世事を談ずる」と伝えている。(8)

この記事に見える六カ所の講習所の一つは、社長・山口左七郎の自村（現伊勢原町上粕屋）に置かれ、大住郡の宮田寅治、猪俣道之輔、前田久治らが集まって、民権運動や立憲政体の将来について論じ合ったといわれる。山口自身は、十四年十一月まで大住・淘綾郡郡長の職にあったが、憲法問題で県令の野村と衝突し、その職をすてて湘南社の社長に迎えられたのであった。

湘南社の結成に次いで、十四年十一月、武相の境・原町田で融貫社が発足する。ここでは石坂昌孝らが、同年の初頭より武相懇親会を組織して、演説会を中心とする盛んな啓蒙活動をくりひろげていた。融貫社は石坂の首唱で、村野常右衛門、細野喜代四郎、佐藤貞幹（以上武州）、山本作左衛門、新藤利八（以上相州）が発起人となり、結成時一五〇名の会員を擁したといわれる。戦後発見された融貫社規則の冒頭（第一条）には、「本社結合ノ目的ハ民権ヲ恢復シ国権ヲ拡張シ国民本分ノ義務ヲ講明シ我国政体ノ改良ヲ以テ創立ノ基礎トス」と、結成の趣旨を明確に掲げ、「苟モ憂国慨世ノ心志アル者ハ何人タリト社員ナル事ヲ得(9)」と述べて、武相の人民に広く参加を呼びかけた。

県内の南・東部におけるこうした動きに呼応して、翌十五年二月こんどは県央の厚木（愛甲郡(10)）で相愛社が誕生した。相愛社の発起人となった小宮保次郎は、結成式当日の状況を、その日記に次のように書き留めている。

「午前四時ヨリ雪、本日厚木劇場ニ於テ相愛社大親睦会ヲ行フ（中略）東京ヨリハ鶯鳴社員島田三郎、青木匡、志摩万次郎、丸山名政の四氏来ル本日午後一時ヨリ来会、四時ニ至満場立錐ノ地ナシ、通券ナキ来客謝止ス、会スル者無慮千有二、三百社員及来客交〻演説アリ、四時三十分ヨリ弁士演説シ午後七時退散」(十五年二月一日)。

この相愛社の成立過程を検討してみると、同郡下にはかなり前から、会員三〇～四〇人の小結社(小団結)が村落単位に網の目のように存在していたことがわかる。それゆえ相愛社の結成は、在村活動に基礎をおくこれら群小結社の統合体として成立した点に、きわだった特色があった。[11] 結成式当日に、一〇〇〇名を超えたといわれる驚くべき動員力の秘密もそこにあった。

以上、三政社の結成過程をやや詳しく紹介してきたが、この三政社を県下の代表政社と呼んだのは、この地域こそ県下における民権勢力の最強の拠点であり、自由党成立以後においても全県をリードする、運動の先進地域を形成するからである。

ともあれ、これら先進諸政社の動向は、県下の他地域の運動を刺激し激励せずにはおかない。先進に学びその援助を仰ぎながら、地方政社が相ついで結成されていく。三浦郡の相東社、高座郡の相国社、鎌倉郡の友文会、足柄上郡の足柄倶楽部など、まさに十四年後半から十五年前半にかけて、神奈川県は地方政社の簇生《そうせい》時代を現出したのである。

さてわたしは、国会開設運動から地方政社結成へと発展する神奈川自由民権運動を、「県議主導の豪農民権」と規定したのであるが、このような組織路線に側面から強力な援護射撃をなしたものとして、首都知識人、ジャーナリストの啓蒙活動をあげなければならない。渡辺奨氏が、同時期の民権派諸新聞を資料としてまとめられた力作、「自由民権運動における都市知識人の役割[12]」によれば、関東一円における都市知識人の地方啓蒙活動が神奈川県でもさかんに行われ、豪農層の民権思想の受容、育成に巨大な役割を果たしたことを、詳細に検証された。そして、このような思想教育活動が、豪農層の「未曾有の学習熱」を生み、在地民権家の組織活動の面でも、強力な思想的武器を提供したと指摘されている。事実、さきにあげた諸政社の結成式に招かれている来賓、講師たちは、そのほとんどが首都における著名な啓蒙機関である嚶鳴社、国友会、交詢社等の所属メンバーであった。われわれは、神奈川における国会開設運動から自由党成立に至る、いわゆる前期民権期を考察する場合、豪農を中心とする県議路線と合わせて、渡辺氏の提起した新路線、都市知識人の路線を、高く評価しなければならないであろう。

この時期に噴出する豪農層の学習熱については、今さら詳しく述べるまでもないであろう。集会条例等の拘束もあって、地方政社の社員たちは、「非政治的な学術研究」という名のもとに、多くの蔵書、諸新聞、雑誌類を共同で備え、和漢の典籍のほかに、J・S・ミル、スペンサー、ルソー等、当時としては最新の政治経済的な啓蒙書を読みふけった。わたしが探訪し調査した限りでも、たとえば愛甲郡の民権家、梅沢義三郎家（現厚木市山際）には、二〇五種類九二八冊に上るおびただしい蔵書が現存している。

このような教育学習による民権思想の普及は、一般に村落の上層階級をもって任ずる豪農層に限られるものであったが、しかし時にはその限界を超えて、村落末端の小前農民層にも浸透していった。その一例をわれわれは愛甲郡下川入村の小前騒動[13]に求めることができる。下川入村は、県会議員でさきの建白総代の一人でもあった、小宮保次郎の居村であった。ここで十五年六月から十二月にかけて、村費、堤防費など村役場の経費の不正支出をめぐって小前騒動が生じている。事件は、小宮らの調停工作にもかかわらず長期化し、村役場と小前農民の対立を軸に村ぐるみの紛争に発展した。このとき小前側は、小前集会を開いて「人民総代」を選出し、以下の三カ条、㈠当村ニ係ル経費、事件費、及堤防費、㈡共有金及び共有地、㈢当村ニ係ル借財、の経費取調と公開を迫って、村当局の不正を執ように追求している。そして人民総代の名をもって、「前三ケ条取調之上一般ノ協議」にかけ、「当村ニ係ル諸事ノ匡正」を図り、「今後一村ニ係ル」重要問題は、「万事公論ニ決定すべきだと強く主張している。

ここにわたしは、民権運動の前衛地域における政治思想の浸透度を見出すことができると思う。十五年期の地方税の増加、人民負担の加重を内容とした急速な地方行財政の反動化は、その対極に、民権思想に媒介された地方自治の直接請求—ここでは財政の監査請求—という行動となってあらわれたのである。しかもこうした思想と行動が、豪農層を超えて村落社会の基底にいる、小前農民を主体とした点に注目する必要があろう。この小前騒動を生んだ思想的底流は、やがて明治十七年全県をおおう農民騒擾のなかから、武相困民党の結集を促していった。

## (4)　県会闘争と詔勅の下付をめぐって

国会開設運動から地方政社結成に至るこの時期は、県議会の舞台でも、民権派が県会を制圧し、豪農層の経済的諸要求を掲げて激しい議会闘争を展開していた。すなわち、民権派県議は、一方において民権勢力の在村的潮流を大きく促しながら、他方では県下の諸地域において沸騰しつつあった人民の政治的エネルギーに依拠して、藩閥政府の地方権力と正面から対決する姿勢を示したのであった。

明治十二年、創立時の県議会は、一口にいって平穏ムードに包まれていた。野村県令の柔軟姿勢と議会側の協調的態度とが相まって、議会運営や法案審議においても波乱なく終始していた。たとえば初議会において、重要法案の一つである「地方税収支ノ法案」を、議会側が「人民一般ノ休戚ニ係ル頗ル重大ノ事件」として、「イササカ修正シテ其法案ヲ復命」すれば、県令もそれに応えて「其条件ヲ悉ク認可⑭」するという和気ムードが流れていた。県会議長がその閉会式にのぞんで、県令の「愛民恩愛」に感謝を表明するという一幕もあった。神奈川における県令対議会のこのような協調ムードを評して、『東京横浜毎日新聞』が「官民共和」とよんだのは、まことに的を射た適切な表現であった。

いわゆる三新法体系の一環として制定された府県会規則によれば、そのころの県議会はきわめて限られた権限しか付与されていなかった。県令は議案提出権を独占し、議会で議決した法案や公選された正副議長についても県令の認可を必要とし、不当と認めた決議については内務卿の指揮による原案執行権を有するなど、県会の行動をことごとくチェックする強権を与えられていた。それに対して県会側の権限は、予算審議権と県令の諮問事項についての意見具申の範囲を出なかった。いうまでもなく、明治十一年七月に制定公布された三新法（郡区町村編成法、府県会規則、地方税法）は、地租改正反対の農民闘争と豪農民権の成長に対応して、地方行財政の体制的確保をめざす人民支配の新しい支配体系として打ち出されたものであった。[15] しかし民権運動の高揚期を迎えるや、公選議会を足場に府県会のもつわずかな権限をいかして、豪農層は一斉に政府・県令の収奪財政に果敢な抗争をいどんだのであった。

十三年から十四年にかけての神奈川県議会は、まさにその典型の一つであった。明治十二年、「官民共和」の協調ムードでスタートした県議会は、国会開設運動とそれに続く北海道開拓使官有物払下げ事件の政治的激動のなかで、一転して激しい抗争の舞台と化した。すなわち、十三年六月の定例議会では、県令提出の十三年度予算案にたいして、議会側はほとんど全費目にわたって修正、減額し、歳出原案総額五四万円の三分の一に相当する一八万円を削減したのであった。ことに、港湾道路堤防橋梁修護費のような、土木費の人民への負担転嫁《か》に対しては、廃案をもってこたえ、その費用をあげて、国庫の官費下渡金に求めている。このように十三年度の神奈川県議会は、国会開設運動の全国的昂揚を背景に、人民の利益を守って県令側の収奪予算に対抗したが、その最大の争点は、何といっても同年十二月の臨時議会における、備荒儲蓄法の審議であった。すなわち同法案については二度までも廃案にもちこみ、ついに野村県令をして内務卿の再度に及ぶ指揮権を楯《たて》に、県議会の絶対多数の反対を押し切って、原案執行を余儀なくさせている。[16]

十三年以降の県会闘争と県内に広がる民権運動、さらに十四年七月の北海道開拓使問題をめぐる黒い霧等で、高まる県民の政治不信を見てとった野村県令は、事態を憂慮してその年の九月、ひそかに一通の意見書を太政大臣三条実美に提出し、このままに放置すれば「上下人心終ニ収拾スベカラザルニ至ラン」、速やかに「廟堂ノ議」を確定せよと警告した。[17]

さて、年余にわたった国会開設要求のたたかいは、前述の開拓使問題もからんで最高調に達し、遂に十四年十月、政府をして国会開設の詔勅を出させるに至った。これは日本の民主主義史上最初にして最大の勝利の一つであった。しかしこの詔勅は、十年後に国会を開くというだけで、国会の権限や構成、その設置計画については何も語らず、逆に、「若し仍ほ故に躁急を争い事変を煽し国安を害する者あらば処するに国典を以てすべし」と述べて、民権派に対する露骨な敵意を隠そうとはしなかった。

この詔勅に接した湘南社の青年活動家、宮田寅治は、次のように述べて政府の企図に警告を発している。

「帝王ハ明治五年ニ立憲政ヲ立ルノ勅語ヲ布告シ、今又明治二十三年ヲ以テ国会設立ノ勅諭アリト雖モ、之等ノ事ハ一時政府ノ窮策ニ出ル者ト云フベシ、政府ハ信ニ二十三年ニ国会ヲ設立スルカ、国会ナル者ハ如何ナル性質ノモノナルカ、国民ヲシテ議政ノ権ヲ掌握セシメ政府ノ権限ヲ定ムルヲ以テ国民ノ権力ハ以前ニ百倍シ、政府ト雖モ国会ノ議決ヲ経サレバ一葉ノ布告ヲ出ス不能ナリ、政府の忌意ニ触ルレハ一朝ニシテ警視ヲ免シ参議ヲ駆逐セシ如キ事ハ成ス事能ハサルナリ」、この詔勅も結局は「只人民ノ気焔ヲ消滅セントスル策略デハナイカ(18)」と。

そのころ、宮田寅治は南金目の戸長として、郡長山口左七郎の地元の伊勢原で、同志と共に未来の憲法問題を真剣に論議していた。首都の国会期成同盟が、詔勅下付と同時に自由党結成と民約憲法草案の準備を決議しているが、宮田らの憲法研究会もこれに呼応してはじめられたものであろう。この事実は、同時代の地方民権家たちが、中央の政治状況の推移にいかに深い関心を寄せ、敏感に反応していたかを物語っている。

イギリス流の立憲政体を主張する山口左七郎が、憲法問題で野村県令と衝突し、郡長の職をすてて湘南社社長に就任したのも、それから間もないころであった。このとき山口郡長の行政下にあった大住・淘綾郡の各町村戸長は、次のような願書を県令宛に送って、その留任を迫った。「明治十一年十一月郡区御改正以来山口左七郎殿両郡拝命奉職有之処人民ヲ待遇スル平易ニシテ且懇切能ク民情ヲ料渉シ諭スニ善行ヲ以テス、故ニ両郡ノ人民大ニ嘱望モ有之或ハ奸頑事ヲ好ムノ弊遊惰無聊ノ習罷ム、然ルニ今般辞職ノ表ヲ上ル趣承リ両郡愕然悉ク失望罷在候(19)」。ここに民権家郡長、山口に寄せられてきた郡民の信望ぶりが如実に示されている。

ところで、中央の政治状勢も、詔勅発布を契機に新しい局面を迎えた。全国の民権諸勢力を結集した国会期成同盟は発展的解消をとげ、首都の民権政社（国友会など）と合同して、板垣退助を総理とする自由党の結成にふみ切った。同党の「盟約」に示された自由党の成立は、自由民権運動の前途に、壮大な展望をきりひらくかに見えた。

## (5)　神奈川自由党の成立

ところで神奈川の民権派が、自由党に入党し、一定の大衆的基盤を確保するには、若干の時日が必要であった。それより先、激動する政局の中で板垣は、土佐より上京の途中横浜に立ち寄って神奈川県会議員と懇親会（明治十四年九月十七日）を持ったが、その席上政党の必要性を勧告（『自由

表1·1　神奈川県下の自由党員数

| 郡名 / 入党時期 | 横浜 | 南多摩 | 北多摩 | 西多摩 | 高座 | 愛甲 | 大住 | 都筑 | 淘綾 | 久良岐 | 橘樹 | 鎌倉 | 津久井 | 足柄上 | 計 |
|---|---|---|---|---|---|---|---|---|---|---|---|---|---|---|---|
| 明治15年7月頃 | 3 | 9 | 0 | 0 | 1 | 8 | 0 | 2 | 0 | 0 | 0 | 0 | 0 | 0 | 23 |
| 明治15年11月頃 | 6 | 17 | 7 | 8 | 2 | 1 | 2 | 4 | 3 | 0 | 0 | 2 | 1 | 0 | 53 |
| 明治16年4月頃 | 6 | 30 | 21 | 7 | 4 | 3 | 2 | 1 | 0 | 0 | 0 | 0 | 0 | 0 | 74 |
| 明治16年10月頃 | 3 | 14 | 10 | 0 | 3 | 0 | 4 | 0 | 0 | 0 | 2 | 0 | 0 | 1 | 37 |
| 明治17年5月頃 | 0 | 11 | 0 | 2 | 2 | 0 | 0 | 0 | 0 | 0 | 0 | 0 | 0 | 0 | 15 |
| 不明 | 15 | 6 | 1 | 3 | 5 | 1 | 0 | 0 | 0 | 2 | 0 | 0 | 0 | 0 | 33 |
| 寄留 | 8 | 0 | 0 | 2 | 0 | 0 | 1 | 0 | 0 | 0 | 0 | 0 | 0 | 0 | 11 |
| 計 | 41 | 87 | 30 | 22 | 17 | 13 | 9 | 7 | 3 | 2 | 2 | 2 | 1 | 1 | 246 |

佐藤誠郎「明治17年5月の自由党員名簿について」―『歴史学研究』178号を参考に作成

党史』）したこともあって、同年十月二十九日の自由党創立大会には、湘南社の水島保太郎、伊達時、融貫社の佐藤貞幹ら五名の県議が参加していた。これらの県議は、十月はじめより「都下に蝟集した」全国の民権派と共に、自由党合併協議会に加わって、「自由党盟約」の審議にもあずかっていた。

しかしかれらの大会参加をもって、神奈川自由党の成立とみるのは早計であろう。表1・1を見ると県下において自由党が一定の大衆性をもち得たのは、少なくとも十五年七月以降である。わたしは十五年七月の大量入党の時点をもって、神奈川自由党の成立とみたい。ところで自由党成立までのこの期間（十四年十月～十五年七月）に、県下の民権家には当面解決を要する二つの問題があった。

第一の問題は、十二年以来県下に大きな影響を与えてきた都市知識人、ジャーナリストとのつながりである。同時期の演説会・懇親会の講師や弁士、民権家の購読していた新聞雑誌を調べてみると、国友会をのぞけば嚶鳴社、交詢社、東洋議政会など、その大部分がのちに改進党に参加する知識人の影響が圧倒的である。[20] 十三年の国会開設運動に際して、相州人民に国会期成同盟の側から統一行動のさそいがあったにもかかわらず、「国会開設ノ事タル我輩意見ノ存スルアリ……我ト我ガ欲スル所ニヨリ我ガ意見ノ存スル所ヲ行フアランノミ、敢テ他人ノ為ニ灯ヲ提ゲザルナリ[21]」といって参加を拒否し、相州単独の請願行動を組んだのは、明らかにこの運動を連日にわたってキャンペーンした、慶應義塾系の『郵便報知新聞』の指導があった。つまり神奈川県の自由民権運動は、その形成期において、立憲改進党系の首都知識人、ジャーナリストの啓蒙と指導に負うところ絶大なものがあったのである。

明治政府が、国会開設の詔勅発布と同時に決行した大隈重信一派の閣外追放は、板垣・大隈を盟主とする薩長政府反対の大連合を可能にするかに見えたが、自由党結成につづく立憲改進党の結成によって、ついに反政府統一戦線を分裂にみちびいた。中央における民権勢力の分裂と再編は、首都に近い神奈川にも波及し、県下の民権勢力を二分した。分裂のきざしはまず県議会にあらわれた。すなわち、十四年八月の通常県会では、県令提出の「区部・郡部会議定事件分別条例」案と、それに伴う地方税負担の審議をめぐって、横浜等の区部＝商業資本の利益を代弁する一派と、郡部＝豪農地主的利害を主張する一派とに分断された。そして前者はその後立憲改進党へ、後者は自由党の傘下《さんか》に加わるのである。かくして十五年以降の神奈川県会は、〝自由か専制か〟、〝民富か国益か〟をめぐって争われた県令対議会の対立の場から、〝商業か農業か〟、〝資本か土地所有か〟をめぐる議会内部の対立・抗争の場に転化する。これは十五年六月の板垣外遊問題に端を発した自由・改進両党の深刻な政争に対応するものであった。

十四年政変の舞台裏の演出者といわれる、井上毅の筋書とねらい――「急進党を鎮定し中立党を順服せしめる」――は、神奈川において早くも効を奏しはじめていた。

第二の問題は、自由党と地方政社との関係である。当時の地方政社が、結社の自由をはばんでいた集会条例との関係もあって、政治結社としての色彩を極力さけ、「非政治的な学術研究会」という名目で活動していたことはすでに述べた。しかしそこには政社内部の事情もあった。というのは、県下の諸政社の幹部構成を検討すると、郡書記・戸長・筆生・教員などの下級官吏が大きな比重を占めていることである。[22] たとえば厚木の相愛社では、幹部七名中五名までが郡書記を中心とした官吏によって占められている。そのため自由党結党時はむろんのこと、大量入党の行われた十五年七月以降においても、フリーな幹部だけを正式党員として登録し、他の多数の政社員は非党員として秘匿温存するという処置を講じている。最近わたしの得た史料によれば、これら匿名党員の数は、登録党員の数倍に達する。[23]

さて、県下の農村部に、都市部の改進党に張りあいつつ、自由党の組織と影響力を急速に扶植していったのは、党本部のオルグ（勧誘員）たちであった。これらのオルグは関東出身の新鋭の農村活動家で構成されていた。かれらのエネルギッシュな活動によって、自由党の組織は地方政社を起点に着実に伸びていった。勧誘員と同様、自らも農村育ちの武相の民権家にとっては、「財産・学問・老実の分子」を以て任ずる改進党よりも、「正義剛直」を愛し「少壮活発の士」をもってなる自由党の方が、はるかに魅力的で農民的要求にこたえうる政党に映じたにちがいない。

厚木の相愛社を上毛自由党のオルグ――新井毫、照山峻三の二人が訪れたのは、十五年四月の半ばであった。地元では会長の黒田黙耳と幹事の天野政立が二人に会い、「趣旨に同意して」自由党の「触れ本＝通信員」になることを承諾している。(24)ちょうどその前後に、板垣の岐阜遭難のニュースが伝わって地元の民権家の血を沸かせた。小宮日記を見よう。「本日六日自由党総理板垣退助君、美濃岐阜於親睦会ニ臨マレシ帰途刺客相原某ノ為負傷セラル、幸ニ傷浅ク生命恙ナシト云フ」と。

県下諸政社の有志二二名が、集団的に自由党に加盟し党本部に正式に確認されたのは、十五年七月三十日であった。表1・1の自由党員名簿をもう一度見られたい。この大量入党を契機に、登録党員数は着実に増加しているが、その大部分は多摩三郡、高座、愛甲、大住・淘綾という農山村の諸郡に集中している。政治的にはこれらの諸郡は、県下の三大政社―湘南社、融貫社、相愛社―の組織基盤であり、経済的には横浜開港以来、急速に伸びつつあった生糸の原料供給地＝養蚕地帯を構成している。

十六年六月、元老院議官巡察使、関口隆吉の復命書に県下の自由党の党員数一四〇、改進党のそれを二四人と報告しているが、(25)自由党が県下の内陸農村部を主要基盤にしたのと対照的に、改進党は横浜等の都市部に一定の組織力を維持していることがわかる。

もう一つ、ここで述べておきたいことは、十五年七月の入党が多摩三郡を含めて同じ日付（七月三十日）になっていることである。この点については若干の説明がいる。自由党は同年六月十二日より、東京浅草の井生村楼で臨時大会をもった。大会議題は、本部維持法、役員改正、規約改正等が主なものであった。ところが大会最終日になって警察の干渉をうけ、集会条例違反の容疑に問われて、党は政治団体としての認可を得る必要から党員名簿の届出を強制される。加えて同条例によって地方部の設置や他の友誼《ぎ》団体との通信連絡まで禁止された。かくして自由党は、従来までの地方部や地方政社との関係を清算し、党組織の大幅な改組をよぎなくされた。党の下部組織及び党と密接な関係にあった地方政社の混乱と動揺は必至であった。厚木の相愛社でも大会に出席した二人の代表を囲んで、数回の特別集会をもち、討議を重ねて対策を検討している。

ひところ神奈川県においても融貫社の発起で、県下の自由党の統合をめざす神奈川地方部設置の動きがあったが、結局実現せず、従来の諸政社を母胎とした地域グループごとに、直接党中央の傘《さん》下《か》に加わることになる。厚木、愛甲郡でも、えりぬきの幹部八名が相愛社を脱退して自由党に加盟するという手続きをとっている。

ともあれ、六月大会の結末は自由党にとって結党以来経験した最大の試練となり、同時にそれは明治政府の党組織に対する最初の大がかりな攻撃であった。自由党に対する政府側の対決政策は、その年の十一月、全国最強の党組織を誇った福島自由党に向けられた大弾圧（福島事件）となって実現する。自由党史のいわゆる「反動の暴圧期」をまえにして、神奈川の民権派は有力幹部を一斉に入党させ、党の戦列強化に貢献したのであった。こうして、明治十六年以降の民権運動の受難の季節にもめげず、神奈川自由党は登録員数二四六名という、全国屈指の党勢を擁する時代を迎えるのであった。神奈川県における自由党成立の意義も、まさにそこにあったといえよう。

**注**

（1）土屋喬雄・小野道雄編『明治初年農民騒擾録』勁草書房

(2)色川大吉「困民党と自由党」―『歴史学研究』247　歴史学研究会
(3)「国会開設ノ儀ニ付建言」(国立公文書館蔵)―『神奈川県史　資料編13　近代・現代(3)』
(4)『郵便報知新聞』明治十三年六月十二日
(5)天野政立文書(国立国会図書館憲政史料室蔵)
(6)色川大吉「三多摩自由民権運動史」―『多摩文化』7
(7)山田昭次「福沢諭吉と沼間守一」―『人物日本の歴史　11』読売新聞社
(8)『朝野新聞』明治十五年四月二十七～三十日
(9)渡辺奨「民権運動昂揚期の地方政社の組織過程」―『日本歴史』150　日本歴史学会
(10)大畑哲編『神奈川の自由民権―小宮保次郎日誌』勁草書房
(11)同「解説の部」
(12)渡辺奨「自由民権運動における都市知識人の役割」―『歴史評論』166～171　歴史科学協議会
(13)大畑哲編『神奈川の自由民権―小宮保次郎日誌』「解説の部」
(14)「神奈川県会議事傍聴録」―『神奈川県会日誌　第五号』
(15)大石嘉一郎『日本地方財行政史序説』御茶の水書房
(16)色川大吉「明治前期における地方統治と地方自治」―『東京経済大学人文自然科学論集』5
(17)神奈川県百年史編纂委員会編『開国から百年』神奈川県
(18)服部一馬『神奈川県下の自由民権運動』　神奈川県立図書館シリーズNo.2
(19)『東京横浜毎日新聞』明治十四年十一月二十九日
(20)渡辺奨「自由民権運動における都市知識人の役割」―『歴史評論』166～171
(21)『郵便報知新聞』明治十三年六月十一日

(22)大畑哲編『神奈川の自由民権―小宮保次郎日誌』勁草書房
(23)(24)天野政立文書（国立国会図書館憲政史料室蔵）
(25)「明治十六年甲部巡察使復命書・神奈川県の部」―『神奈川県史　資料編11　近代・現代(1)』

# 2　草莽から自由民権へ——相州荻野山中藩陣屋事件をめぐって

## (1)　荻野山中藩陣屋事件の概要

幕末維新期の草莽運動について、長年研究をすすめてこられた高木俊輔氏は、『幕末の志士』の中で相州の自由民権家・山川市郎について「尊皇攘夷運動と自由民権運動の両方に参加した数少ない例[1]」と言われている。山川についてはあとで詳しく論ずるが、慶応三年（一八六七）十二月十五日、江戸薩摩藩邸の浪士隊による相州荻野山中藩陣屋襲撃事件に、地元から参加した草莽の一人であり、また明治十年代の自由民権運動にも活躍し、のちに大阪事件に連座した人物であった。この山川のように、「草莽から民権家へ」と転生した人物は全国的にも稀であるというのが、高木氏が多くの草莽研究の事例から得た結論であった。その意味で山川のような草莽は、同氏にとって極めて注目に値するタイプなのであろう。

ところで、こうしたタイプの草莽は果たしてそれ程稀なのだろうか。高木氏は草莽の概念について、郷里を離れて直接政治活動に奔走する「脱藩浪士と豪農商出身の志士[2]」と定義されているが、この概念をこのような離村型あるいは出郷型の活動家だけでなく、豪農商として日々の生産活動に従事し、また村役人として自村の行政に参加する在地型の草莽まで広げるならば、山川のような人物は意外に多いと思われる。

私は本稿で、武相の民権家たちがほかならぬ山川と共に、いわゆる在地型草莽として活動していた事実を、相州荻野山中藩陣屋事件を中心にして明らかにしてみたい。また合わせてこの事件のもつ意義についても、諸説を再検討しながら自分なりの評価を試みたいと思う。

最初にまず、荻野山中藩陣屋事件の概要から述べていこう。

慶応三年十月上旬、江戸の薩摩藩邸には、相楽総三のよびかけに応えて、数百人の尊攘派の志士が、関東を中心に全国から馳せ参じた。かれらは関東出身の豪農商をはじめ、各地の脱藩浪士それに江戸市中からかき集めた無頼の徒など、雑多な集団からなっていた。その中には相楽と共に浪士隊の幹部となった平田派国学者の落合源一郎（直亮）や権田直助らもいた。

相楽を総裁とするこれら薩邸浪士隊の任務は、幕府を挑発して関東を攪乱し、西郷隆盛ら倒幕派による武力倒幕の口実をつくり出すことにあたった。同年十月十四日の将軍徳川慶喜の大政奉還以来、京都では西郷ら武力倒幕派とそれに反対する公武合体派が、朝廷内でしのぎを削る政争を展開していた。西郷は薩摩藩出身の浪士伊牟田尚平や益満休之助を通じて、幕府に対する武力発動の口実を得るための挑発攪乱活動を相楽に託したのであった。

さて、相楽は関東攪乱戦略として、江戸へ通ずる要衝として関東周辺の三地点を選び、そこでの挙兵をめざして準備をすすめた。その三地点とは、第一が野州都賀郡の出流山《いづる》、第二が甲府城、第三が相州荻野の山中藩陣屋であった。幹部の落合源一郎の言葉をかりれば、「一方に野州、一方に甲州、又その一方に相州の各所に事を起こし、徳川幕府の力を分散させ、江戸が薄弱になるのを待ち、一挙に江戸を襲う」という「方策」だったという。この落合の言葉は少々オーバーに聞こえるが、少なくともそれによって、野州出流山と甲州城を占拠して東北と甲州道からの江戸への回路を分断し、相州山中藩陣屋の襲撃によって東海道筋に圧力をかける、という企図であったといわれる。

こうして、三地点での蹶起をめざして、それぞれの隊長に、竹内啓《ひろく》、上田修理、鯉淵四郎を選び、同年十一月上旬から行動を開始した。このうち最初の野州出流山の挙兵は最も大規模のものであった。すなわち、十一月二十四、五日頃、三、四十名の隊員で江戸を出発したが、現地につく頃には在地のグループも加わって、一五〇人から三〇〇人に及んだという。しかし、一時はこれ程多数に上った蹶起部隊も、資金の欠乏でなすところなく、栃木の柏木陣屋襲撃に失敗した後は、関東取締出役支配下の農兵隊及び六一藩の藩兵一二〇〇人に包囲されて壊滅し、隊長の竹内啓以下四〇人が処刑され、薩摩藩邸に帰還できたのはわずかに二〇人に過ぎなかった。第二の甲州城攻撃は、浪士隊一〇人の構成で、江戸を出立して十二月十五日の夜、途中八王子の妓楼に宿をとったが、隊内に会津の間諜が潜んで居り、その手引きで八王子千人同心隊の奇襲を受け、多大の犠牲者を出してぶざまな失敗に終わった。

こうして、三挙兵計画のうち二つが失敗に終わり、残るは相州隊の山中藩陣屋襲撃計画だけとなった。

相州隊は甲州隊と相前後して江戸を出発した。この隊は江戸出発時には隊員数は最も少なく、以下の六人であった。

隊長　鯉淵四郎　二十八歳（水戸、坂田三四郎）、谷竜夫　三十三歳（鈴木佐吉）、長山真一郎　二十七歳（上州錦織郡錦打村）、岩屋鬼三郎（秋田脱藩、古世蔵人）、結城四郎　二十八歳（出羽最上、最上司）、川上司（江戸の人）

これに地元から加わったといわれる石井三千蔵、山川市郎を合わせてもわずか八人である。[3]ところが途中から参加者がふえ出し、十二月十五日、厚木町に入る頃には総勢三七、八人となっていた。これまでの通説では、この大量参加は一行の中の谷竜夫（鈴木佐吉の変名）が、地元から博徒の仲間をかき集めたといわれてきたが、これは正しくないと思う（この点は後述する）。

さて、相州隊の一行は厚木町で昼食をとり、雨の中を妻田村、三田村から荻野新宿に出、山中藩陣屋に着いたのは夜の十時頃であった。

山中藩陣屋というのは、荻野山中藩主・大久保教義《のりよし》の陣屋で、小田原大久保藩の支封として天明三年（一七八三）以来この地に陣屋をかまえ、一万三〇〇〇石を領していた。藩主大久保教義は江戸に出府中で、陣屋は留守を預かる陣代三浦正太郎以下女子供を含めて十数人に過ぎなかった。ここで隊長の鯉淵は、三浦にむかって勤皇運動のための軍資金を申し入れたが断られたため、かねての計画通り三浦らに傷を負わせ、陣屋に火をかけて焼き払い、倉庫にあった大量の武器食料などを奪って立ち去った。

この日、別動隊は厚木町にある烏山《からすやま》藩の大久保三九郎陣屋を襲撃している。

翌十六日には、かねて村々の名主に先触れを出して徴発していた人夫が加わり、一行の数は一挙に三百四、五十人にふくれ上がった。一行は荻野の隣村・棚沢村より下川入村に入って、同村の名主・佐野市右衛門宅に立ち寄って三〇〇〇両の軍資金を要求したが、不調に終わったため倅《せがれ》を人質にとって、その日のうちに津久井郡根小屋村下平井の豪農・久保田喜右衛門宅に向かった。喜右衛門はそこで酒食と宿を提供して一行を迎えたという。浪士隊はここで捕獲品と軍資金の一部を同行した人夫に分配し、翌十七日の朝、一部の人夫を残して大部分の者を帰村させた。その軍資金は、相州隊が厚木到着と同時に在地の有力豪農層から徴集した二、三千両にのぼる金の一部である。またその金の一部は、陣屋から奪った米と一緒に、貧民救助の名目で、村役人を通じて困窮者に施与されている。この時の施金施米の額は、資料で判明しただけでも七三両と三三俵に上る。

津久井をたった浪士隊は八王子より甲州街道に入り、内藤新宿で一行の点呼を行い、翌十八日、兵器等の捕獲品をひいて三田の薩摩藩邸に帰還した。

この襲撃事件で、一行のうち鈴木佐吉と川上司が負傷し、長山真一郎が帰途、八王子千人同心に捕らえられて斬殺されている。その点、さきの野州隊と甲州隊に比べると、犠牲者も少なく、関東攪乱という所期の目的を達成したかに見える。以上が相州荻野山中藩陣屋事件の概要である。

ところで、この事件は地元では古くから知られており、多くの郷土史家の関心をひいてきた事件である。したがって、事件に関する資料や伝承も比較的よく蒐集されており、地元の厚木市教育委員会の手でも一冊の刊本にまとめられている。[4] しかしその後、神奈川県史や大和市史の編纂過程で、この事件に関する江川文書の採集や、大和市域における新史料の発見、さらに武相の自由民権関係史料の発掘等によって、事件の全体像も新たな見直しを迫られている。

すでに、この事件については古典的名著として、長谷川伸の『相楽総三とその同志』があるが、幕末維新期の草莽運動を一貫して追求してこられた高木俊輔氏も、しばしばこの事件に言及されている。したがって、高木氏の所論とこれまでの業績をぬきにしては、この事件を論ずることはできないであろう。

ところで、高木氏はこの事件に関しては、殆どその歴史的意義を認めておられない。『維新史の再発掘』（昭和四十五年）と『明治維新草莽運動史』（昭和四十九年）の二著の中でも、草莽運動のキーポイントとなる「浪士隊と活動地域のかかわり方については、さしてみるべきものがない[5]」と断定されている。しかし『幕末の志士』（昭和五十一年）の中では、浪士隊が山中藩陣屋と在地の豪農から徴発した米金を、地元の貧民に施与していることにふれて、「地域の底辺にいた困窮民への働きかけが組まれていたこと」に注目しつつ、「薩邸派遣浪士の運動の核心がここになかったことはあきらかであるが、このような運動の展開のためには、この地域の置かれていた状況を理解していて、それを権力主義的にではなく、下層の要求を汲む形で解決しようとする主体が、この地方にも存在していたのでなければならない[6]」と述べられている。

これは前二著の所論の事実上の修正であり、浪士隊と活動地域のかかわり方に新しい要素を認められているのであろう。この高木氏の修正は、恐らくその後の新史料の読み直しによるものと思われるが、これには大いに賛成である。

しかし未だに問題は残る。第一に高木氏はこの事件の成否について、「尊攘挙兵に即してみれば、野州、甲州、相州ともに失敗」[7]だったとして、三事件とも一律に否定されている。だが、相州の場合、果たして「挙兵」を目的にした計画だったのであろうか。そうではなく、これを攪乱挑発行動を目的としたものと解すれば、相州はむしろ唯一の成功例と見ることができよう。

第二は、最初にも述べた「草莽から民権家へ」と転生した在地草莽の問題である。詳しくは次節で紹介するが、新資料ではこのような草莽が山川市郎一人でなく、一群のグループとして登場している。相州隊の現地の合流者が、博徒・鈴木佐吉の工作で一挙に三十数名にふえたというこれまでの通説[8]は、ここで大きく修正されなければならない。つまり、現地で合流した参加者たちは、にわか仕立ての博徒の集団ではなく、武相の地域にひそかに組織された在地の草莽グループが、途中から合流したものと考えられる。この点はさすがに炯眼な長谷川伸も感づいていたらしく、「その頃土地のものが書いた手紙などでは、博徒を集めて使ったごとくいわれるが、そういう事もあっただろうが、薩邸外の同志が参加していたに違いない。そうでないと三十七、八人の人数であることはない[9]」と指摘している。

以上、高木氏の所論を批判的に検討してきたが、高木氏が『幕末の志士』の中で新しく言及された、困窮民への施金施米活動という下層民の要求を汲む主体こそ、他ならぬ相州浪士隊に地域から参加した在地草莽層であったのではなかろうか。

高木氏のほかに、この事件を扱った論文に、藤野泰造氏の「慶応三年十二月相州荻野山中陣屋焼打事件について」(『関東近世史研究』9号)がある。この論文はこれまで蒐集された事件関係の資料をほぼ網羅して、資料解説を加えながら問題点を整理しており、また幾つかの点で高木説への疑問を呈している。その意味で貴重な労作であるが、しかし自説を積極的に展開するに至らず、折角の新資料も紹介と解説の域を出ていない。まして、自由民権との関連については、視野の外にあるためか何らふれられていない。

さいごになったが『神奈川県史』[10]でもこの事件をとり上げているが、ここでも旧説の範囲を出ず、目新しい論点は見出されない。

以上、高木説を中心に、最近の荻野山中藩陣屋事件に関する諸説を検討してきたが、次節以下で私見を積極的に展開していきたい。

## (2)　在地型草莽について

**結城四郎門人帳**

私が前節で荻野山中藩陣屋事件について、在地草莽層の参加の問題を指摘したのは、『大和市史』の近世資料編所収の「結城四郎門人帳」という文書によるものである。この文書は高木氏はもちろん藤野氏も十分な検討を加えていない新資料である。ここで少々長くなるが、未見の読者のために、その全文を紹介しておこう。

「（前　欠）
一為相弟子就稽古之義、口論仕間敷事、
如口伝雖為主人遠慮仕間敷事、
右之条々於相背者
梵天帝釈・四大天王惣而日本国中大小之神祇、殊伊
豆・箱根両所権現、三島大明神・八幡大神・摩利支
尊天・氏神々罰冥罰各可蒙罷者也、仍而起請文如
件、

結　城　四　郎
源朝輝（花押）

門人
元治元年子十二月

津久井県葛原（名倉村）住
和　智　芳　三　郎
源郵勝（血判）

甲州都留郡奥山住
近藤忠右衛門
藤原朝幸（血判）

同二年丑三月十一日

---

相州築井（津久）県勝瀬（日連村）住
小　野　信　松
源友保（血判）

慶応元乙丑十一月十日

同州同県阿津（若柳村）住
山　口　莫　蔵
藤原直方（血判）

慶応元乙丑十一月廿九日

相州愛甲郡（上荻野村）
石　井　三　千　蔵
友賢（血判）

同二丙寅年王春（正月）四日

武州多摩郡小山田住
随身
森　宗　次　郎
源定信（血判）

同
小　川　丈　次　郎
橘義勝（血判）

同
同
伝左衛門
源一義（血判）

同　大谷民蔵　源義貞（血判）
同　薄井磯右衛門　源盛恭（血判）
同　中嶋小太郎（血判）
同　佐藤権十郎　源信行（血判）
同　小山源吉　源保輝（血判）
曾根幸之助　源宜盛（血判）
中嶋金太郎（血判）
薄井初五郎（血判）
佐藤辰五郎
同二丙寅年二月十九日
同州同郡小山住
小嶋重蔵（血判）
同二丙寅年二月廿一日
同州同郡同住

---

随身
萩原半蔵　源敬隆（血判）
同
同　勝三郎　源明隆
同　清三郎　源義隆（血判）
同　福三郎　源春隆（血判）
慶応二年丙寅仲冬（十一月）望日
同州同郡図師村住
河合与八郎　源義知（血判）
同州同郡小山田庄住
若林百之助（血判）
同　恵之助（血判）
同　房之助（血判）
若林有信内
渋谷善吉（血判）
深沢兼吉（血判）
石川真吉（血判）

慶応三卯年二月廿四日
相州高座郡福田村
山下伝四郎
源督信（血判）
同郡下荻野村
鈴木佐吉（血判）
同　孫次郎
慶応三卯年五月廿八日
相州愛甲郡円融院
自黙□
存嶺（血判）
慶応四辰年九月十日
相州鎌倉郡和泉住
安西銀次郎（血判）」
（大和市福田・山下盛一氏蔵）

この文書は結城四郎を師範とする剣術の門人帳である。起請文のはじめの部分が欠けているが、これと同じ門人帳が「神文帳」という名で他にも現存している。

まず師範の結城四郎であるが、まぎれもなく相州浪士隊の一員であり、後述するように六人の薩摩藩邸派遣の浪士の中でも最も重要な役割を演じている。結城は出羽国最上藩の出身（一説に仙台在今市村）で、剣客としてきこえ、早くから尊攘運動に活躍していたようである。この文書からいっても元治元年（一八六四）以前から出国して江戸にのぼり、尊攘運動のかたわら剣術の師範をして生計を立てていたのだろう。事件当時、門人の一人である山下伝四郎家（相州高座郡福田村）に寄留し、剣術の道場を開いていたという伝承もある。[11] 運動中しばしば名を変え、結城成実、村上誠吾、最上司等の変名を用いていた。

慶応三年の秋、相楽のよびかけに応えて薩摩藩邸に入ったが、相楽が文久元年（一八六一）に秋

表2・1　結城四郎の入門者数

| 年　　次 | 人　数 |
|---|---|
| 元治元年 | 2人 |
| 〃　2年 | 1 |
| 慶応元年 | 2 |
| 〃　2年 | 24 |
| 〃　3年 | 4 |
| 〃　4年 | 1 |
| 計 | 34 |

表2・2　結城四郎の門人の地域別分布

| | 郡　村　名 | | 人員 |
|---|---|---|---|
| 相州 | 津久井郡 | 名倉村 | 1 |
| | | 日連村 | 1 |
| | | 若柳村 | 1 |
| | 愛甲郡 | 上荻野村 | 1 |
| | | 下荻野村 | 3 |
| | 高座郡 | 福田村 | 1 |
| | 鎌倉郡 | 和泉村 | 1 |
| 武州 | 多摩郡 | 小山田村 | 18 |
| | | 小山村 | 5 |
| | | 図師村 | 1 |
| 甲州 | 都留郡 | 奥山村 | 1 |
| 計 | | | 34 |

田地方に長期滞在したことを考えると、その時以来の同志だったかも知れない。当時かれは二十八歳の青年であった。幕末の結城についてはそれ以上のことはわからないが、明治二年（一八六九）七月十一日、「名越舎マタ丸山作楽ノ塾ニ入レリ[12]」とあって、平田派国学の没後門人となっている。

次に結城四郎の門人であるが、全員で三四名、元治元年（一八六四）から慶応四年（一八六八）九月まで、前後五年間に三四名が入門している。入門時には各人が自分で署名と血判をしている。これらの門人を入門年次別、地域別に分類したのが表2・1と表2・2である。これを見ると、入門年次では元治から慶応元年までがわずかに五名、それも愛甲郡荻野村の一人を除けば、津久井県（郡）と甲州都留郡のような遠隔地に限られている。ところが慶応二年には二四名が、それも同年正月にまず武州小山田村から一二名が、二月には同州小山村から五名が、つづいて十一月には再び小山田村から六名がいずれも集団で入門している。さらに襲撃事件のあった慶応三年には、今度は陣屋の地元である愛甲郡下荻野村及び周辺村の高座郡福田村から四名が入門している。

**結城四郎と鈴木佐吉**

これらの門人の中で、愛甲郡上荻野村出身の石井三千蔵と、下荻野村出身の鈴木佐吉、弟・孫次郎の三名については、地元の資料でも確認されており、とくに鈴木佐吉についてはその役割と活動が注目される。

そこでまず、佐吉と事件のかかわりから見ていこう。佐吉については江戸出発の浪士隊の一行の中に、谷竜夫の変名で加わっていることが確認できる。鈴木は山中藩陣屋のある下荻野村の農家出身だが、幕末の経済変動の過程で半プロ化し、当時は数名の子分を持つ博徒の小親分であった。しかしこのようなアウトロー的な生活を巧みに利用して、陣屋襲撃の計画と準備に最も重要な役割を果たしている。すなわち地元の資料によれば、慶応三年の九月頃から結城が佐吉の宅に逗留し、剣術の指南を行っていることがわかる。佐吉の入門は同年の五月二十八日だから、すでにこの時から師弟の関係にあったわけである。同時に九月頃から挙兵に備えて槍、鉄砲などの武器弾薬を、佐吉宅に運び込んでいたようである。ここで資料を一つ紹介しよう。

「(前略)
此儀、鑓鉄砲其外何連ヨリ持参リ候哉、存不申候得共、柄付鎗之儀ハ、去寅年春頃ヨリ居宅奥の座敷なげしニ掛有之候、鉄砲其外之道具は、何時頃相求メ候哉、此度家内取調候而、驚入申候、且又佐吉宅ニ罷在候砌、剣道致候もの両人度々見掛ケ申候、其節子分と歟申出這入候ものハ、村方之内公処竜蔵、三田村ニ罷在力蔵、同村新蔵、飯山村市郎左衛門、同村三八、何連の出生ニ候哉梅吉、右之者共度々這入仕候儀ニ御座候、慶応三卯年十二月廿三日」

（「村方佐吉一件ニ付書上写[13]」）

これは事件後、村役人が佐吉の関係者から聞き出した報告であるが、武器の持込みや剣道の稽古を行っている様子がよくわかる。そして佐吉のところに出入りしている六人の子分仲間の名と出身村が出ているのも興味深い。この辺が博徒佐吉の縄張り範囲だったのであろう。

さて、事件直前の佐吉の動静であるが、十二月六日、大山詣りと称して家を出ている。弟の孫次郎も行方をくらました。そして同月十日に結城が佐吉の留守宅を訪れて一泊し、続いて事件前夜の十四日夜にも宿泊して翌朝出立している。当日の十五日には結城の立ち去ったあと、二人の「帯刀人」が佐吉宅に結城を尋ねている。このように、「村方佐吉一件ニ付書上写[14]」という地方資料を追っていくと、佐吉は浪士隊のために私宅まで提供して事件の準備と実行に極めて積極的な役割を果たしていることがわかる。

つまり、相州隊の中で浪士では結城四郎が、地元では鈴木佐吉が、提携し合って陣屋襲撃計画を推進していたと考えられるのである。地元ではこの他に、石井三千蔵、円融院自黙存嶺の二人の結城門人と、山川市郎の参加があるが、この三人についてはあとで詳論することにしたい。

鈴木佐吉の事件までの動静は以上の通りであるが、しかし再三指摘したように、佐吉が三〇人もの博徒仲間を地元で組織したとは考えられない。せいぜい先の資料中の子分の範囲を出なかったのではなかろうか。では残る二〇名内外の参加者はどこから来たのか。ここに結城門人帳のメンバーの参加が浮かんでくるのである。ただし愛甲郡のグループとちがって、他地域のグループが事件に参加したことを裏づける史料は今のところ一つもない。しかもこの中で、民権期の活動を通じて捕捉できる人物は数名に過ぎない。

しかし、その参加の可能性を伝える史料と史実がないわけではない。現に同じ結城門下の同志として、大政奉還→王政復古→倒幕という未曾有の歴史的変革を目前にして、愛甲郡のグループだけが、師の結城に加勢したとは考えられない。参加の仕方に差はあれ、他地域の門人の参加も十分に考えられるわけである。

### 幕末における武術と国学

「結城四郎門人帳」に関連して、幕末の武相における武芸とその門流について若干の説明をしておこう。結城が当時の武相におけるどの門流に所属していたのか不明であるが、門人中の薄井盛恭と中島小太郎が結城に師事する以前に近藤勇の天然理心流に入門していたことを考え合わせると、結城も同じ天然理心流の剣士ではないかと推測される。というのは近藤の神文帳によれば、「手前不至内他流と試合一切仕間敷候事」として、他流派との交流や試合を固く禁じていたからである。

幕末における武芸の流行は、全国的な現象であった。幕藩制の動揺と武士身分の権威の失墜、豪農商層の政治的経済的成長などが、武士の特権である武芸を民衆に流行させた原因であった。とくに関東においては、旗本、天領等の入組支配と、農民層の分解による博徒や浮浪者の出現、それによる治安の悪化や農兵制度の設置にもとづく武器の訓練などから、武芸の流行を一段とあおった[15]。

このような武芸の流行にのって、さまざまな流派があらわれたが、武相では江戸に道場をもつ千葉周作の北辰一刀流、近藤一門の天然理心流、直心影流、神道無念流などが主なものであった。とりわけ近藤一門の天然理心流は、「多摩の剣法」とうたわれて、八王子千人同心をはじめ、多摩地方の豪農層に圧倒的な人気を集めていた[16]。

天然理心流の門人については、その一部が八王子戸吹の松崎家と日野宿名主・佐藤彦五郎の所蔵する門人帳にある。前者は近藤の傍系にあたる松崎道場の門人帳で、天保五年（一八三四）から明治四年（一八七一）まで六三七人の名簿がある[17]。後者は近藤宗家の系統のもので、直接近藤勇の門人として登録されており、文久三年から慶応三年まで一七六人の門人が記載されている[18]。結城門人帳にある薄井と中島の二人の名があるのは後者の方である。この門人帳の正式の名は、それぞれ「門弟神文許控帳」「神文之事」となっている。

近藤勇といえば、すぐ新撰組を連想するが新撰組の源流は、文久二年尊攘派志士・清河八郎が幕府に建白して結成された浪士隊から発しており、本来は尊皇攘夷を任務としたものであった。それが公武合体をめぐって分裂し、その中からのちに近藤を盟主とする佐幕派の新撰組が誕生するのである[19]。のちに薩摩藩邸浪士隊の副総裁に就任する武州多摩郡駒木野村の落合源一郎は、当初この浪士隊の隊員であり、しかも近藤と同じ天然理心流の剣士であった。したがって同じ武芸の流派でも政治的立場を異にすることもあり、両者は区別して扱わねばならない。結城四郎が近藤と同じ門流だとしても決して不思議ではないのである。

武芸と並んでここでもう一つ、平田派国学のことにふれておきたい。尊攘運動の有力な担い手である平田派の門人は、いわゆる没後門人だけでも全国で三八〇〇人にのぼり、信州木曽路や伊那谷のグループの例をあげるまでもなく、まさに在地の草莽として積極的な役割を果たしている。この平田派国学の思想と運動を措いて草莽の維新史は語れないであろう。

このことは薩摩藩邸浪士隊についても言えることである。総裁の相楽総三は平田派国学の信奉者であり、落合源一郎と権田直助が早くから平田派門人として尊攘運動に活躍していることはあまりにも有名である。薩摩藩邸浪士隊のうちに平田派の門人ないし信奉者がどれだけいたかということ自体、大いに興味をよぶ問題であるが、結城四郎ものちに入門したことはすでに述べた。

武相地域（旧神奈川県）における平田派国学の門人は、その「門人姓名録」によれば表２・３の通りであるが、大部分が大山阿夫利神社、鎌倉鶴岡八幡宮、武州御岳山などの神官で、一般の豪農商層にはそれ程の広がりをもっていない。また、年次別では文久以前まではわずか一〇人であるが、文久以後になると、三七人と急増している。やはり、尊攘運動の激化と高揚が、平田門の信奉者を拡大していることがわかる。

表2・3　武相地域（ただし旧神奈川県）における平田派国学の入門者数

| 年　号 | 相　州 | 武　州 | 計 |
|---|---|---|---|
| 文化 | 2 | | 2人 |
| 文政 | | 1 | 1 |
| 弘化 | 2(2) | | 2(2) |
| 安政 | 4(4) | | 4(4) |
| 万延 | 1 | | 1 |
| 文久 | 5(3) | 2(2) | 7(5) |
| 元治 | 2(2) | 8(8) | 10(10) |
| 慶応 | 4(4) | | 4(4) |
| 明治元 | 9(4) | 7(7) | 16(11) |
| 計 | 29(19) | 18(17) | 47(36) |

『平田篤胤全集』別巻の「門人姓名録」から作成。
(　)内は大山阿夫利神社、鎌倉鶴岡八幡宮、武州御岳山の神官

このように武相では、平田派門人は神職に大きく片寄っているが、神官との日常的接触や在地の国学者を通じて、とりわけ豪農層にその国学の影響は根強いものがあった。民衆の日常の世界では、国学は和歌や武芸を通じて滲透していた。また、武州大国

魂神社の神主で著名な国学者である猿渡容盛は、その門弟たちによって、塾や寺子屋で国学の普及をはかっていた。結城門人が一八人も在住する小山田は、平田篤胤、伴信友と並び称される小山田与清《ともきよ》[20]（天明三〜弘化四年）の出身村であり、古くから国学の学統が支配していた。

つまり、当時の武相でも国学が儒学と並んで豪農層の古典的教養を形成しており、またそれが尊攘運動の思想的土壌を準備したのであった。

## (3)　荻野山中藩陣屋事件の再検討

### 門人グループの参加について

山中藩陣屋襲撃事件の経過と概要については、すでに第(1)節で述べたが、ここでは従来の事件像にもう一度検討を加え、その中から結城門人グループの参加の可能性を追求してみたい。まずこの門人グループがどこから浪士隊に合流したかという問題である。これまでの通説では、十二月十五日の昼頃、厚木に到着した六名の浪士隊が、ここで博徒・鈴木佐吉の奔走によって仲間を集め、一挙に三十数人にふくれたということであった。ところが最近、この通説を破る新史料が、大和市域から発見されたのである。それは次のような文書である。[21]

「急廻状ヲ以申達候、然者、昨十四日夜下鶴間村山元江長脇差共三拾壱人程泊り、右之者共所持之品、鉄炮弐拾挺・長刀壱振所持いたし、風俗者立付ヲはき、頭江鉄当ヲあて、後鉢巻致し、馬拾五疋、并駕籠壱挺役人足ヲ当、厚木町へ通行致し、右次第ニ而昨夜原町田村吉田屋江泊居

り候始末、右之段御達し申上候、我等村方ニ而他行留致し、村役人一同談判ニ候間、早々組合村江即刻御継立可被下候、以上
早々刻付ニ御廻し可被下候、

卯十二月十六日
巳刻

瀬谷村大惣代
名主　政五郎

（後略）」

この文書から判ることとは、陣屋襲撃の前日に当たる十四日、長脇差・鉄砲等で武装した三一人の浪士風の一団が、相州高座郡下鶴間村の山元に一泊し、翌日厚木へ出ていることである。これは恐らく相州隊の行動を地元でキャッチした第一報だろう。また、韮山代官江川太郎左衛門の文書には、「太郎左衛門御代官所相州鶴間村辺江浪人体之もの相集り、最寄寺院等放火狼藉相働候趣(22)」とあり、もう一つの江川文書にも「昨十六日申上置候浪人体之者、相州鶴間村より厚木町江罷出昼食、同所より三里程有之候大久保出雲守荻野陣屋押鎮放火いたし焼失(23)」とある。前の文書の放火狼藉云々は誤報のようであるが、下鶴間に屯集した浪士が「多人数」だということは、他の関連文書でも一致して指摘している。

私の推測では、江戸出発の六名の浪士に加えて、ここで結城門人が多人数合流し、三〇名にのぼる部隊の編成が行われたものと思う。そして、翌十五日、厚木から鈴木佐吉が動員した博徒は一〇名程度で、襲撃事件の中でも村々名主への先触れの伝達や、軍資金調達のための案内役など、むし

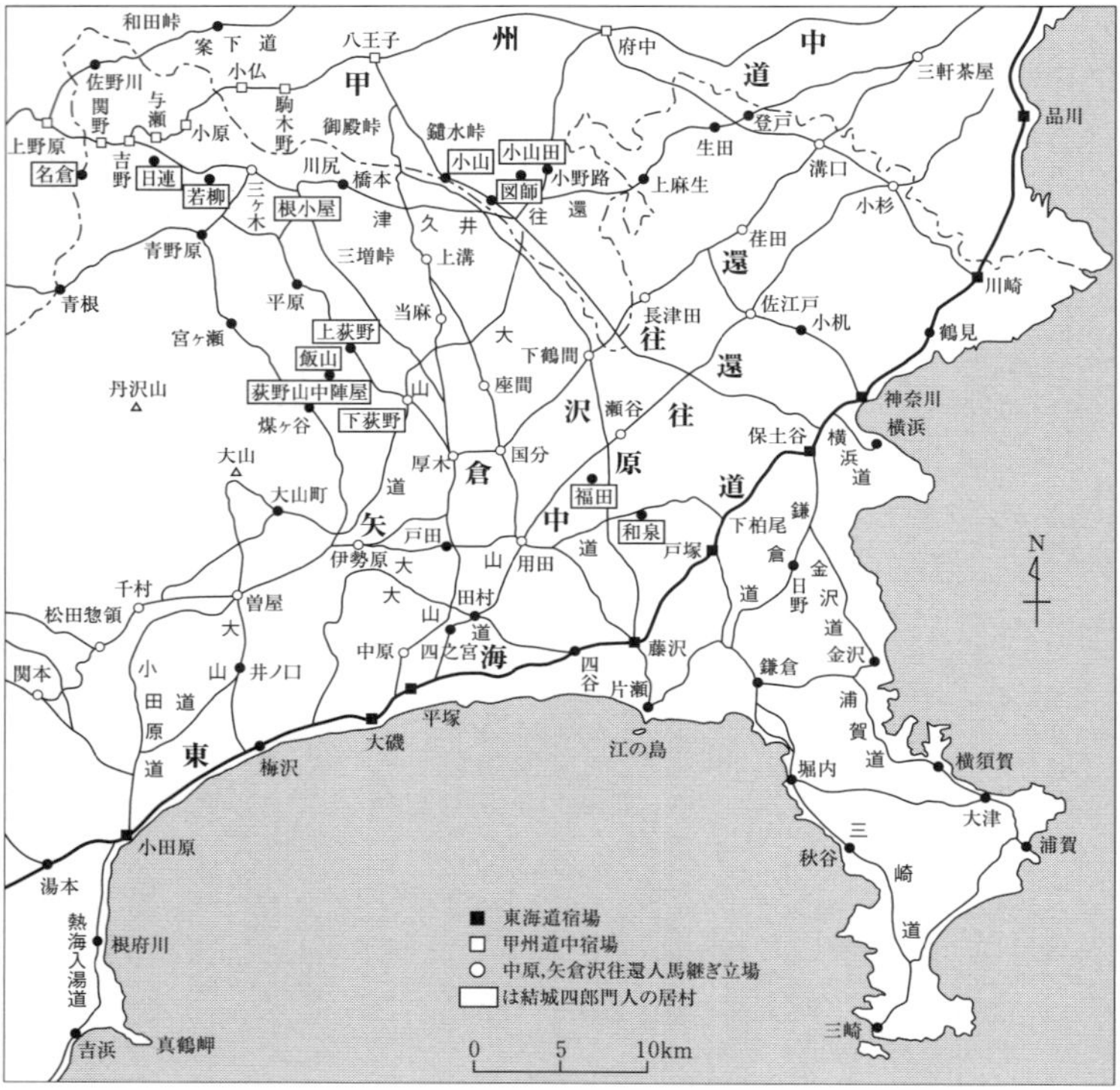


図2・1　相州浪士隊の経路

ろ事件の脇役的な存在に過ぎなかったのではなかろうか。佐吉の役割はそれよりもむしろ、結城との連絡や協議、武器の貯蔵、多摩など他地域の同志門人との連絡や勧誘にあったものと思われる。常識的に言っても、佐吉を含めて地元出身者は表立った活動はできないからである。

いま一つ、門人グループの参加を考える際に、浪士隊の辿った江戸と荻野までの往復の経路と、門人グループの居村の分布状況を検討してみる必要があろう。それを図示すると図2・1のようになる。

史料では浪士隊の帰りの経

路はほぼわかるが、往きのコースが出ていない。しかし江戸から相州下鶴間に出て厚木へ向かうコースは矢倉沢往還がもっとも通常である。つまり江戸を出て、渋谷—溝ノ口—荏田《えだ》—下鶴間—厚木と辿るコースである。このコースは徒歩では二泊三日の旅程である。ところで、この往きのコースと門人たちの居村の分布を見ると、武州では小山田・小山・図師の諸村が、沿道からほぼ三〜四里以内の地点にあり、相州では鎌倉郡和泉村が二里、高座郡福田村が一里といったところである。

一方、帰りのコースは荻野—津久井郡根小屋村—八王子—内藤新宿—三田薩摩藩邸と辿っているが、ここでも津久井郡の三村（名倉、日連、若柳）と甲州都留郡奥山村が、沿道から二〜三里以内に点在している。残る愛甲郡のグループについては、鈴木佐吉兄弟と円融院存嶺は山中陣屋のある下荻野村、石井三千蔵と山川市郎は隣村の上荻野村と飯山村である。

このように見ていくと、浪士隊の往復の経路の沿道四里以内のところに門人グループが居住しており、それへの参加と協力が十分可能なわけである。

さいごに、この襲撃計画の準備の周到さについてである。往復のコースの点検、途中の宿泊地の設定、人馬の徴発と軍資金の調達計画、江川農兵隊や関八州取締出役など敵側の情報の把握など、すべてがあまりによく出来すぎている観がある。例えば下鶴間村の野宿や津久井の豪農・久保田家における宿泊などは、地元の福田村や津久井の門人たちの協力なしには不可能であろう。つまり、この計画と実行そのものが、沿道に居住し、土地の事情に精通している門人たちの参加と協力なしには考えられないのである。あえて想像をめぐらせば、相楽らが相州隊の襲撃目標に荻野山中陣屋を選んだこと自体、結城とその門人たちとの合作になるものではなかろうかという推測すら浮かぶ。

こうなると、結城が下鶴間村の近くにある福田村に寄留していたという伝承が、俄然真実性を帯びてくる。

## 貧民への施金施米活動

浪士隊は厚木到着と同時に、次のような書状[24]を発して厚木周辺の豪農に軍資金の提供を命じた。

「此度奉蒙仁和寺王之命ヲ、外者夷狄ヲ攘ひ内万民ヲ養ハんため、多人数差繰り候間、其許儀蔵金之内軍用金之ため五百両、今七ツ時迄ニ早々持参致し候様、若万一片時遅刻及候ハヽ、軍勢差送り厳伐可被致もの也、

十二月十五日

長州萩藩士

海野次郎」

表2・4　軍資金提供者とその金額

| 人名 | 村名 | 金額 |
|---|---|---|
| 永野杢左衛門 | 妻田 | 450両 |
| 佐野市右衛門 | 下川入 | 700 |
| 林弥右衛門 | 山際 | 700 |
| 中丸重郎兵衛 | 山際 | 450 |
| 熊坂半兵衛 | 中津 | 300 |
| 梅沢董一 | 中津 | 300 |
| 大矢弥一 | 座間 | 500 |
| 能条五郎平 | 成瀬 | 未遂 |
| 計 | | 3,400両 |

厚木市教育委員会『荻野山中藩』から作成

これは愛甲郡妻田村の豪農・永野杢左衛門にあてたものであるが、「長州萩藩士・海野次郎」というのは隊長、鯉淵四郎の変名であろう。軍資金の提供を要求された豪農名と提供額は表2・4の通りである。

三四〇〇両という額は、伝承部分を含むので正確とは言えないが、現存の資料で確認できる額だけでも、一二四五両に上る。

この軍資金要求は、時としては極めて強硬で、陣屋襲撃

表2･5　人夫数および人夫賃

| 村　別 | 人夫(人) | 馬匹 | 賃　　金 |
|---|---|---|---|
| 下荻野 | 5 | | 6両 |
| 〃 | 2 | | 2分2朱 |
| 〃 | 8 | | 9両 |
| 中荻野 | 64 | 9 | 10両1朱 |
| 〃 | 7 | | 3分6朱 |
| 三田 | 16 | 1 | 6両1分3朱 |
| 妻田 | 6 | | 1両2分 |
| 〃 | 2 | | 8両1分284文 |
| 半縄 | 1 | | 2分 |
| 〃 | 10 | | 10両 |
| 及川 | 5 | | 1両1分 |
| 〃 | 35 | 2 | 5両1朱37文 |
| 飯山 | 125 | 5 | 17両2分366文 |
| | 1 | | 1分 |
| 飯山、及川、荻野、三田、妻田５カ村 | 47 | 7 | 45両 |
| 総計 | 334 | 24 | 121両3分1朱 687文 |

「荻野山中藩」－『神奈川県史　資料編５　近世(2)』から作成

のあと一行が立ち寄った下川入村の名主で豪農の佐野市右衛門宅では、要求額の三〇〇〇両がととのわなかったため、土蔵を破って米・衣類などを奪い、さらに市右衛門の悴《せがれ》助太郎を人質にとって津久井の宿泊地まで連行している。しかし軍資金については、「此度借用金子銘々共自用致候義ニハ無之、為国家横浜打払之軍用ニ付、同心之者参集次第追討ニおよび、時運ニ寄勝利之節ハ可返済、万一何方より之討手引受討死致候ハヽ、可勘弁旨申聞[25]」と述べて、あくまで借用したものであることを強調している。

さて、このようにして徴集した軍資金は、一部を動員した人夫の賃金に当てている。いまその徴発人馬とそれに対する賃金を資料に基づいて一覧表にすると表2・5のようになる。但し、この数値は事件後、村役人を通じて届け出のあったものに限られるので、実際はこれをかなり上回るものと思われる。

この人馬の数はのべ数であるが、それにしても総計で三三四人の人夫と二四匹の馬という大掛りなものである。またそれに対する賃金も総額一二一両三分一朱という大金である。これらの人馬は山中陣屋から奪った食料や衣類武器などの運搬に使用されたが、その人足の数が一時は三四〇〜五〇人に上ったという。

浪士隊が最初に村々に先触れして要求した人馬の数は、人足三〇〇人、馬一〇〇疋、弁当五〇〇人分とあったが、あとで人足四〇〇人、馬二〇〇疋、弁当一三〇〇人分に増加している。いずれにせよ、徴発した人馬に几帳面に人夫賃を支払っている点に注目したい。

次に注目される点は、浪士隊が陣屋周辺の村々の名主をよび出して、村の「困窮人」「貧民」の名簿の提出を命じ、村ごとにその数に応じて米、金、衣類などを施与していることである。これも届け出のあったものに限られる。それを一覧表に示せば表2・6のようになる。

表2・6も表2・5と同様、村ごとに資料一件ずつの額を書き上げたものであるが、さすがに地元の下荻野村が件数、人数、米・金の額とも最高である。全部で六カ村の困窮人一七七人に、七三両一分余の金と三三俵半の米、それに四二品の衣類を施与している。

表2・6　困窮人への施金施米額

| 村　別 | 人数(人) | 金 | 米(俵) | 物品(品) |
|---|---|---|---|---|
| 下荻野 | 29 | 7両1分 | 7 | |
| 〃 | 1 | 5両 | | |
| 〃 | 19 | 4両3分 | 5 | 2 |
| 〃 | 7 | 7両 | | |
| 〃 | 1 | 1両 | | |
| 〃 | 1 | | | 5 |
| 〃 | 1 | | | 2 |
| 〃 | 2 | 25両 | | 2 |
| 中荻野 | 26 | 5両3分1朱 | 5 | 1 |
| 〃 | 7 | 250文 | | 6 |
| 三　田 | 26 | 6両2分 | 6 | |
| 〃 | 3 | | | 3 |
| 〃 | 9 | | | 13 |
| 妻　田 | 21 | 4両1分 | 5 | |
| 及　川 | 12 | 3両 | 3 | |
| 飯　山 | 12 | 3両3分 | 2.5 | 7 |
| 総　計 | 177 | 73両1分1朱 250文 | 33.5 | 41 |

「荻野山中藩」―『神奈川県史　資料編5　近世(2)』から作成

ところで、この貧民への施与活動をどう理解すべきであろうか。浪士隊の軍資金要求書には、「外ヲ夷狄を攘ひ内万民ヲ養ハんため」とあった。つまり攘夷という政治目的を万民（貧民）救済と結びつけて実現することが浪士隊の戦略となっているのである。

いわゆる幕末開港以後の世直し状況の中で、尊攘派は大和、生野挙兵の失敗の経験から、世直し層の要求を取りあげない限り、尊攘運動も成り立たないという認識を強めつつあった。その代表的な事件が、関東では文久三年の真忠組事件であった。この事件は尊攘派の志士が長期にわたって九十九里地方に住みつき、開港による物価騰貴の下での生活難の中で、富豪より金穀を奪って農漁の貧民に分配し、攘夷と世直しの要求を結合しようとした極めて注目すべき事件であった[26]。

相州浪士隊の貧民救済は、真忠組事件から四年を経ているが、事件の性格はかなりの類似性をもっていると言うことができる。草莽運動のこの底流は、やがて翌慶応四年一月の赤報隊における年貢半減のスローガンに定式化される。

しかし、真忠組がそうであったように、相州隊の行動も「半プロ、貧農たちをその根底からとらえることはできない[27]」。かれらは貧民救済に好意を寄せても、この運動に共同はしようとしない。そのことを端的に示すのが、事件の直後、村役人を通じて領主側の事件調査に多くの農民が協力的態度をとっていることである。そこに、社会的中間層としての尊攘派志士のジレンマがあったのである。

## 事件の評価について

山中藩陣屋襲撃事件の再検討の中で、さいごにこの襲撃計画が果たして「失敗」だったかどうかを検討してみたい。第(1)節でも述べたように、従来この事件についての評価は甚だ低く、しかも計画自体が失敗に帰したというのが一致した見方であった。たとえばこれまでの諸説を参考にして記述したといわれる『神奈川県史』においても、「山中陣屋襲撃一件は……線香花火のような人騒がせに終わった（中略）。これは、要するに京都の西郷ら討幕派の手先として急造したいわば烏合の隊であったから、草莽隊とはいえ根の浅いものであった。山中陣屋の襲撃のごときがそのよい例で、相模地方はわずかに火の粉をあびた程度でしかなかった[28]」と言っている。

また高木俊輔氏も、『幕末の志士』ではさすがに「野州、甲州、相州ともに失敗」という評価はされていないが、依然として旧説を修正するまでには至っていない。ひとり地元の研究者である藤野泰造氏だけが、「本事件に関しては高木氏とは異なった著者なりのイメージを持つに至った[29]」と言われるが、自己の積極的な主張は述べていない。

さて、この事件に関して挙兵計画の成否を論ずる場合、何を基準に置くかという点が問われなければならないだろう。言うまでもなく相楽の計画が、挙兵＝襲撃という軍事計画である以上、まずその点の成否が問われなければなるまい。その点、野州と甲州は明らかに失敗している。しかし相州の場合そのように言えるだろうか。この計画が挙兵計画とは言え、武力倒幕のための挑発と撹乱を目標に置いていた限り決して失敗とは言えないだろう。たとえわずか数日間でも、相州の一角に無政府状態をつくり出し、幕府諸藩の心胆を寒からしめた軍事的効果は十分あったはずである。

さらに、この事件の評価は、軍事面だけでなく政治面でも検討されねばならないだろう。幕末の南関東は、幕府の天領をはじめ旗本領、藩領などが複雑に交錯する割拠支配を特徴としているが、事件のあった厚木地域でも、荻野山中藩領、烏山《からすやま》藩領、それに韮山代官・江川太郎左衛門の支配地その他の旗本領が混在していた。さらにまた、山中陣屋周辺の諸村を例にとっても、飯山村―七給地、及川村―四給地、妻田村―二給地、林村―四給地、下川入村―四給地など、(30)一村でも複雑な入組支配を構成していた。このような領国支配の割拠性と分散性を克服すべく、幕末における尊攘運動と世直し状況の進行の中で、関東取締出役や寄場組合の設立、さらに江川代官領における農兵隊の編成など、治安体制の強化が図られたのであった。

一例をあげよう。文久三年十二月、津久井郡の僻村・牧野村に「御触書并村方非常心得」として、「此節浪人と相唱へ無宿・無頼之者共上方筋始メ諸国江立廻り、不容易所業ニ相及候」と述べ、「悪党共立廻り、押取乱妨」に及んだ場合は取り鎮めるよう、非常の場合に備えて鉄砲五〇人、棒五〇人、計一〇〇人の出方人足を定めるよう指示している。(31)

しかし、このような治安対策の矛盾は、前述のような強化策にもかかわらず、領主の割拠支配によって農民一揆や尊攘運動に迅速に対応できないことであった。そのため、相州浪士隊が下鶴間村に屯集したという情報が早々に幕府に届き、直ちに江川代官所と最寄の小田原大久保藩に追補を命じたが、(32)種々の口実を設けて出兵をおくらせ、結局何らなすところなく終わった。この時の領主側の態度には、出兵要請に始終消極的で、お互いに責任を転嫁しようとする態度がうかがえる。

このような消極性と事なかれ主義は、とくに襲撃を受けた当の山中藩によくあらわれている。留守を預かる陣屋では、直ちに江戸の藩邸に救援を求めたが、その救援隊は六〇人の多数にもかかわらず、江戸から最短距離の青山街道（矢倉沢街道の別名）をとらず、わざと品川から一旦東海道に出て、平塚から厚木入りしたため二倍の里程を要したのであった。事件当日、陣屋近くにあってその一部始終を目撃した同藩の天野政立は、当時十五歳の少年であったが、「東海道ニ出タルハ、其暴徒ニ出逢ハザルヲ慮ハカリタルモノナラン、ナレバ鳴乎、武士道ノ精神廃シタルモノト、余ハ心私カニ彼等ヲ蔑視スルノ念ヲ惹キ起シタリ」(33)と述懐している。

十二月二十五日、幕府は遂に諸藩の兵二千余人で江戸三田の薩摩藩邸を包囲し焼打ちした。この直後幕府が関東取締出役の名で、寄場組合を通じて村々宿々の名主に配った「御用・急廻状」には、薩摩藩の罪状として次のような一条をあげている。

「家来浮浪之徒ヲ語合、屋敷江屯集、江戸市中押込強盗致し……其他野州・相州焼討・切盗ニおよひ、証跡分明ニ有之候事(34)」

そして薩摩藩邸から脱走した残党が潜伏していたら直ちに召し捕るか討ち取るよう厳命している。この薩邸焼打ちは、相州の事件からわずかに一〇日後である。この間に江戸市中の押込み強盗や江戸城二の丸の出火事件等もあって、薩邸への疑惑を一段と強めたが、山中陣屋事件が薩邸焼打ちの引き金になったことは間違いないであろう。

すでに京都では、十二月九日の薩長による王政復古のクーデターに成功し、翌年正月、戊辰の年を迎えて鳥羽伏見の一戦を合図に、武力倒幕の幕が切って落とされようとしていたのである。

## (4)　草莽から民権家へ

### 在地草莽の人びと

ここで再び結城門人グループに戻ろう。その門人たちを紹介するために、その身元が多少でもわかる人物一覧を掲げる（表2・7）。資料上の制約もあって三四名中一四名しか紹介できないが、これでも一応の輪郭はつかめるであろう。

この表では、愛甲グループの四人全員と多摩グループの九人、それに高座郡福田村の一人をとりあげてある。以下この表を手掛りに、幕末維新期の個人別の社会的地位と経済階層を見ていこう。ただし愛甲グループはあとで扱う。

まず社会的地位については、小山田村の薄井盛恭、森宗次郎、若林有信、大谷民蔵、小山村の萩原半蔵、図師村の河合与八郎、福田村の山下伝四郎の七名が、幕末から明治初年にかけて、名主、年寄、区戸長、村用掛等に就任しており、いわゆる村役人層に属する。また、小山田村の中島小太郎、薄井初五郎は五人組の「伍長」である。これを見るかぎり門人グループの半ばは、村役人層という領主支配の末端組織に連なると同時に、村落共同体の代表者でもあるという地位にある。

次の経済階層ではどうだろうか。これも資料的には甚だ不完全であるが、石高で表示すると、薄井初五郎をのぞけば五八～二八石という豪農ないし富農層である。また共通して土蔵と馬を所有し、農業外では質物、荒物呉服、酒・醬油の醸造、馬渡世等の営業を兼ねている。

表2·7　結城四郎門人個別調査表

| | 郡村名 | 氏　　名 | 年齢 | 役　　　職 | 持高および職業 | 備　　　考 |
|---|---|---|---|---|---|---|
| 武州 | 多摩郡<br>小山田村 | 薄井盛恭 | 46 | 第8大区第4小区<br>副戸長、名主 | 28石2斗1升<br>土蔵3、馬1 | 小野郷学創立<br>武相懇親会発起人 |
| | | 中島小太郎 | 24 | 伍長、小区議会書記 | 58石3斗7升<br>土蔵3、馬1<br>馬渡世 | 学校世話人<br>武相懇親会出席 |
| | | 森宗次郎 | 31 | 年寄 | 42石6斗4升<br>土蔵1、馬1<br>質物渡世 | 小野郷学出身 |
| | | 薄井初五郎 | 21 | 伍長 | 6石9斗<br>土蔵1、馬1 | 小野郷学出身 |
| | | 若林有信 | 47 | 第8大区第5小区<br>戸長、学区取締 | 地価額1,417円<br>(明18) 荒物呉服 | 小野郷学創立<br>武相懇親会出席 |
| | | 若林百之助 | 15 | | | 有信の子、自由党員 |
| | | 大谷民蔵 | 33 | 村会議長(明12) | | 武相懇親会出席 |
| | 小山村 | 萩原半蔵 | | 第8大区第5小区<br>副戸長、戸長(明12) | | |
| | 図師村 | 河合与八郎 | 24 | 年寄、戸長、村用掛、村会議員(明12) | 38石5斗9升<br>酒・醤油醸造 | |
| 相州 | 愛甲郡<br>上荻野村 | 石井三千蔵 | 23 | 県会議員 | 医師 | |
| | 下荻野村 | 鈴木佐吉 | 33 | | 貧農・半プロ | 博徒 |
| | | 鈴木孫次郎 | | | | 佐吉の弟 |
| | | 北条存嶺 | | | 法界寺住職 | 講学会に協力<br>地租軽減運動 |
| | 高座郡<br>福田村 | 山下伝四郎 | 29 | 年寄<br>村会議員(明22) | 41石1升(明3)<br>質屋 | 県会議員公選<br>反対建白書提出 |

持高および職業は明治4年当時、年齢は事件当時のもの。『町田市史(下)』、『町田市史　史料集8』、『神奈川県職員録』から作成

教養の面では小山田の場合は小野郷学の関係者が多い。小野郷学は明治四年から六年まで小山田の隣村・小野路村につくられた郷学校で、「孝悌を教え仁義を諭し、聖教の一班を窺知せしめる」(35)という儒教主義を建学の精神にしていた。小山田の関係者の中で、とくに薄井盛恭と若林有信は小野郷学の創立メンバーの一人であり、政治経済面でも村のトップリーダーであった。この二人こそ年齢から言っても、小山田地域の門人グループを代表する人物に思われるので、続けて紹介しておこう。

薄井盛恭は文政五年（一八二二）の生まれだから、当時四十六歳になる。村内きっての村役人の出身であるかれは、明治の新時代を迎えると石坂昌孝（野津田村）、橋本政直（小野路村）、若林有信らと村の開化に情熱を傾けた。小野郷学の創立もその一つであった。明治四年には教導職試補に任命されて、地方の教化につとめたり、第八大区第四小区の副戸長として草創期の地方行政を担当したりした。この薄井の思想と行動の面で注目されるのは、明治十年前後に西村茂樹の日本弘道会に加入し、「南多摩友の会」の幹事になっていることである(36)。教導職への就任といい、日本弘道会への参加といい、西村の日本主義への傾倒をあらわすものであるが、その本源《もと》は猿渡容盛の思想的影響によると言われている。

もう一人の若林有信は薄井より一年年長であるが、下小山田村にあって明治初年、区戸長や学区取締として活躍した。その若林が学区取締当時、管下の訓導教員に「洋教拒絶盟誓」を提出させ、「愛国敬神ノ本旨ヲ保護スル」ためとして、キリスト教排撃のキャンペーンを展開したことがあった。この若林の国家主義は、明治二十三年（一八九〇）の教育勅語の発布にちなんで、「修身いろは歌」をつくって村の小学生に普及したということにもあらわれている[37]。

小山田を代表するこの二人の門人と、平田派の志士・結城四郎との間に、武芸を超えた草莽の同志としての思想的交歓があったと言えないだろうか。門人帳によれば小山田村では、慶応二年の正月四日と同年十一月の二回にわたって集団で入門しているが、そのリーダーシップをとったのが前半では薄井盛恭、後半では若林有信のように思える。

次に、愛甲(荻野)グループを取り上げよう。愛甲の場合は社会的地位、職業、経済階層ともまちまちである。鈴木佐吉についてはすでに述べたように、博徒というアウトロー的世界に生きる半プロ層である。

石井三千蔵と山川市郎は、在地の草莽というよりもむしろ志士型草莽に近いタイプである。山川は昔名主をつとめたことのある豪農の出だが、没落して石井と共に「国事」に奔走していた。一説によれば二人は、甲州隊と一緒に甲府城攻略に参加する予定であったが、同隊が八王子宿で壊滅したため、急遽予定を変えて相州隊に加わったという。事件後、山川は甲州に逃れたが捕えられ、石井は薩摩藩邸に身を寄せて薩邸焼打後は薩摩の軍艦で京都に入り、さらに鹿児島まで行って活躍したという。維新後は郷里に帰り、石井道三《どうさん》と名乗って医師を開業した。一方の山川は許されてこれも帰郷したが、十年後、今度は自由民権運動の闘士として再び政治の舞台に躍り出た[38]。

次に円融院存嶺なる人物であるが、これは下荻野村法界寺の住職である。法界寺は無礙山円融院と称する浄土宗の寺院で、住職は北条存嶺と言った。存嶺は江戸の生まれだが、この寺に入山したのは安政五年(一八五八)であった。存嶺が門人グループの一員としてどんな動きをしたのかわかっていない。事件とのかかわりでわかっているのは、明治四年九月に死亡した鈴木佐吉を自分の寺に葬り、「無相院量誉寿堂居士」という院号を刻んだ墓を建てていることである。そしてこの存嶺も、その後民権運動の舞台に登場する。(39)

さいごにもう一人、門人帳にはない人物を紹介しておきたい。それは井上徳太郎（篤太郎とも書く）という人物で、「鈴木佐吉一件」(40)という地元資料にしばしば出てくる一人である。徳太郎は佐吉の妹やまを養女にして、当時、愛甲郡三田村で茶屋・雑貨商を営んでいた。その徳太郎が事件前夜の十四日と十八日に佐吉宅に泊っているのである。十四日は結城四郎も同宿しており、十八日は佐吉が久しぶりに帰宅してかれと会っている。そのため徳太郎は小田原藩の出張役人の嫌疑を受け、翌十九日、やまや佐吉宅の下女と共に捕えられて取調べを受けている。

この徳太郎の挙動も、浪士隊との何等かの関係を暗示している。徳太郎の子、井上篤太郎は、当地方のすぐれた青年民権家であるが、その評伝『井上篤太郎翁』は、父・徳太郎について次のように記している。

「仄聞するところによると、先考（父のこと）は近郷稀れに見る人材で、早くから勤皇の志に厚く、薩藩などとも交渉があったそうである。小田原の大久保や荻野の山中から今日でいう注意人物として睨まれていたらしい(41)」

**草莽たちの軌跡――自由民権家として**

続いてこれら草莽たちの思想と行動を、自由民権運動が展開された明治十年代に追跡してみよう。

表2・7をもう一度見られたい。驚くことに約一〇名の門人たちが、自由民権期に活動家として顔を揃えている。つまり尊攘運動と自由民権運動の両方に参加したのは、決して山川市郎一人ではなかったのである。

これら一群の民権家（門人）のうち、愛甲グループから述べていこう。山川市郎は、明治十三年（一八八〇）の相州国会開設運動にはじまる民権運動に参加し、民権結社・相愛社の設立から愛甲郡自由党の結成へと、つねに運動の渦中の人であった。そして明治十七年不況下の郡党の地租軽減運動に挫折したあと、翌十八年の大阪事件に連座し、二十年に無罪で放免されるまで、約二年間獄窓にあった。そして間もなく世を去っている。この山川の生涯こそ、草莽から民権への典型的コースを代表するものであった(42)。

石井三千蔵については、民権期の活動に見るべきものがない。維新後、地元の荻野で医業に従事したことはすでに述べたが、民権運動が終息したはるか後の明治三十二年（一八九九）、一時県会議員となっている。余談になるが石井が在世当時、『三多摩政戦史料』の著者・渡辺欽城が山中陣屋事件の「真相」を尋ねた際、「縦令親子兄弟なりとも断じて他言は出来まい(43)」と述べたというのが印象的である。

次に法界寺の住職・北条存嶺については、ごく最近その実像が明らかになった。僧職にあったかれは表立った活動は避けているが、明治十六年（一八八三）一月からはじまる愛甲郡自由党の学習塾＝講学会のために、寺を会場に提供している。この講学会は講師に東京横浜毎日新聞の記者・細川瀏《きよし》を講師に招き、政治、法律、経済学を内容とした党学校で、約一年半持続した。この学習会には存嶺自身もすすんで参加している。明治十七年の地租軽減運動では、請願文の浄書など自ら書記を買って出ている。存嶺は明治二十年頃、突然僧籍を離れて還俗しているが、その辺のいきさつは明らかでない。

ついでに言えば、山中陣屋事件で浪士隊から軍資金の提供を命じられた中丸重郎兵衛家（山際村）でも、その子・稲八郎が初期の愛甲郡長に就任し、民権派郡長として民権運動の発展に少なからず寄与している。天野政立、黒田黙耳《もくじ》、井上篤太郎ら民権運動の幹部たちも、はじめは愛甲郡役所の書記として、中丸郡長の庇護のもとに活動したのであった(44)。

次に多摩グループに目を転じよう。

ここでは草莽時代と同様、小山田の薄井と若林がその代表である。明治十四年（一八八一）一月、石坂昌孝・薄井盛恭・若林有信の三人が、連名して武相懇親会をよびかけ二百数十名の民権家を結集して以来、多摩の民権運動は大きく高揚する。そしてここでも民権結社・融貫社の誕生、南多摩自由党の結成と続き、多摩は「自由の希望《ホープ》」とまで謳《うた》われる。その中で石坂・薄井・若林の三人はつねに運動の長老的存在であった。石坂を理事長とする自由党には、薄井と若林は高齢のためもあってか加入していないが、薄井はその子盛善を、若林は同じく百之助（三右衛門）を自由党に入党させている。若林の三男で他家の養子となった若林美之助が、石坂公歴らと神奈川県懇親会をよびかけ、北村透谷を含む在京グループで読書会を組織したことは、かつて色川大吉氏によって紹介されたところである。

この二長老をはじめとして、門人グループでは大谷民蔵、中島小太郎、河合与八郎らが多摩の民権家としてあげられる。このうち武相困民党の指導者となった中島小太郎については後述する。つまり多摩でも、草莽から民権へのコースを歩んだ活動家は決して例外ではなかったのである。

それだけではない。武相の自由民権運動の歴史を通じて、相州では荻野、武州では小山田が運動の最強の拠点の一つであったのである。党員の分布を見ても、荻野地域に八名の、小山田に六名の自由党員がいた。それに支持者を合わせれば、民権活動家は両地域とも三、四十名の多数に上るであろう。

荻野山中陣屋事件に参加、協力したと思われる結城四郎門人の中から、一〇名前後の民権家を輩出させ、しかもその居村地域が民権運動の拠点を形成したことは、歴史の単なる偶然とは言えないであろう。[45]

**草莽たちの軌跡――困民党指導者として**

私が「結城四郎門人帳」を見て最初に驚いたことは、その中にのちの武相困民党の最高指導者、中島小太郎の名があることであった。

中島についても前身はそれ程明らかではない。弘化元年（一八四四）の生まれだから、事件当時は二十四歳になる。まさに血気さかんな青年期である。中島家は村の中でも相当な資産家だったようである。明治四年に「持高五六石三斗七升、土蔵三、馬一」他に「馬渡世」とある。農業の外に馬の取引をしていたのであろう。社会的地位は「伍長」に過ぎないが、れっきとした豪農である。

明治初年、小野郷学に学び、学制発布後は若林高之助や若林美之助らと共に、村の小学校・有隣学舎の学校世話役となっている。明治九年（一八七六）、第八大区第四小区の区議会の書記に就任し、はじめて村の行政に参画した。この時の区議会議長が薄井盛恭であった。明治十四年（一八八一）一月武相懇親会に出席し、はじめて民権運動にも顔を見せるがその後目立った活動はしていない。民権運動ではむしろ、同村の薄井や若林父子の影にかくれた感じである。むろん自由党への入党もしていない。

その中島が再び活動の表面に現れたのは、明治十七年（一八八四）不況下に起きた武相困民党事件であった。同年の八月、困民党運動が南多摩一帯に起きるや、中島は最初、自由党系の県議や戸長で構成された仲裁団の一員に加わって、困民党と銀行会社の間に立って負債問題の仲裁に奔走していた。その仲裁団には、同郷の長老・薄井盛恭も加わっていた。しかしこの仲裁活動も両者の主張の懸隔から暗礁に乗り上げ、結局九月末には失敗に終わった(46)。中島が困民党運動に乗り出したのはそれからであった。

中島の居村・上小山田村は、「総体耕地人員ヨリ寡キヲ以、第二十六大区相州之地へ出作スルモノ多ク、平時不足ヲ知リ、勉強シテ怠ラザルモノハ稍《とぼ》シカラサルヲ得、若シ懶惰ノ者ハ必窮ス(47)」とあるように、総体として貧しい村であった。明治十四年（一八八一）以降の松方財政は、この村を一挙に貧困と飢餓に追い込んだのであった。

明治十七年（一八八四）十一月、上小山田村、木曾村、根岸村、山崎村、図師村など五カ村人民総代より、沖県令宛に出した「山林地租追納の延期」を求めた請願書は、「九月中暴風雨之際ヨリシテ、田租ハ勿論山林其他ニ至ル迄非常ノ損害ヲ蒙リ、加之物価等ハ意外ノ変動ヲ来シ、人民将ニ餓

表2・8　南多摩郡５カ村地租催督高書上
(明治17年12月31日まで)

| | 木曾村 | 根岸村 | 上小山田　村 | 図師村 | 山崎村 |
|---|---|---|---|---|---|
| 畑　租(円) | 794 | 164 | 569 | 427 | 327 |
| 田　租(円) | 62 | 15 | 175 | 241 | 115 |
| 計 | 855 | 179 | 744 | 669 | 442 |

表2・9　南多摩郡５カ村負債高(明治12年より17年6月まで)

| | 木曾村 | 根岸村 | 上小山田　村 | 図師村 | 山崎村 |
|---|---|---|---|---|---|
| 負債高(円) | 19,982 | 3,305 | 25,673 | 11,671 | 9,165 |
| 戸　数(戸) | 170 | 46 | 126 | 116 | 68 |
| １戸当り(円) | 118 | 72 | 204 | 100 | 135 |

両表とも円以下の単位は四捨五入した。『町田市史　史料集８』から作成

死セントスルノ域ニ逼レリ[48]」と、その苦衷を訴えている。当時の地租の滞納額と銀行会社の負債額を、この五カ村についてまとめると表２・８、２・９のようになる。

　このような苦境の中で、中島は困民党の租税や負債の問題に没頭するうち、いつの間にかその指導者におされていた。明治十七年十一月十九日、困民党の臨時大会が相模野で開かれた日、中島は武相七郡一五〇カ村を代表する困民党の「総監督」に選ばれた。この時選出された二十余名の幹部に、同じ小山田村から自由党員でただ一人、困民党に加わった若林高之助もはいっていた。

　しかし、倒産の危機は中島にも迫っていた。かつて石高にして五八石余の資産―明治十八年の所有地価七四六円六銭九厘―を有する豪農のかれも、大不況下に負債がかさみ、自らも破産の淵に立たされていたのである。運動から数カ月後の翌十八年一月初旬、困民党が権力の弾圧で壊滅したあと、中島は「兇徒衆嘯」の容疑で数カ月獄中にあったが、出獄後のかれを待ちうけていたのは貸金返済不能による身代限りの処分であった。次の一通の資料がそのことを物語っている[49]。

「　身代限リ勘談勧解済口証

原告青木正太郎ヨリ係ル貸催促之勧解事件ニ付、直ニ返金可致候処、目下金策難相成候ニ付、原被告熟議之上身代限リヲ以済方仕度、就テハ該書面ヲ以民事課ニ於テ被告身代限リ御処分被成下度、原被告連署ヲ以勧解済口御届申上候也

南多摩郡上小山田村
三十六番地平民
中島小太郎㊞

明治十九年二月十三日

八王子寺町
武相銀行頭取
原告　青木正太郎㊞

八王子治安裁判所長
判事補　金井保寿殿」

困民党指導者、中島に、身代限りの処分を迫った武相銀行頭取は、皮肉にもかつて多摩自由党の幹部であった青木正太郎であった。

## (5) 自由民権と「草莽意識」

冒頭でもふれたように、私は「草莽」の概念を、郷土を離れて直接政治活動に奔走する脱藩浪士と豪農商出身の志士という通説に従って使用してきた。またそれと対照的に、郷土にあって日常は

村の行政や自己の家業に従事しつつ、国事を憂え活動にも参加する豪農商を在地型草莽と呼んできた。草莽概念をはじめて厳密に規定した高木俊輔氏も、この点について「広義に理解すれば草莽論は豪農論として論ずる必要がある。その場合、村や在町について経済活動や日々の生産活動、また村政や町政に従事している豪農層の存在形態の解明を重視しなければならないだろう。（中略）民衆にとっての明治維新を解明するためには、このような在村的草莽の動向はポイントでさえある(50)」と述べている。

このような在地型草莽は、いわゆる志士型草莽のように、郷土での指導権と存立基盤を喪失した「根なし草的存在」ではなく、幕藩体制の解体の中で、世直し層との対立関係をはらみながらも、村内に基盤をもって激動する内外情勢を敏感に受けとめながら、村落共同体のたて直しと階級対立の緩和に努力している層である。そしてその中の意識分子は、地域の政治的経済的要求を、農民大衆と共に体制側に向けていく変革の道を模索したのである。草莽から自由民権へと転生した武相の結城門人たちは、まさにそのような在地型草莽と言えよう。

さらにその中で、中島小太郎は、豪農民権の限界を越えて世直し層の流れをくむ農民民権（困民党）の指導者に転生したのであった。

この中島の思想形成を探るには、幕末維新期の世直し状況に目を向ける必要があろう。慶応二年、多摩は武州一揆の嵐におそわれた。同年六月十三日、武州秩父郡名栗村に端を発した農民の打ちこわし騒動は、わずか一週間で武州十四郡、上州二郡に燃え広がり、豪農商四五〇軒を打ちこわして幕藩体制を震撼させた。一揆勢は「世直し」と大書した旗を押し立て、開港以来の物価値上りを理由にして、米穀の借受けと値下げ、施金施米、質地の返還と横浜貿易の停止等を要求していたと言われる[51]。一揆勢は多摩を南下して八王子に向かい、多摩川を渡河しようとして昭島の渡船場に集結したところを、対岸に待機していた江川代官配下の手勢と八王子、日野、駒木野の農兵隊に狙いうちされて敗退した[52]。一揆の鎮圧と海防を目的に組織された農兵隊は、当時小野路、木曾、下小山田の諸村にもあったが、この時には出動していない。

武州一揆の状況を克明にメモした小野路村の小島為政は、「土民蜂起打毀顛末見聞漫録」の中で次のように書いている。

「嗚呼平常貧民を不恤、一己之利欲を事とし、迷利不仁之奸商共、天道之応報其疾事芦葉ニ猛火を褁し如く、後来是を以宜く鑒誡すべし[53]」

ここで小島は一揆勢に同情し、物価騰貴を利用して私利私欲を追求する奸商を厳しく批判し、打ちこわしを「天道之応報」とまで言っている。また一揆勢は人を殺傷する刀脇差などの武器の携行を禁じ、鎌、鋸など打ちこわしの道具しか使用を許さず、「打毀しいたし候而も、食物之外金銀銭者勿論、外品等決而奪取間敷、若相背き候もの者、仲間内ニて斬首可致与盟約[54]」していたという。これは世直しが生んだ農民的軍律とも言うべきものであろう。

相楽浪士隊に結集した関東出身の草莽の志士たちは、多かれ少なかれこの武州一揆の体験と教訓を共有していたと言われており、直接にはそれが相州隊の施金施米活動にあらわれたとも言えよう。つまり、社会的中間層としての草莽は、変革的人民との紐帯なしには、運動そのものが存立できない世直し状況に置かれていたのである[55]。

武相の民権家が、草莽時代のこの体験と教訓をどのように受けとめてきたか、そしてまた困民党指導者、中島小太郎がそれを困民党活動の中でどのように活《い》かそうとしたか、それは今後の研究課題でもあろう。

明治元年、維新の原動力を「草莽」に求めた『復古論』の著者は次のように言っている。

「今度ノ復古ハ……草莽ヨリ勤王ノ論起リ、最初ハ浪士ヨリ始リテ、藩士ニ及ビ、藩士ヨリ大夫ニ至リ、大夫ヨリ君侯ニ及ビ、終ニ草莽ノ発起尽力ヨリ、日々ニ盛大ニナリ、自然ニ復古シタルナレバ、万カ一モ上ノ思召ハ変スルトモ、万民ノ心ガ変セサレバ、武家ニ政道ノ戻ルベキ道理ナシ(56)」

この草莽観はやがて、明治七年（一八七四）の民撰議院設立をめぐる論争の中で、「維新ノ功臣」を生んだのは「士族及ビ豪家ノ農商」であり、これら「草莽浮浪ノ士」こそ、「藩士ヲ動カシ、藩士亦諸侯ヲ動カシ」て維新革命を成功させたのだという主張に連なっていく(57)。

この主張はさらに、民権運動の発展の過程で、士族民権から豪農民権の思潮となっていった。地方民権家の中には、自由民権運動を「第二ノ維新」と唱え、自らを未完に終わった維新革命の継承者と称える人びとがいる(58)。

一方、困民党は幕末維新のもう一つの社会的潮流である世直しの継承者ということができよう。ここには「草莽意識」という尊攘運動にありがちな志士的エリート意識は見られない。武州一揆には騒動全体の頭取（指導者）がなかったと言われるように、明治十七年（一八八四）の武相困民党にも強烈な個性をもつ指導者はいなかった。その点、秩父困民党のように武装蜂起した軍事組織の場合とは大きく異なる。

武相の場合は各村を単位とした困民党の連合体であり、その指導部も二十余名のメンバーによる集団指導体制をとっていた。最高責任者である「監督」も、武州の中島のほかに相州からも福田島吉（高座郡下溝村）が出ており、組織の統一の面で規律よりも郡村の調和とバランスに配慮されていたようである。明治十八年（一八八五）一月、困民党総代による県令との交渉のなかで、沖県令から困民党の即時解散を強請された際、中島らは次のような理由をあげてそれを拒絶している。

「貧民負債消却ノ術ニ苦シミ、曩《さき》ニ諸債主ノ不正ヲ憤リ苛酷ヲ怨ミ貧窶《ひんる》切迫ノ徒、相告相語所謂同病相憐同気相求タル者ニテ、誰首唱者トテハ無之、自然呉越同舟ノ勢ヲ為シ不期シテ団結スル者ニ有之候、（中略）私輩ニ於テ其団結ヲ湯解スルノ権力無之候(59)」

ここに、指導者なき集団とも言える困民党の性格が浮き彫りにされていよう。武相困民党と自由党が十七年不況（一八八四）という決定的段階で、指導と同盟でなくパラレルな関係に終わったのも、自由党側の「草莽意識」の自己否定なしには、所詮同盟は不可能だったのである。その中で、中島小太郎とたった一人の自由党員である同郷の若林高之助は、草莽から農民民権へと飛翔した「数少ない例に属する」人だったのである。

**注**

（1）高木俊輔『幕末の志士』中公新書

（2）高木俊輔『明治維新草莽運動史』勁草書房

(3)長谷川伸『相楽総三とその同志』中公文庫
(4)厚木市教育委員会『荻野山中藩』
(5)高木俊輔『維新史の再発掘』NHKブックス、同『明治維新草莽運動史』
(6)高木俊輔『幕末の志士』中公新書
(7)高木俊輔『明治維新草莽運動史』
(8)長谷川伸『相楽総三とその同志』、高木俊輔『幕末の志士』
(9)長谷川伸『相楽総三とその同志』
(10)『神奈川県史　通史編4　近代・現代(1)』
(11)山下武雄氏（大和市桜ヶ丘）の御教示によれば、同氏の家はもと福田村にあり、山下伝四郎家に寄留していた結城四郎については有名な剣客として幼少の頃から聞いていたといわれる。
(12)『平田篤胤全集』別巻「門人姓名録」名著出版
(13)(14)藤野泰造「慶応三年十二月相州荻野山中陣屋焼打事件について」―『関東近世史研究』9
(15)『昭島市史』
(16)小島政孝『武術・天然理心流(上)』小島資料館
(17)『昭島市史』附篇
(18)佐藤昱『聞きがき新選組』新人物往来社
(19)服部之総「新撰組」―『黒船前後』岩波文庫
(20)若林昇「忠生の先覚者たち」―『町田近代百年史』町田ジャーナル社
(21)(22)(23)『大和市史4　資料編』
(24)『神奈川県史　資料編5　近世(2)』

(25)『神奈川県史　資料編8　近世(5)上』
(26)高木俊輔『明治維新草莽運動史』
(27)佐々木潤之助『世直し』岩波新書
(28)『神奈川県史　通史編4　近代・現代(1)』
(29)藤野泰造「慶応三年十二月相州荻野山中陣屋焼打事件について」
(30)『皇国地誌』
(31)『神奈川県史　資料編5　近世(2)』
(32)『大和市史』
(33)天野政立文書「所世録」(国立国会図書館憲政史料室蔵)
(34)『大和市史』
(35)「小野郷学々規并趣意書」―『町田市史　史料集1』
(36)(37)堀江泰紹編『小山田物語』町田ジャーナル社
(38)渡辺欽城『三多摩政戦史料』有峰書店
(39)飯田孝「荻野山中陣屋焼打事件と草莽の志士たち」―『かながわ風土記』47　丸井図書出版
(40)藤野泰造「慶応三年十二月相州荻野山中陣屋焼打事件について」
(41)『井上篤太郎翁』同伝記刊行会
(42)拙著「草莽の志士から民権家へ」―『いしずえ』6　県央文学会
(43)渡辺欽城『三多摩政戦史料』
(44)拙著『相州自由民権運動と豪農の実態』私家版
(45)なお、高座郡福田村の山下伝四郎はのちに山下康哉と名を改めたが、明治十二年二月七日、神奈川県会の創設を前にして県会議員公選反対の建白書を、神奈川県令・野村靖に提出している（『神奈川県史　資料編11　近代・現代(1)』）

(46)色川大吉「困民党と自由党」―『歴史学研究』247　歴史学研究会
(47)堀江泰紹編『小山田物語』
(48)(49)『町田市史　史料集8』
(50)高木俊輔『幕末の志士』
(51)佐々木潤之助『世直し』
(52)『昭島市史』
(53)(54)『町田市史　史料集3』
(55)佐々木潤之助『世直し』
(56)『明治文化全集　雑史編』日本評論社
(57)高木俊輔『明治維新草莽運動史』
(58)天野政立文書「所世録」（国立国会図書館憲政史料室蔵）
(59)色川大吉責任編集『三多摩自由民権史料集(下)』大和書房

# *3* 国会開設運動

## (1) 運動の発端

### 八王子・三浦・小田原の動き

神奈川県下の自由民権運動は、明治十三年（一八八〇）六月の国会開設運動をもって本格的な幕開けの時代を迎える。この国会開設運動を通じて、神奈川の民権運動は、はじめて全県的な広がりを実現し、また多数の活動家を生み出すことによって、運動の統一性と組織性を確保することができた。さらにまた、この運動を通じて、それまでのおくれを急速に克服し、民権運動の全国的レベルにまで達することが可能となった。しかし神奈川においても、国会開設運動は突如起こったものでなく、すでにその前夜に、二、三の注目すべき動きがあった。ここでは、まずその前史から述べていこう。

『東京横浜毎日新聞』によれば明治十二年（一八七九）十二月、八王子で成内頴一郎ら五〇名の有志が第十五嚶鳴社を設立する準備にとりかかり、翌年一月七日には、同社の沼間守一を招いて開業式をあげている。嚶鳴社というのは、沼間守一の率いる都市知識人の政治結社で、『東京横浜毎日新聞』を機関紙に嚶鳴雑誌を発行し、当時東日本に二十余の支社と一〇〇〇名の社員を擁していた。嚶鳴社の支社が八王子にできると、そこを拠点に直ちに活発な演説会が開始された。一月末には八王子学校で、二月には西多摩郡五日市で、三月には津久井郡吉野駅で、あいついで嚶鳴社員による演説会が開かれている。こうしてその後には、第四嚶鳴社のある「横浜ヲ始メ府中ニ二宮ニ五日市ニ吉野ニ久保沢ニ八王子ニ日野ニ皆有志者ノ結合ヲ為シ、毎月演説者ヲ招聘シテ大会ヲ開ク(1)」という盛況ぶりであった。そして明治十四、五年ともなれば、この地方の民権家と嚶鳴社との結びつきは強まり、神奈川県（明治二十六年までは多摩三郡を含む）は嚶鳴社の最大の基盤となったといわれる(2)。

武州八王子を中心とする嚶鳴社の活動と並行して、一方の相州でも国会開設運動の前ぶれともいえる運動が起こっていた。一つは三浦郡三崎町で明治十三年（一八八〇）一月末、町会議員、関直道が「三浦郡諸君ニ告グ」という国会開設願望の檄文を発表して、すでに五、六十名の賛同者を得たといわれ(3)、また三月初めには、同町議の大野彦兵衛が「国会開設建議諮問案」を起草して話題をよび、以来三崎はもちろん近傍の各村よりも之を聞き陸続同意する者多く、同意者殆ど八百七十余名に及んだといわれる。いま一つは小田原の動きで、同年三月当地へ遊説にきた愛国者の社員が、

「民権拡張」を仁恵社社長吉野直興にはかったことから、「民権論者各地に輩出し、弥々同志結合して国会開設を政府に請願せんと同地は勿論各近在より有志者相会合してその委員を選挙[4]」するという動きを見せている。

三崎や小田原のこうした動きが、明治十三年六月の全相州の国会開設運動とどのようにつながるのかはっきりしないが、恐らく中途で後者の大運動に合流していったものと思われる。ここで参考までに、三崎町の国会開設願望の二つの文書である「三浦郡諸君ニ告グ」と「国会開設建議諮問案」の内容をかいつまんで紹介しておこう。

「三浦郡諸君ニ告グ」は一種の檄文で、国会開設が今日の急務であることを力説し、すでに千葉、岡山、福岡、広島、宮城等の諸県の有志は陸続と請願に立ち上がっている。然るに我が神奈川県は、首都東京に隣接する「全国中ノ大県ニシテ開化先進ノ地」であるにもかかわらず、「今日ニ到ルマデ未ダ一人ノ議事ニ関シテ人民ノ連結ヲ謀ルノ義挙アルヲ聞カズ[5]」とのべて慨歎し、郡民の奮起をよびかけたものである。

もう一つの「国会開設建議諮問案」は、請願書の草案に相当するものである。この中で起草者は、人類に天賦の自由権利があることを確認した上で、国民の権利意識にふれながら次のように言う。日本人民は千数百年に及ぶ専制政治の下で、「唯命之従ノ卑屈心」に慣れ、自由の行使については禽《きん》獣にも劣る有様である。しかし我が国のおかれた現状をみるとこのままでいるわけにはいかない。「宜シク衆智ヲ集メ公議与論ノ帰スル所ヲ執テ」政治を行うべきである。公議与論の政治とは、「有司ノ権限ヲ度節スルニ有リ、有志ノ権限ヲ度節セント欲セバ宜シク憲法ヲ立ツルニ有リ、憲法ヲ立テント欲セバ則チ国会開設セザルベカラズ」[6]。このような論旨で国会開設を主張しているのである。この二つの文書は、思想的には素朴な天賦人権論と他県人への競争意識に根ざすものであるが、それなりにまた当時の地方民権家の政治意識がうかがえて興味深い。

**桜井提案と第三回地方官会議**

さて、以上のような武州八王子を中心とした嚶鳴社の宣伝活動と、相州の三崎及び小田原における国会開設請願の動きは、県下における民権運動の先駆をなすものであるが、それはちょうどこの時期に全国的な規模ですすめられつつあった国会開設大請願の余波でもあった。

この大請願を推進した愛国社は、明治十二年（一八七九）十一月の第三回大会で画期的な国会開設請願を決定、翌十三年三月の次期大会に向けて全国的な規模で請願運動を組織していった。そして三月の第四回大会では、二府二二県八万七千余人の総代一一四名が大阪に集まり、これまでの愛国社を改組して国会期成同盟と改称し、代表片岡健吉、河野広中によって全国各地の署名人代表の名を連ねた「国会を開設する允可を上願する書」を天皇に提出することにした。この請願は結局政府によって拒否されたが、しかしそれ以後、全国各地からの請願は一層活発になる。なおこの国会期成同盟には、神奈川は加わっていない。

国会開設運動は全国的に見れば、愛国社系政社の潮流・都市民権派の潮流・在地民権結社の潮流とよばれる三つの推進母胎をもっていた。神奈川県の場合は、大きく見れば在地民権結社の潮流に入っていく県議路線でまず国会開設運動が進められた。県議路線というのは、各府県の県議グループが連合または単独で主導した請願運動で、後述するように神奈川もこの範疇《はんちゅう》に入る。県議路線の特徴は「士族社会を軸とした愛国社路線に対して農工商の職業にあり平民の族籍をもつ府県会議員を指導者とする組織路線[7]」といわれるが、この路線成立の上で画期的な役割を果たしたのが千葉県の一村議桜井静の提案である。桜井は明治十二年（一八七九）七月、「国会開設懇請協議案」なるものを『朝野新聞』に発表、同時に一万部を印刷して全国の府県会議員に発送した。それは、この年開設された府県会の権限の狭小さを慨歎し、国会開設こそ府県の自治を確立する道だとのべて、全国の府県会議員が東京に集まって協議し、国会開設を政府に懇請しようと訴えたものであった。この桜井提案は岡山県会の支持決議をはじめ各府県で大きな反響をよんだ。神奈川の県議たちにもこのよびかけはあったらしく、大住郡出身の県議、福井直吉の文書中にもその写しが現存している。

ともあれ、明治十三年（一八八〇）後半には先にふれた三潮流の合流によって、国会開設運動は空前の高揚を示した。明治七年（一八七四）以降、全国からの建白・請願は今日わかっているものだけでも五十数件、署名数にして二六万人以上にのぼった[8]。

ところで、神奈川県下の本格的な国会開設運動は、愛国社＝期成同盟や他府県の運動とくらべると大分おくれてスタートした。まずその発端からのべていこう。

明治十三年（一八八〇）二月、政府は第三回の地方官会議を東京に招集した。この会議には、さきの桜井のよびかけもあって、全国から一〇四名の府県会議員が傍聴のため上京した。そして同月二十二日その有志が両国中村楼に集合した際、茨城、岡山などの議員から国会開設の提案があり、日を改めて論議することにした。次いで開かれた二十四日の会議では三七名の有志議員が集まって意見を交わしたが、結局直ちに請願行動を主張するグループと「帰県の上、有志者を団結して更に建議する」[9]グループとに分かれ、前者の意見をとる一府九県の代表二五名はその場で元老院に建白した。この会議に神奈川県からも、神藤利八（高座郡）、今福元頴（同）、山本作左衛門（同）、杉山泰助（大住郡）、福井直吉（同）、中川良知（淘綾郡）の六県議が出席していたが、採決では後者の意見にくみした。神奈川の六代表がそのような態度をとったのは、何よりも自県の運動のたちおくれからであった。ここにその辺の消息を語る一資料があるので紹介しておこう。これは県議で請願運動の総代となった福井直吉の演説草稿であるが、さきの府県会議員の会議の模様を伝えていて興味深い。

「其節諸県ノ人ノ様子ヲ聞クニ、何レモ国会ノ説ナラザルハナシ。某県ニテハ已ニ昨年国会開設ノ事ヲ御願申シタト云イ、又某県デモ同様御願イ申シタ云々、或ハ此度願書ヲ持参シタト云イ……或ハ其事ニ着手シタト云イ、僅カニ数県ヲ除クノ外ハ夫々手続ヲ終リ、実ニ他県ノ進ンダニハ恐入マシタ[10]」

まさに神奈川県は運動のおくれている点では、残りの「僅カニ数県」の中にいたのである。会議に出席した六県議が他府県の運動の高揚に驚くとともに、自県の運動のたちおくれを痛感させられたことは想像にかたくない。かくして神藤らは、「今直ちに賛成はできないが帰県後総代を選出し各府県とも一致団結[11]」して運動することを誓って別れたのであった。

## (2)　広がる運動

### 典型的な県議路線

地方官会議から帰った神藤、今福、杉山ら六県議は、直ちに国会開設請願の準備に入った。まず相州出身の県会議員を中心に一四名で県総代を構成した。その顔ぶれは表3・1の通りであるが、一人をのぞいて全員が平民の族籍をもち、現職または後の県議である。

ところでこの一四名の県総代は、相州を代表して全体の指導に当たると同時に、各郡の指導責任を分任していた。そして郡レベルでも県総代の下に、数名から数十名の郡総代を選出した。このような構成をとったのは、郡を単位に運動を組織したためであり、事実、県議主導の運動においては、県議の選挙区としての郡を基盤にすることが最も合理的であった。郡総代には郡役所書記、戸長、学区取締、村会議員など、郡村の有力者が多く選ばれた。また各郡の郡長の中にも、民権思想に理解を示し運動を側面から支援する者がいた。そのような郡長に、足柄上郡の中村舜次郎、大住・淘綾郡の山口左七郎、愛甲郡の中丸稲八郎らをあげることができる。県議で筆頭総代の今福元頴が運動に着手するにあたって、相州各郡の郡長はもちろん有志諸氏と計ったと語っているのも、その辺の事情をさしているのであろう。

なおここで、神奈川県内のうち、相州（九郡）だけを取り上げて武州（六郡）にふれないのは、組織だった運動が確認できないからである。一説によれば、同時期に武州でも石坂昌孝らが発起人

表3・1　相州国会開設運動の総代人名簿

| 氏名 | 年齢 | 出身郡 | 備考 |
|---|---|---|---|
| 松本福昌 | 21歳 | 足柄下郡 | 士族 |
| 長谷川豊吉 | 27 | 〃 | 平民・後県議 |
| 武尾弥十郎 | 39 | 足柄上郡 | 〃　現県議 |
| 下山万之助 | 36 | 〃 | 〃　〃 |
| 中川良知 | 39 | 淘綾郡 | 〃　〃 |
| 福井直吉 | 33 | 大住郡 | 〃　〃 |
| 杉山泰助 | 38 | 〃 | 〃　〃 |
| 霜島久円 | 43 | 愛甲郡 | 〃　〃 |
| 小宮保次郎 | 42 | 〃 | 〃　後県議 |
| 今福元頴 | 36 | 高座郡 | 〃　現県議 |
| 神藤利八 | 34 | 〃 | 〃　〃 |
| 山本作左衛門 | 31 | 〃 | 〃　〃 |
| 塩谷与太郎 | 36 | 三浦郡 | 〃　〃 |
| 梶野敬三 | 27 | 津久井郡 | 〃　後県議 |

「国会開設ノ儀ニ付建言」－『神奈川県史　資料編13　近代・現代(3)』から作成

となって、国会開設請願の檄文が廻されたが、有志の多くが当時横浜を中心とする商権回復運動に忙殺されて、国会開設運動にまで手がまわらなかったと言われている[12]。

さて、郡段階の総代がきまり、態勢が整うと、次に国会開設請願の檄文と総代の氏名を連署した締盟書（または締約書ともいう）が郡ごとに作成され配布された。これらの文書は署名運動に活用したものであるが、足柄上郡などでは、村ごとに締約書を署名簿のあたまにつけて回覧している。ここで少々長くなるが、締盟書の全文を掲げて内容を紹介しておこう。

「　締盟書

我叡聖ナル

天皇陛下ハ天地神明ニ誓ハセラレ

聖意ヲ詔シテ曰ク、広ク集議ヲ尽シ万機公論ニ決スト、是実ニ明治初年即位ノ始メタリ、当時

国民未タ封建之余習ニ慣レ、其ノ羈絆ヲ脱セズ、卑屈ニ安ンズルノ風俗尚存スル有テ此ノ聖意

ノ所在ヲ顧慮細志スル者アラザリ、然リ而シテ気運漸ク変遷シ今哉勅諭ノ責ムベキヲ知リ、且自治ノ重ンズベキヲ覚リ而シテ国会開設ヲ政府ニ請願シ、以テ至仁ナル聖意ニ報ヒ奉ラント欲スルモノ陸続東西ヨリ起ルニ至レリ。嗚乎時既ニ如斯、時己ニ如斯ナルヲ以テ我高座郡有志輩苟モ此ノ時運ニ際シ豈傍観座視ヲ分トシテ甘ンズベケンヤ、因テ今回同志者憤然締盟約結シ、以テ国会開設ノ議ヲ政府ニ願望セント欲ス。抑モ此ノ挙タルヤ下ハ以テ国民ノ自由福祉ヲ永遠ニ保存スルノ志望ニシテ、上ハ以テ天皇陛下ノ隆恩ヘ報ヒ奉ラント欲スルニ在リ。故ニ此一事ニ関シ将来多少之艱難ニ会フモ敢テ志向ヲ変スル事ナカラン為ニ茲ニ締盟約結ノ連署スルモノ如斯也

（以下署名略）

締約書

明治元年我叡聖文武ナル

天皇陛下ハ天地神明ニ誓ヒ玉ハセラレ、詔シテ曰ク、広ク会議ヲ興シ万機公論ニ決スベシトノ勅諭ニ奉答セント、既ニ今回吾郡人民同志ト謀リ締盟締約シ、国会開設ヲ請願シ国民ノ福祉ヲ永保セントシ、后来変心挫折ナカラシメン為メ締約連署スル如斯也

明治十三年四月　」

前者は郡総代の「締盟書」で、現在高座郡と大住・淘綾郡から発見されているが、文面は全く同じで、総代＝署名人の数だけが高座郡の三二名（署名者総数不明）、大住・淘綾郡の四名（署名者総数二八九九名）と異なるだけである。恐らく全県共通の締盟書のモデルがあって、それを郡名と署

名者だけ変えて用いたものであろう。一方、後者は足柄上郡の各村の請願署名簿のあたまにつけた「締約書」で、同様のものが愛甲郡半原村にも残っている[13]。これら二つの文書は長短のちがいはあるが、内容的には同じもので今回の国会開設運動は明治初年の「五箇条の御誓文」にある「広ク会議ヲ興シ万機公論ニ決スベシ」という「聖旨」にこたえる運動であり、それによって国民の福祉を永く保存しようとするものである。そのため運動の途中で変心挫折しないよう盟約するものだ、という趣旨である。五箇条の誓文という体制側の論理を、自己の主張の論拠にとりこむというこのような発想を、色川大吉氏は民権期の明治人に特有の「読みかえの論理」とよんでいるが、たしかにこうした方法が当時としては最も説得性があったのであろう。

**郡村ぐるみの運動**

さて、明治十三年（一八八〇）三月五日からはじまった請願署名運動はたちまち大きな反響をよび、六月初めまでに相州九郡五五九町村で二万三五五五名という大量の署名を集めた。この成果は他府県のそれと比較しても遜色はなく、署名数では高知、広島、岡山、長野などとともに、全国でもトップレベルの地位を占めている（表3・2）。また、当時の相州九郡の総戸数は七万六二〇〇戸[14]であるから、署名者を戸主とした場合、三戸に一戸の割合で署名が行われたことになる。まさに空前の壮挙と言えよう。しかしこのような大量署名の運動は、相州ではこれが最初ではなかった。二年前の明治十一年（一八七八）十一月、大住郡真土村で起きた悪徳地主、松木長右衛門殺害事件の被告に対する助命嘆願運動でも、大住、淘綾、愛甲の三郡で一三六カ村一万五〇〇〇人の署名を集めている。そのときの経験が国会開設運動にも大きく役立ったにちがいない。

それにしても二万三〇〇〇もの大量の署名が、しかもわずか三カ月間にどのようにして集められたのであろうか。後藤靖氏は福島、福井、長野など国会開設運動で大量の署名を集めた民権運動新興地域における運動を総括して、次のような特徴づけをされている。

表3・2　誓願署名数上位10県

| 府　県 | 署名数 |
|---|---|
| 高　知 | 47,575人 |
| 広　島 | 26,393 |
| 岡　山 | 25,205 |
| 神奈川 | 23,555 |
| 長　野 | 23,536 |
| 静　岡 | 20,000 |
| 福　岡 | 13,357 |
| 茨　城 | 12,264 |
| 群　馬 | 12,107 |
| 栃　木 | 10,924 |

江村栄一「国会開設建白書・請願書の考察」―『近代日本の国家と思想』から作成

「運動の指導層は豪農層で、多くは県会議員や村役人ないしその子弟である。そのすぐ下に中位の農民層の中から輩出してきた積極的な運動推進者があり、その下に広汎な全農民層が支持基盤として存在していた、ということである[15]」と。国会開設運動におけるこのような「階級構成」は、そのまま神奈川の運動にも適用できると思う。県会議員（大豪農＝地方名望家）―戸長、郡書記（中小豪農＝在村有力者）―農民という序列が、この大運動の組織構成をなしているからである。この序列は当時の村落共同体の階層制をあらわすものであるが、このような共同体組織と郡村の行政機構とをフルに利用したところに、大量署名獲得の秘密があったのである。

### 大量署名の秘密とその分析

ここで若干、署名簿の分析をしておこう。小田原の市立図書館に保管されている有信会文庫に、足柄上郡及び大住・淘綾郡（この二郡は郡長兼任の行政区）の署名簿があるので、それを用いて考察してみる。それによると、両郡の署名数は表3・3の通りで、足柄上郡の署名数が数においても率においてもはるかに上回っていることがわかる。足柄上郡では、湯触村（戸数二七戸）の一〇〇％、川西村（同九八戸）の九五％をはじめ、全体として高率で郡平均でも八三・三％に達している。それに対して大住・淘綾郡は、郡平均の署名数も二〇・七％と低く、署名数五～一〇人未満の村数が五〇村にも上っており、全く無署名の村も三村ある。また、村会議員だけの署名にとどまっている村が八村ある。

さらに両郡における署名数の分布状況を検討すると、県総代及び郡総代の居村が高いことは当然であるが、全体としては平場の米作地帯よりも、山村の畑作地帯の方が多くの署名を集めているようである。あとでふれるように、神奈川県下の自由民権運動は、主として東山養蚕地帯の辺縁部にあたる県内内陸の諸地域で展開されるのであるが、ここに早くもその地域的特色が形成されつつあったことがわかる。

表3・3　足柄上、大住・淘綾郡の署名状況

| | 足柄上郡 | 大住・淘綾郡 |
|---|---|---|
| 総戸数(A) | 6,533 | 14,028 |
| 署名数(B) | 5,443 | 2,899 |
| 郡平均(B/A) | 83.3% | 20.7% |
| 村数(C) | 85 | 134 |
| 署名村数(D) | 85 | 131 |
| 郡平均(D/C) | 100% | 97.8% |

小田原市立図書館所蔵の署名簿から作成

さいごに署名獲得の方法についてひと言ふれておこう。先述の二冊の署名簿を見ると、署名者の筆跡が村ごと同一人のものであることがわかる。このことは村の代表に署名を一括して委任したことを示している。同様の方法が上記の二郡だけでなく他郡でもとられたようである。

たとえば愛甲郡では、「有志百十余人ノ集会ヲ厚木町長福寺ニ開

催、請願人ノ調印ヲ執ルコトハ総代ニ一任」（天野政立文書）している。このような署名方法にはいろいろな問題があろう。たとえば署名者個人の意志がどれだけ尊重されたかという問題である。大量署名をめざす意味からも、村の共同体組織と郡村の行政機構をそのまま利用するという方式のもとでは、個人の意志を無視して署名を強制するというケースも十分考えられる。しかし同時に留意しなければならない点は当時の一般民衆に国会開設の意義やそれを訴えた文書が、どれだけ理解できたかということである。県議で県総代の今福元頴はそのことにふれて、「無知の細民には初めより憲法又は国会など六ケ敷事を説くも通暁すまじきゆえ、自由の人民には必ず参政の権利ある旨を示し、漸くにして了解するを得て、始めて参政の権を得るは国会を起すにあると説き、遂に請願書に連署せしめた」（『郵便報知新聞』明治十三年六月十二日付）と語っているが、しかし自分の姓名すら書くことのできない民衆に、このような説得がどれだけ通じたか疑わしい。つまり、署名簿が村ごと同一人の筆跡であったり、一括して調印をとるような署名方法がとられたのも、当時の民衆の知的ないし教育水準を考慮した措置だと考えることもできよう。なお、このような一括署名の方式は、神奈川だけでなく広く他県でも行われていたようである。[16]

## (3)　県令の妨害

### 野村県令の妨害と干渉

相州の国会開設運動は、はじめから大した妨害もなく、請願署名も比較的順調にすすんだようである。地域によっては郡長の積極的な支援のもとに、郡書記、戸長などが運動の先頭に立つところもあらわれた。こうして、二万三千余という大量の署名をかなり短期間に集めることができた。

さて、六月五日、県総代たちは各郡ごとにまとめた署名簿をたずさえて、元老院へ建白のため上京した。建白前後の行動については、最近発見された大和市上和田の小川正人文書(「捧呈日誌」)に詳しいので、以下これを参考にしてのべていく[17]。

上京当夜、総代たちは都内芝区紫井町の旅館、和泉屋に投宿して翌日を迎えたが、足柄上、津久井二郡の総代の到着がおくれたため、建白を七日に延期しなければならなくなった。この二郡の総代の遅延には大分苦慮したようである。六月八日からは定例の県会がはじまるため、大部分の総代は帰県しなければならず、最悪の場合は足柄上、津久井を除く七郡だけの建白も覚悟しなければならなかった。

ところがそこへ、思いがけない事件が起きた。神奈川県書記官、河野通倫が使者を通じて次のような書簡を届けてきたのである。「今回国会開設ノ儀ヲ建議スルノ由、依テ本県令ニ於テ一応諸君ノ御意見拝聴仕度由ニツキ、成ル可クハ上京ノ各位一同此者ト同道御出港下サレ度云々」。つまり今回の建白について、県令から尋ねたいことがあるから全員横浜の県庁まで来て欲しいというものである。

ここに至って国会開設運動は、はじめて権力の思いがけない干渉と妨害に出合ったわけである。それに対して総代たちは、「我われはいやしくも二万有余の県民の委任を受けて国会開設建議のために上京したのだから、たとえ県令の命令とあっても応ずるわけにはいかない」と言って、その場で使者を追い返した。ところがその夜十一時すぎ、再び県令から、「明七日午前十時登庁致スベキ旨」の伝言があった。その夜総代たちは県令の「御用状」をめぐって明け方まで論議したが、結局県庁へは今福元頴と福井直吉の両県議を出頭させ、他の八名は予定通り元老院に建白することにした。

六月七日元老院に向かった一行は、足柄上、津久井を除く相州七郡の名で願書を提出し、建白をおえた。そして八日には事故でおくれた二郡の総代、下山万之助、梶野敬三も到着したので、一旦提出した願書の返却を求め、訂正のうえ、再提出した。小田原市立図書館所蔵の「国会開設ノ儀ニ付建言」という、建白書の原本が、「相模国七郡四百七拾一町村一万八千七百六拾一名」とあったのを朱筆で消して、「相模国九郡五百五拾九町村二万三千五百五十五名」と訂正し、また「建言」の末尾に遅参した二総代の氏名を追加してあるのは、この間の事情を物語るものである。

**県令と対決する請願総代**

一方、今福、福井の二人は、七日県庁に出頭して、県令から今までの運動の経緯について質問を受けたあと、「斯ル重大ノ事件ヲ行フニ方リ何故拙者ニ一応相談ハセザリシ」と詰問された。これに対して今福は、過般の地方官会議以来の経過を率直にのべたあと、「此ノ重大ノ事件ヲ予メ閣下ニ御相談ヲ到サザリシハ、全体拙者等ノ思想ト閣下ノ思想トハ丸デ反対ナルヲ以テ、御相談申スモ無益ト初メヨリ断念セシ故ナリ」[18]ときっぱり答えている。この今福の言葉には、二万有余の県民の総代としての強い責任感と自負の念がこめられていた。その気迫に押されてさすがの野村県令も、今後のことを注意しただけで、それ以上追求しようとしなかった。

しかしこれだけで県当局の干渉と妨害がおわったわけではなかった。出京総代の一人、中川良知が同郷の郡長山口左七郎に送った書簡には、その後も次のような事件のあったことを報じている。総代の中で中川と杉山泰助は「建白書」の印刷を託されたため、それを都内のある印刷屋に注文し、出来上がったら横浜の出入の旅館へ配送するよう依頼して帰った。ところが数日後その旅館に政府の密偵らしい男が現れ、届けられた印刷物を引き渡すよう強硬に迫った。さいわいその場は旅館側の機転で切り抜けたが、代わって今度は県の書記官が直接二人に圧力をかけてきた。いま中川の書簡からその部分を引用してみよう。

「書記官ヨリ迂生、杉山宛ニ書状来リ、翌日則廿日迂生始メ一同着候処、右ノ始末ニ付（探偵が来たことをさす―筆者注）、荷物ハ無事受取置、夫ヨリ書記官ノ書面被見候処、着次第直グ罷越候様トノ事故、夜ニ入迂生杉山罷出候処、活版摺ハ過日県会ヨリ焼却候様申聞候由、然ルニ夫々配布イタシ候也ニ聞込候故、一応相尋候度候。依テ答ルニ未ダ配布不致、尤□□各郡出精上篤ト協議シ県令へ□□相答其上配布スルトモ又ハ焼却スルトモ致候心得、迂生等一両人ニテハ回答ハ致シ兼候度候[19]」

この書簡によれば、政府と県が一体になって「活版摺」の建白書の配布を妨害していることがわかる。中川ら二人が旅館で無事に荷物を受け取ると、今度は県の書記官からの出頭命令である。そして「活版摺」は県会でも焼却するようにきまったはずだが、それでも配布するつもりかと追及されている。つまり県側は種々の口実を設けて建白書の配布をあくまで阻止しようとしたわけである。だが中川らは頑として屈しなかった。

建白書の配布をめぐる県側の妨害はその後も執拗に続いたようである。それは中川が前記の書簡の中で、「其後モ探偵有之候間、其答ニテ郡内失策不被成様ノ心得有之度」と、同志たちに忠告していることでもわかる。ともあれ、このときの活版摺の建白書が、当局のきびしい監視の目を潜って、地方の民権家にひそかに配布されたことは、現にそれが県下の各地に保存されていることからもあきらかであろう。

ついでにここで、相州の国会開設運動に関する当時のジャーナリズムの論評を紹介しておこう。『扶桑新誌』一一七号は、先にのべた建白をめぐる県総代と県令との問答を詳細に伝えたあと、神奈川県民は「平素暗愚ノ称」あるが今回は別である。「抜目ナキ県令野村氏其ノ人ヲシテ驚愕周章、嗚呼亦致シ方ナシノ嘆アラシムルニ至ル、何ゾ其痛快ナル」とのべて、建白総代の快挙をたたえたのであった。

## (4)　福沢諭吉と相州

**建白書の起草者・福沢の企図**

ところで、相州の総代たちが元老院に提出した建白書「国会開設ノ儀ニ付建言」は、慶應義塾の福沢諭吉が起草したものである。福沢は建白書の代筆を、教え子にあたる小田原の松本福昌から依頼された。松本は旧小田原藩の下級士族の出身で、明治九年から十一年まで慶應義塾に学び、福沢とは師弟関係にあったのである[20]。さきに県総代の中で、県議外からただ一人松本が選ばれたのも、建白書起草の仲介者という関係からであろう。建白書をめぐる松本と福沢の接触については、たとえば福沢の次の手紙が証明している。

「相州九郡より国会開設の建白、三万人計の連署、本月初旬書面を奉呈いたし候。其周旋は専松本福昌なり[21]」

ところで、建白書の件は松本を通じて行われたが、この外にも相州の関係者と福沢との接触があったようである。たとえば福沢側に次のような記録がある。

「十三年四月　相模国七郡国会開設ノ件

　　高座郡　今福

　　　　　神藤利八

大住郡　梅原修平

愛甲郡　中麿

大住郡　山口左七郎

小田原　吉野直興

　　　　大久保清

上足柄郡　中村舜次郎[22]」

この八人が「十三年四月」「相模国七郡国会開設ノ件」で、福沢に面会しているわけである。右の八人の中で、今福と神藤は県総代であり、山口左七郎、中麿(中丸稲八郎のこと)、中村舜次郎の三人は、大住・淘綾、愛甲、足柄上各郡の現職郡長で、かねてから民権派郡長として知られており、また吉野は最初にふれたように小田原仁恵社の社長で、国会開設請願の先駆者とも言うべき人物である。これだけのメンバーが国会開設の件で福沢を訪れたとすれば、福沢は単に建白書の起草だけでなく相州の運動そのものにかなり積極的にコミットしていたものと考えられる。

福沢が国会開設運動をどのように見ていたかは、この時期のかれの著作である『国会論』や『時事小言』で知ることができる。たとえば『時事小言』では運動に参加する人民を非難して、「世の国会開設を願望する者を見るに幾千名の調印と云ひ、幾万人の結合と称するも事実其人の大数は国会の何物たるを知らず、其開設の後には如何なる利害が我身に及ぶべきやも弁へず、唯他人が所望する故に我も亦願望すると云ふに過ぎず」とのべている。総じてかれは自由民権運動を「駄民権」と罵倒し、それに敵意さえ示していたのである。

その福沢が相州の国会開設運動について、一定の支援を惜しまなかったのはなぜであろうか。その疑問を解くカギの一つとして交詢社の存在が浮かんでくる。交詢社は明治十三年（一八八〇）一月二十五日、福沢及びその門下の慶應義塾関係者によって創立された都市の啓蒙機関であった。この結社は社則では「知識を交換し世務を諮詢」する社交クラブを自称していたが、はじめから政治色が強く明治十三年（一八八〇）三月段階ですでに全国一八〇〇人の会員を擁し、いわゆる福沢理論で武装されていた[23]。神奈川県下でも同時期に七七人の会員がおり、広い分野にわたって隠然たる勢力を有していた（表3・4）。

表3･4　府県別交詢社員数（上位5位まで）

| 東京 | 千葉 | 神奈川 | 長野 | 新潟 |
|---|---|---|---|---|
| 339 | 82 | 77 | 76 | 74 |

後藤靖「自由民権期の交詢社について」－『日本史研究』133号から作成

注目しなければならないのは、県下の交詢社員の中に国会開設運動の指導者が

表3・5　神奈川県交詢社員名簿

| 氏　名 | 郡　名 | 職　歴 | 脱退時 |
|---|---|---|---|
| 松本福昌 | 足柄下郡 | | |
| 長谷川豊吉 | 〃 | | 16年9月 |
| 福井直吉 | 大住郡 | 県　議 | 15. 5 |
| 中川良知 | 淘綾郡 | 〃 | 14. 2 |
| 今福元頴 | 高座郡 | 〃 | 14. 6 |
| 山本作左衛門 | 〃 | 〃 | 15. 2 |
| 中村舜次郎 | 足柄上郡 | 郡　長 | 15. 7 |
| 山口左七郎 | 大住郡 | 〃 | 14. 6 |
| 伊達時 | 淘綾郡 | 郡書記 | 15. 3 |

後藤靖「自由民権期の交詢社名簿」―『立命館大学人文科学研究所紀要』24号から作成

多数いることである。いまその主な顔ぶれをあげて見よう（表3・5）。これを見ると一四人の県総代中五人までが、また二人の郡長が交詢社員であることがわかる。この辺に福沢と相州の密接な関係が指摘できよう。つまり福沢にしてみれば、交詢社員の主要メンバーが国会開設運動の指導者であるところから、乞われれば運動に対する応分の援助を提供せざるを得ない立場にあったのであろう。しかも交詢社は、発足時から国会期成同盟系の民権運動に対抗する企図をもち、運動が高揚した地帯ほど多くの社員を組織していたといわれる。そうすることによって、自由民権運動の内部に、福沢流の官民調和論をもちこみ、運動の分断をはかろうとしていたわけである。[24]

## 福沢の国会論と相州の運動

このように見てくると、福沢と相州の関係も自ら明らかになろう。つまりかれは、大きく高揚した相州の国会開設運動のヘゲモニーを国会期成同盟でなく、交詢社＝福沢系の側に確保しておくために、敢えて支援のポーズを示す必要があったのであろう。福沢系の『郵便報知新聞』が、「相模九郡ノ国会願望者」と題して、「今春愛国社員ノ相州ヲ誘説シテ、其他ノ名望アル人士ニ説クニ協力合体ノ事ヲ以テスルヤ、相州ノ主人断然之ヲ辞シテ曰ク、国会開設ハ我輩ノ希望スル所ナリ、国会開設ノ事タル我輩意見ノ存スルアリ……我ト我ガ欲スル所ニヨリテ我ガ意見ノ存スル所ヲ行フアランノミ。敢テ他人ノ為ニ灯ヲ提ゲザルナリ[25]」とのべて、相州の独自性をことさら強調しているのも、同じような企図からである。

これに対して期成同盟系の『愛国新誌』が、「夫ノ代議政体ハ広ク公衆ノ意見ヲ容ルベキ者ニアラズヤ、然ルニ此政体ヲ希望スル人民ニシテ、他人ノ説ヲ容レズ、徒ニ自己ノ意見ヲ以テ之ガ開設ヲ計ラントス。何ゾ代議政体ノ趣旨ヲ知ラザルノ甚シキヤ」(『明治文化全集自由民権編(続)』)と反論しているのも、あながち不当とは言い切れまい。

さいごに、福沢の起草した建白書の内容にふれておこう。福沢は国権拡張と財政論の立場から国会開設の必要性を説いている。

「方今世界万国ノ交際ハ徳義人情ヲ以テ接ス可キモノニ非ス、又約束法律ヲ以テ制ス可キモノニ非ス、唯恃ム所ハ兵力ニシテ求ムル所ハ利益ノミ[26]」

このような「万国交際」の中で、「我日本モ独立シテ国威ヲ世界ニ暉サントスル」のは容易なわざではなく、まず第一に「兵備ヲ厳重」にしなければならない。しかも今日財政衰頽《すいたい》の折から、財源の確保には「国債ヲ募テ急ヲ救フ」以外に方法はないが、現状では人民の協力も得られない状態である。そこで政府が国債募集のために人民の協力を得ようとするならば、国会開設しか道はない。要するに国会開設は、「人民ヲシテ国難ニ当ラシムルノ方便」だというのである。以上が福沢の起草した建白書の要旨である。

ところで、この建白書と先に見た諸郡の締盟書とでは、その主張に大きな懸隔があることに気付く。建白書が専ら国権拡張と財政難打開から、国民の支持をひき出す「方便」として国会開設を説くのに対して、締盟書は素朴ではあるが公議与論と天賦人権論に基づいて国会論を展開している。この締盟書が国会開設運動の地元の論理と主張を代弁したものとすれば、建白書はそれを依頼した地元とは別個の、福沢自身の国会論をのべたものと見るべきであろう。

ともあれ、その後の神奈川県下の自由民権運動が、福沢の政治的企図とその思想的限界をこえて、大きく前進したことは後述する通りである。さし当たってここでは、交詢社に加盟していた国会開設運動の指導者たちが一、二年後には全員が脱退し、その主要メンバーが自由党へ結集していったことを付記しておく（表3・5参照）。

## (5)　県会のたたかい

### 経費削減と民力休養をめざして

国会開設運動で発揮された民権運動のエネルギーは、同年（明治十三年）の県会における民権派の活動にもあらわれた。この年の通常県会は六月八日からはじまったが、その雰囲気は前年とはうって変わったものであった。

前年は県会の開設の年ということもあって、県令と議会との関係は極めて平穏であった。野村県令の柔軟な姿勢と県会側の協調的態度とが相まって、議案の審議もスムーズに運んだ。たとえば議会側は、地方税収支の議案について、「人民一般ノ休戚ニ係ル」ものとして全項目にわたって減額修正したが、県令もそれをうけて「悉ク認可」するという具合であった。県会の開設にあたってその社説で、「県官ノ専諮」を警戒していた『東京横浜毎日新聞』も、その平穏な審議状況を評して「官民共和」の県会と呼んだほどであった。

その状況が国会開設運動を契機に大きく変わった。もともと、三新法体制下の県令と議会との関係は極めて一方的なものであった。県令は県会の召集、中止、解散権をはじめ、議案提出権を一手に握り、県会の議決についても認可するかどうかの決定権を持ち、不当と認めた議決については再議に付する権限と、内務卿の指揮による原案執行権を有していた。それに対して議会側は、「府県会規則」によれば「地方税ヲ以テ支弁スベキ経費ノ予算及ビ其徴収方法ヲ議決」（第一条）し、「前年度ノ出納決算ノ報告ヲ受ケ」（第六条）、「其府県内ノ利害ニ関スル事件ニ付政府ニ建議」（第七条）する程度の権限しか認められていなかった。このように当時の府県会は、地方自治の代議機関というよりも、明治政府の地方統治のための補助機関的性格が強かった。

さて、十三年六月の議会は最初から激しい対立が予想された。国会開設運動の成功で勢いづいた民権派議員は議席の三分の二を占め、県民の要求である「民力休養」「経費節減」をかかげて、予算案の全費目にわたる修正を迫った。なかでも歳出予算額の二三％を占める港湾道路堤防橋梁費など土木費の攻防が焦点となった。民権派はこれらの土木費を全額国庫負担（国庫下渡金）にするよう要求して廃案に追いこんだ。表3・6は同年度の歳出予算の原案及び修正額をあらわしたものであるが、減額修正は土木費を筆頭にほとんどの費目に及び、総額にして予算原案の実に三分の一の一八万円にのぼっている。

表3・6　1880年度神奈川県歳出予算一覧表

| 費　目 | 原　案(円) | 修正額(円) | 比　率(%) | 増　減 |
|---|---|---|---|---|
| 警察費 | 118,695 | 110,677 | 30.6 | △ |
| 河港道路等修繕費 | 122,716 | 0 | | × |
| 県会諸費 | 1,665 | 6,191 | 1.7 | ○ |
| 衛生費 | 9,518 | 6,415 | 1.7 | △ |
| 病院費 | 45,708 | 22,308 | 6.1 | △ |
| 県立学校費小学校費 | 15,781 | 12,444 | 3.4 | △ |
| 郡区庁舎建築費 | 2,238 | 2,085 | 0.5 | △ |
| 郡区吏員給料庁中諸費 | 70,915 | 56,850 | 15.7 | △ |
| 救育費 | 3,638 | 3,048 | 0.8 | △ |
| 浦役場及難破船諸費 | 396 | 396 | 0.1 | |
| 管内限り諸達書及掲示諸費 | 9,300 | 7,097 | 1.9 | △ |
| 勧業費 | 9,961 | 6,118 | 1.6 | △ |
| 戸長以下給料及戸長職費 | 124,107 | 122,163 | 33.8 | △ |
| 予備費 | 8,960 | 5,588 | 1.5 | △ |
| 計 | 543,598 | 361,380 | 100.0 | △ |

(1)　○増額、△減額、×廃案
(2)　色川大吉「明治前期における地方統治と地方自治」－『東京経済大学人文自然科学論集』5号から転載

六月議会における県令と議会側との攻防は、五十余日という異例の長期議会となったが、十二月の臨時議会において遂に両者の対立は絶頂に達した観があった。この時の最大の争点が悪名高い「備荒儲蓄法」であった。この法案は政府が凶歳時でも租税の確保に支障が起きないよう常時国民に一定の備蓄を義務づけるもので、実質的な増税を意味していた。そのため全国的にも多くの府県で反対運動が起こり、法案審議をめぐって議会は紛糾した。

神奈川でもこの法案が県会に上程されるや、はじめ議会内では修正案、廃案、延期案の三案に意見が分かれたが、結局どの意見も多数が得られず廃案となった。これに対して野村県令は、法案を再議に付したが、それも議会側は多数でほうむった。そこで県令は内務卿の指揮を乞い、ついに絶対多数の反対を押し切って原案執行を強行したのである。

このように十三年度の神奈川県会は、国会開設運動の高揚にはげまされて、藩閥政府＝県令の収奪財政政策に果敢に抵抗する民権勢力の橋頭堡の役割を果したのであった。国会開設運動と県会闘争を連続してたたかった県議たちは、このあと「地方の団結」「実力の養成」を旗印に、それぞれの地域で民権結社の結成や学習活動にとり組んでいく。なお、この両度の県会で議長をつとめたのは、建白をめぐって野村県令と対決した今福元頴であった。

**『東京横浜毎日新聞』の役割**

次に民権派の県会活動を側面から掩護した『東京横浜毎日新聞』の活動にふれておきたい。同紙の前身は明治十二年（一八七九）十月まで横浜に本社を置いた『横浜毎日新聞』で、神奈川県内に多数の読者をもち、編集面でも県内の動向に強い関心を向けていた。明治十二年十一月、沼間守一が同紙を買収して社長に就任すると、『東京横浜毎日新聞』と改題され、嚶鳴社の機関紙としての役割もかねて、東日本を代表する有力な民権派新聞となった。また、沼間自身もそのころ東京府会副議長の職にあり、府県会における民権派の動向にはことさら注目していた。

ところで、『東京横浜毎日新聞』は神奈川県会の開設以来、会期ごとの議会傍聴記を連載するとともに、時々の社説で県会活動の重要な指針となる論説や記事を系統的に掲載した。いまその主なものを同紙から拾ってみよう。

表3・7　明治12～13年の『東京横浜毎日新聞』の県会関係の社説

| 日　付 | 社　説　名 |
|---|---|
| 明治12年 3.13～ 5.13 | 神奈川県会ノ開設 |
| 4.16 | 府県会議員ノ責任ト注意トヲ論ズ |
| 5.22 | 神奈川県会ノ決議案 |
| 9.28 | 議員選挙 |
| 明治13年 5.22 | 府県会開議 |
| 8. 3～4 | 地方官ハ宜シク議会ノ下ニアルベシ |
| 9. 2～10.12 | 地方政府ノ改革 |
| 10. 9 | 議員ノ心得 |
| 11.11～18 | 第48号布告ヲ読ム |
| 12. 9～15 | 第48号布告ノ利害如何 |
| 12.16 | 備荒儲蓄ノ紛議 |
| 12.19～20 | 神奈川県議会 |

表3・7に見られる通り、この中には神奈川県会を直接扱った社説が三編あり、同県政への関心の強さをあらわしている。また、「地方政府ノ改革」という前後六回に及ぶ長文の論説は、中央集権化を排除して府県の自治を保障するため、議員選挙権の拡大、県令の議会からの選出、書記官等の冗官の削減、府県会規則第五条にある内務卿の指揮監督権の廃止など、抜本的な制度改革を提唱している点で注目される。同じく「地方官ハ宜シク議会ノ下ニアルベシ」という論説も、県令の行政権に対する府県会の立法権の優位を主張していて興味深い。さらに太政官布告第四八号等の増税布告や備荒儲蓄に関する論説は、議会での議案審議にあたって少なからず参考になったであろう。

このように、『東京横浜毎日新聞』の活動が、明治十二、三年の民権派議員の県会活動に、重要な指針を与えたことはまちがいない。同紙と県内民権勢力との親密な関係は、明治十五年（一八八二）、自由、改進両党の分立という民権勢力の二大陣営への分裂まで続くのである。

## 相州各郡代表が江ノ島で集会

ところで本稿執筆後に、二つの貴重な資料が発見された。一つは「探聞書」[27]と言って、大住・淘綾郡長山口左七郎が管内の運動について、県令に提出した秘密の報告書である。これを読むと同郡内の運動状況がよく分かる。

即ち、明治十三年二月の地方官会議に出席した三人の県議―福井直吉・中川良知・杉山泰助―が、「帰郷ノ上国会請願ノ議ヲ郷里ナル戸長又ハ有志ノ徒ニ謀リタルニ意外ノ賛成ヲ得タルヲ以、決然茲ニ従事セントノ志念ヲ発シタ」。そこで賛同者には「結約書」に連署させているが、これが先の「盟約書」のことを指すのであろう。このあと町村ごとに署名を集め委任状をまとめて、請願総代に託したと述べている。

探聞書ではこの他に各郡の横の「連結」についても述べている。即ち四月二十五日には、各郡の代表が江ノ島に集まり、連携を図っている。そして一カ月後の五月二十四日に、今度は大住郡上粕屋村に会して請願の手続きを相談している。上粕屋村と言えば山口郡長の地元である。探聞書は最後に、この運動で、「愚民ヲ眩惑シ又ハ脅迫ノ手段ヲ以徒党類ヲ結ビ候等ノ聞エ、本郡下ニハ更ニ無之候」と明言しているが、これは権力側に干渉や弾圧の口実を与えまいとする周到な配慮を示すものであろう。さすが民権派郡長の面目躍如と言いたいところである。

もう一つの文書は書名はないが、足柄上郡開成町の下山万之助文書[28]の中から発見されたものである。万之助は現職の県議で国会開設運動の県総代でもある。無論これはその時の文書である。以下少々長くなるが、大変貴重な資料なので全文を紹介しておこう。

「明治十三年四月二十五日、江ノ島恵比須楼ニ於テ親睦会ヲ開ク、干時ニ相会スル者左ニ

高座郡
神藤利八
山田嘉国（穀）
菊地小兵衛
同
今福元頴
山本作左衛門
大住郡
福井直吉
淘綾郡
中川良知
鎌倉郡
森小十郎
愛甲郡
難波惣平
天野政立
三浦郡

塩瀬与太郎

足柄下郡

大久保朝教

山本廉平

津久井郡

欠席

足柄上郡

奥津定次郎

合計　十四人

議決案

国会開設請願ハ相模九郡ヲ一団結シテ分離スベカラサルモノトス

但津久井郡ハ未ダ団結セザルヲ以テ、高座愛甲ノ両郡ヨリ一名ヅツ出張誘導シ、不日団結セシムルモノト

請願書案ハ福沢先生ニ依頼シ認ムルモノトス

但請願ノ精神ハ相模一国人民ヨリ国会開設ヲ熱望シタル成立ヲ以テ依頼スルモノトス、

文体ハ俗文ヲ旨トス

請願書ヲ奉ズルノ宛テハ元老院トス、最該院ノ取捨ニヨリ太政官ニ奉ズルコトアルベシ

該請願書ノ出来ノ上ハ各郡両三名ヲ大住郡字子易紙屋ニ一集会ヲ開クモノトス
　但集会条例モ之アルヲ以テ親睦会ヲ名トシ会スルモノトス
請願書認方福沢氏ノ依頼ハ、下郡小田原大久保朝教ノ手続ヲ以テシ、出来ノ上ハ同氏ヨリ各郡ニ報知シ前条ノ会所ニ集合シ、議スルモノトス
本国一団結スル巳上ハ各郡会議ナカルベカラズ、然レドモ此条ハ后会ニ譲リ決スルモノトス
請願書ヲ奉ズル以上ハ一国ノ憲法ヲモ議シ置カザルヲ得ズ、殊ニ郡毎ニ演説会ヲ開クカ、親睦会ヲ設クルカ、一社ヲ興シ社則ヲ定メ、智識ヲ交換シ平生ヲ談ジ、衆庶ヲシテ薫陶陶冶セザルベカラザルモノトス
　但高座郡ハ恵□社ト名ケ一社ヲ設ケ、既ニ社則二十五条ヲ定メ其筋ニ奉呈セラル」

この文書は、先の山口の探聞書にもあった、相州各郡代表の江ノ島集会の模様を記したものである。ここにはその時の参加者と「決議案」とが載っている。四月二十五日に開かれたこの集会は、初めての代表者会議であったが、組織化の遅れた津久井郡だけが欠席している。また参加者は高座郡が五名で断然多く、他は一、二名になっている。しかし決議案には次のような重要な事項が盛られている。

国会開設請願は、相州九郡が団結して行うこと。請願書の起草は福沢諭吉に依頼すること。その依頼は小田原の大久保朝教があたり、草案が出来次第各郡から二、三名の代表を出して、大住郡子易村の紙屋で会合を持つこと。更に「請願書ヲ奉ズル以上ハ一国ノ憲法ヲモ議シ置カザルヲ得ズ」と言って、今後、郡毎に演説会や親睦会を開いたり、民権結社を興したりして大いに知識の交換を

図り、民衆の啓蒙に当たるべきだといっている。

**注**

(1)『朝野新聞』明治十三年十月二十日
(2)色川大吉『近代国家の出発』中央公論社
(3)『東京横浜毎日新聞』明治十三年一月三十一日
(4)同　明治十三年三月十七日
(5)同　明治十三年三月二日
(6)同　明治十三年三月三日
(7)内藤正中『自由民権運動の研究』青木書店
(8)江村栄一「国会開設建白書・請願書の考察」―『近代日本の国家と思想』三省堂
(9)『新聞集成明治編年史　4』本邦書籍
(10)福井直吉文書（福井よし子氏蔵）
(11)内藤正中『自民民権運動の研究』
(12)『町田市史(下)』
(13)ともに『神奈川県史　資料編13　近代・現代(3)』
(14)明治十四年『神奈川県統計書』
(15)後藤靖『自由民権』中公新書
(16)内藤正中『自由民権運動の研究』
(17)遠藤憲雄「郷土における国会開設運動」―『大和市史研究』創刊号

(18)『扶桑新誌』117
(19)山口左七郎文書（山口匡一氏蔵）
(20)内田哲夫「相州九郡国会開設建言書」—『小田原地方史研究』
(21)「江口高寛宛書簡」—『福沢諭吉全集　17』
(22)「明治十年以降の知友名簿」—『福沢諭吉全集　19』
(23)(24)後藤靖「自由民権期の交詢社について」—『日本史研究』133
(25)『郵便報知新聞』明治十三年六月十一日
(26)「国会開設ノ儀ニ付建言」—『神奈川県史　資料編13　近代・現代(3)』
(27)山口左七郎文書（山口匡一氏蔵）
(28)下山誠吉氏蔵

# II 民権結社の時代

# 4　湘南社にみる憲法論議

## (1)　学習結社の形成

　自由民権運動の最高揚期にあたる明治十三、四年に、国会開設請願運動と合わせて、民間の政治結社、諸個人の手で、来るべき立憲政体をめざして数多くの私擬憲法草案が作成されたことは広く知られている事実である[1]。そしてこれらの憲法草案が、中央の有名結社や著名人だけでなく、地方の民権結社や無名の民権家の間でも論議され、中央の諸案に劣らぬユニークな憲法案として創造されたことは、色川大吉氏らによって発見・紹介された「五日市憲法草案」の例でも明らかである[2]。

　こうした憲法草案の作成とともに、憲法と立憲制度の根幹をなす一国の主権の所在をめぐる論争（主権論争）も、当時の中央諸新聞の間で活発に展開されているが[3]、これらの論争・討論も、単に中央レベルだけでなく、地方の民権政社でも行われたであろうことは、容易に想像できるところである。さきの五日市憲法草案の討論過程でも、憲法の条文確定のために討論参加者の間で、六三項目のテーマが議題として用意されたと言われている。

以上のようにして、まさにこの時期は、明治十四年（一八八一）の国会開設の詔勅発布という歴史的事件を頂点として、民権陣営が来るべき立憲政体の樹立をめざして、近代日本の国家構想にかかわる広汎な論議を沸騰させたと見ることができる。

さて、私もここにそのような論議を裏づける一つの史料を持ち合わせている。この史料は神奈川県相州の民権結社湘南社の会員が、十四年の暮―国会開設の詔勅発布という劇的な事件の直後―、政府論、主権論、代議政体論などのテーマで論じ合った討論内容の記録である。この記録は、当時の湘南社社長であった山口左七郎文書(4)の一部で、戦後一度『地租改正農村史料集』（農政調査会刊行、昭和二十八年）に収められて公にされたものであるが、その後、ほとんどかえりみられることなく、今日に至っている(5)。私は目下湘南社関係の資料調査をすすめているが、この文書を得て、あらためて自由民権思想の地方への滲透の深さと、その受容の質の高さに瞠目したのであった。

そこで私は、当時の湘南社における討論筆記の内容を紹介しつつ、地方の草の根民権家が、十四年政変時の明治国家の体制をどのように把え、それに代わる新しい立憲体制のあり方をどのように構想していたかを検討していきたいと思う。

## 湘南社

そこでまず、このような学習討論会を組織した湘南社のことに若干ふれておこう。湘南社は明治十四年八月五日、大磯で結成された。その創立大会には東京から中島信行、大石正己らを弁士として招き、地元の大住・淘綾両郡をはじめ県下全域から千余名の聴衆が参加するという盛況さであった。この結社は、大住・淘綾両郡の民権家を網羅したもので、創立のイニシアチブをとったのはその前年（明治十三年）の六月、相州をあげて展開された国会開設上願運動を推進した地元総代たちであった。その総代とは県会議員、郡書記、戸長、村議ら郡村の吏員たちであり、社会的には地方の名望家ないし豪農に属する層であった。この湘南社の結成が県下の民権運動にいかに大きな刺戟を与えたかは、その後の民権政社の群生ぶりを見れば明らかであろう。(6)

次に湘南社の組織と活動を、「湘南社規則書」(7)にもとづいて見てみよう。この規則は総則と社則の二部に分かれ全体で十三条からなっている。総則では第一条で「本社ハ諸般学術ノ研究ト智識ノ交換ヲ図リ漸次社会改進ノ気脈ヲ貫通セシメン為メ各自同一ナル主義ヲ以テ成立スルモノトス」と、その目的をうたい、次の第三条で「本社ハ前条ノ主義ヲ拡張シ智識ノ進達ヲ要スル為メ順次各地ニ於テ毎月一回必ラズ演舌会若クハ討論会ヲ開クモノトス」と述べて、その事業を定めている。つづいて第六条で「本社ハ各自同一ナル精神ヲ以テ結合スルモノナレバ永ク此主義ヲ確守シ苟クモ浮薄雷同ノ事アル可ラズ」と会員の同志的団結を訴えている。

また社則の部分では、事務局を大磯におくこと(八条)、公選による社長、幹事各一名をおくこと(九条)、会費を月二〇銭とすること（十三条）などを定めている。このほか第十条では「本社ハ毎月第一日曜日ヲ以テ順次各地ニ開会シ各自演説討論ヲナシ我精神ト智識トヲ研究切磋スルヲ要スルモノトス」と述べて、総則第三条の会の事業を一段と具体化している。

以上が湘南社規則の概要である。さてこの規則からわかることは、この結社が学習討論を主とした教育啓蒙機関であること、同時にまた、演説会などの手段によって地方啓蒙を図る政治結社としての性格も併せ有していたということであろう。この湘南社の会長には前郡長の山口左七郎、幹事に前郡書記の伊達時が選ばれている。山口は明治十四年六月まで大住・淘綾郡の郡長であったが、神奈川県令・野村靖と憲法問題で意見が衝突し、[8]その職をなげうって会長に迎えられた人である。一方の伊達も同年一月まで、山口のもとで郡書記をつとめており、次いで県会議員となっている。

このようにして発足した湘南社は、九月以降、大磯・曾屋・金目・伊勢原の両郡内四カ所に支所を置き、講学会という学習会を組織して本格的な活動に入っている。ここで参考までに伊勢原講学会の設立をよびかけた、今井国三郎（後出）の檄文を紹介しておこう。

「我邦人民ノ知識未ダ真正ノ教育ヲ起スニ応適セザルヲ以テ、今日俄ニ之ヲ挙行スル能ザルニ因リ、地方義塾ヲ以テ暫ク代用ニ充テ、他日人民ノ知識十二分ニ開発スルヲ待チ、真正ノ教育ヲ為サザル可カラズ（中略）此塾ヲ企起スルノ人タル……人民ヲシテ自治ノ精神ヲ煥起シ、自由ノ真理ヲ拡張シ、以テ国家富強ノ基礎ヲ固クシ不羈独立ノ大本ヲ立ツルノ士ナレバ、敢テ品類ヲ分ツニ暇アラザル可シ。今ニ哉権利自由ノ正理ハ日一日ヨリモ明ニ、今日ノ人民ハ決シテ昨日ノ人民ニ非ズ、明治十四年ノ人民ハ全ク明治十五年ノ人民ニ異ル也。」

（「義塾開設諸君ニ告グ」山口左七郎文書）

まことにこの檄文には、自由民権の新思想に目ざめた地方民権家の熱烈な学習意欲が息づいている。これを読めば誰しも、湘南社の社中にみなぎる、ほのぼのとした「村の文明開化」の息吹きを感ずることができよう。

ところでさきの湘南社規則書には、あとで加筆したものと思われる「乃テ一月大磯、四月曾屋、七月金目、十月伊勢原ニ於テ開会シ、東京ヨリ学士ヲ聘ス」という一条が朱筆で書き入れられてあるが、各地の講学会はほぼこのスケジュールにそって開講されたようである。そしてここにもある通り、講学会は開講と同時に東京から二人の「学士」（講師）を招聘して、学習活動の指導に当たらせた。その講師とは澤田《みつる》(9)と細川瀏《きよし》(10)で、二人とも東京での職をなげうって、大磯と金目に移住し、約二年間四つの講学会を巡回しながら講師活動に専念している。澤田と細川は東京でそれぞれ大蔵省官吏とジャーナリストという肩書きをもつ、新進のインテリゲンチャであった。湘南社の講師依頼を快く引き受けた澤田は、会長の山口左七郎に宛てて、次のような書簡を寄せている。

「拙生辞職願ノ儀モ漸ク昨今相済ミ候ニ付、心中先ツ一安意仕リ候。誠ニ多年ノ蒙霧一時ニ相霽レ候心地ニテ胸間朗然ト頗ル愉々快々心意甚ダ活潑ニ始テ生気ヲ勃興セリ。因テ予ネテ約言申上候通リ本月十五日ヨリ廿日迄ノ中ニハ是非トモ一笈一笠悠然ト……御地へ飛着可致心構ニ有之（云々）」　（明治十四年九月八日、「山口左七郎文書」）

講学会での学習方法は前述したようなスケジュールに従って、一定期間（たとえば日曜日ごと）集中的に講義と討論を反復するやり方がとられたようである。講義のテキストには、ミルの「利学」、「自由之理」、スペンサーの「社会平権論」、リーバーの「自治論」、ルソーの「民約訳解」などの訳書や、福沢の「通俗国権論」など、主として政治、経済学に関するものが採用されている。
湘南社では、こうした会員の学習会と共に、大衆的な政談演説会も盛んに開いている。演説会の講師は、首都の著名な政治家や知識人、ジャーナリストたち―嚶鳴社の島田三郎、肥塚龍、草間時福、交詢社の藤田茂吉、国友会の末広重恭、堀口昇、自由党の中島信行、植木枝盛らであったが、後になるとその中に混じって地元の有志会員も、弁士として演壇に立っている。
十五年四月、大磯の演説会に招かれた堀口昇は、当時の湘南社の景況をこう伝えている。

「同志百五十余人を団結して（中略）、両郡に六ケ所の講習所を置き職業の余暇、壮士集て学術を研究し、又月の両度の演説討論を為して弁舌を磨き、所謂昼に田園を耕し、夜に燭を剪て世事を談ずる」（『朝野新聞』明治十五年四月二十七〜三十日）

これは、設立されて未だ一年に満たない湘南社の活動を報じた貴重なルポであるが、その旺盛な学習活動の一端がうかがえるであろう。

**史料について**

さて、以上のような湘南社主催の学習会のうちで、本稿の主題となるのは伊勢原講学会の学習記録である。この記録は十四年十一月中旬[11]から十二月末まで、約一カ月余毎週月曜日に行われた学習会で、受講者が提出した学習レポート（論稿）を集めたものである。この原史料を私はあとで見ることが出来たが、「地租改正農村史料集」に収められたものだけでも、二〇〇字詰原稿用紙にして百枚余におよぶ長大なものである。

表4・1　伊勢原講学会のテーマと報告(署名)者

| テーマ名 | レポート数 | 報　告　者 |
|---|---|---|
| 政府ノ目的如何<br>(政府論) | 10 | 山口書輔・竹尾俊孝<br>(宮田寅治)(猪俣道之輔) |
| 主権ハ何ニ帰属スルヤ<br>(主権論) | 11 | 山口書輔・前田久治<br>今井国三郎・宮田寅治<br>猪俣道之輔 |
| 自由ハ法律ノ結果ナリ<br>(自由論) | 6 | 猪俣道之輔・宮田寅治<br>山口書輔・前田久治 |
| 代議政体ノ原質<br>(代議政体論) | 3 | 宮田寅治・山口書輔<br>前田久治 |
| 計 | 30 | 6人(のべ14人) |

(　)の宮田、猪俣は筆跡より推定。これは原史料を見てわかった。

その内容を整理すると、レポートは全部で三〇編あり、そのうち筆者の署名のあるものが六人一四編で、他の一六編は無署名である。テーマは大きく四つに分かれていて筆者名のあるものについてまとめると表4・1のようになる。

この四つのテーマは、現代的に表現すれば、それぞれ政府論、主権論、自由論、代議政体論となろうが、この問題は次章で詳論することにし、ここでは、何故このようなテーマが設定されたのかについて考えてみたい。これには、次に述べるような三つの事情ないし理由が考えられる。

一つは、この学習会の講師を担当した澤田弸《みつる》の指導と助言が挙げられよう。澤田という人物については不明なところが多いが、初代の塾長に就任して、高い学識と大きな抱負とをもって、講学会の指導と運営に当たったようである(12)。

二つには、丁度この時期から中央ジャーナリズムで展開される一連の憲法論争の影響である。憲法問題については、すでに中央で交詢社や嚶鳴社などの私擬憲法案が発表されていたが、この時期の論争は憲法だけでなく、それと有機的な関連をもつ主権論、人権論をはじめ、議院内閣か帝室内

表4・2　報告者の経歴

| 氏　　名 | 出　身　村 | 当時の年　齢 | 役　　　　職 | 資　産（地価金） |
|---|---|---|---|---|
| 山口書輔 | 大住郡上粕屋村 | 35歳 | 12年郡書記、15年県議 | |
| 今井国三郎 | 〃　北矢名村 | 21 | 27年村長 | |
| ○猪俣道之輔 | 〃　南金目村 | 26 | 13年学務委員、15年県議 | 8,000円 |
| ○宮田寅治 | 〃　南金目村 | 27 | 12年戸長、17年県議 | 9,000円 |
| ○前田久治 | 〃　南矢名村 | 21 | 23年県議、26年村長 | |
| 竹尾俊孝 | 〃　西富岡村 | | | |

○はのちに自由党入党。宮田、前田は明治16年３月、猪俣は明治16年６月入党

閣か、一院制か二院制かの論争など、非常に「広汎囲」[13]にわたるものであった。この中には主権論など、湘南社の討論テーマに直接つながるものもあり、後述するように大変重要な影響を与えている。

三つには、十四年十月十二日の一〇年後に国会を開設するという詔勅発布と、いわゆる十四年政変の衝撃であろう。このことは、「政府ノ目的如何」という報告にはっきりとうかがえる。この中で、二、三の論者は詔勅発布の政治的企図を鋭く暴露し、この政変のもつ意義を極めて適確にとらえながら、自分の理想とする市民政府論を縦横に論じている。

**学習参加者たち**

最後に、会の報告者六名について二、三の説明を加えておこう。この六名の人物の経歴[14]を一括してあらわすと表４・２のようになる（ただし竹尾俊孝は不明）。

まず気付くことはその年齢構成である。最年長の山口書輔を筆頭に、他は皆二十代の若さである。山口は伊勢原講学会の創立者であり幹事でもあるので、これを別格とすれば、この学習討論会は二十代の青年層の集まりであることがわかる。次節でもふれるが、この

六名のレポートを比較してみると、山口、猪俣、宮田の論稿が民権思想の受容度においてよりすぐれ、今井、前田のそれが見劣りするのは、一つにはその年齢差に原因しているのであろうか。

もう一つの特徴は、全員がそれぞれ、当時またはその前後に戸長(村長)、郡書記、学務委員、県会議員などの地方の要職にあることである。そしてこれらのグループこそ、相州においては国会開設請願運動以来の民権運動の推進者であったことを確認しておく必要がある。

第三に、このような要職に就きうる社会階層は、いうまでもなく地方名望家または豪農層の出身者であった。全員の資産内容は今のところ明らかでないが、猪俣、宮田の地価額から推しても、その経済的富の実態がうかがえよう。それ故にかれらは、その少年期から相当の教養を身につけており、山口、猪俣の二人は東都遊学の経歴もあった[15]。

なおここでは、これら個々の人物について詳しく論ずる余裕はないが、山口[16]はその後半生を地方農学の研究に、宮田[17]は数年後県議として廃娼運動の先頭に、また前田は著名な歌人前田夕暮[18]の厳父として、それぞれに民権家としてのユニークなコースを歩んだことを付記しておく[19]。

ともあれ、これら青年民権家は、湘南社の学習討論会を通じて学びとった民権思想を、地方啓蒙の鋭利な武器に活用していった。また宮田、猪俣、前田の三人は翌年には自由党に加盟して、政治活動の前面におどり出ている。さきに引用した堀口昇の遊説紀行には、かれらが湘南社主催の演説会で熱烈な弁論を振るう場面がある。

「十二時頃より会員陸続来集し、時器一時を報じるの頃は早や百七、八十名の多きに及びしかば、会主は先づ開会の主旨を述べて来賓の足労を謝し、且諸員の隔心なく続々其意見を吐露し、知識を交換せられんことを請ふや、池田鉅太郎、水島保太郎、松本米太郎、近藤市太郎、宮田寅治氏等を首として両郡の壮士は互に先を争ふて設けの演壇に登り、各々其思想を述べられ或は慷慨悲壮にして切歯扼腕せしむるものありて頗る盛会なりき。（中略）抑も此地方に斯く能弁達識の壮士多きは其故あるなり」（前掲『朝野新聞』）

以上、湘南社の性格と学習活動に即して、本稿の主題である憲法論議の史料の概略、及びその成立事情などを述べてきたが、次節ではいよいよこの主題に立ち入ってみたい。

## (2)　憲法論議の内容

**政府論――「政府ノ目的如何」**

最初にまず、「政府の目的如何」というテーマから始めよう。このテーマを署名入りで論じているのは、山口書輔と竹尾俊孝の二人である。二人は冒頭で、政府とは何かという本質論を提起する。まず山口の主張から聞こう。山口は、「凡一国ニ政府ヲ立ル所以ハ、国人一般ノ便宜ヲ計ルニアリ、若シ国ニ政府ナケレバ、人々各自ニ他ノ掠奪犯侵リ防禦シ、以テ一身一家ヲ保存セザルベカラズ、是タダニ至難ノミナラズ、到底為シ能ハサル事タルベシ、故ニ人類群居スルノ土地ニ於テハ、必ス先ツ一大会社ヲ設シノ之ニ与フルニ統治ノ権ヲ以テス、是畢各自為スヘキノ業務ヲ便宜ニ依テ該会社ニ委託スルノ他ナラス、」と述べている。

かれはここで、政府を一大会社にたとえ、個人では守り得ない生命財産の保障を、その会社に委託するのだという。このように山口は、政治の主体を人民に置き、「国家ハ人民アツテ而シテ右政府ヲ用ユルモノ」と断言している。

次に竹尾の主張を聞いてみよう。竹尾のそれも山口と大同小異である。かれも国に政府のない場合の「不便」を説き、「抑モ人生ハ相会同シテ安全ニ其生ヲ聊スベキモノタリ、イヤシクモ不正不理ノ害ヲ受ケ、不公不平ノ患ヲ蒙リ、其権理ノ享用ニ妨碍ヲ生ズルヲ恐ルルモノタリ、而シテ政府ハ人生ノ此公道正義ヲ保持スル大目的タル法律ヲ制定シ、及ビ之ヲ実行スルモノナリ、」と述べて、政府とは何かの問いに答えている。

この両者の政府論は、いわゆるイギリスの市民革命の正当性をうたったジョン・ロックの市民政府論であり、政府の目的を契約説に基づく人権保障にありとする、近代民主政治の理論を援用していることは言うまでもないであろう。それは次のような結論部分を見ても明らかである。

「政府ノ宜シク目的トスベキ処ハ、人民交互ノ権利ヲ毀損セシムルナク、以テ一般ノ安寧ヲ保全シ、而シテ其福利ヲ増進セシムルニ在リ」（山口）。「政府ハ人民ノ心情即チ其希望ヲ達セシムルノ必要ナル成立チナリ」（竹尾）

ところで、これら二人の論稿は、政府論一般を論じたものであるが、これに対して現実の政府論を扱った二論文がある。この二つは無署名であるが、筆跡から判断して猪俣道之輔と宮田寅治であることは間違いない。[20]二つの論稿は、まさに当時の政治状況に即して政府論を展開したものである。

さて、湘南社の学習会がスタートしたこの年は、自由民権運動が最高潮に達し、十四年政変を招来させた激動の時期であった。国会期成同盟を中心とする国会開設運動、北海道開拓使官有物払下げ事件をめぐる黒い霧問題、閣内の分裂と大隈派の追放、国会開設の詔勅発布、自由党と改進党の結成など、眼前にくりひろげられた政局の激動と政府の危機は山口ら湘南社学習会に参加した青年たちにとって願ってもない格好の実物教育となったに相違ない。

会員の一人である宮田寅治は、開拓使問題が起きるや痛憤やる方なく、山口左七郎に宛てて、「湘南社員ニ通告シ、社中ノ弁士ヲ選抜シ、伊勢原、曾屋、大磯等ニ於テ政談演説会ヲ開キ、此事件ヲシテ当地方人民ニ知ラシメ、大ニ社会ノ勢ヲ援ケント欲ス」(「山口左七郎文書」)と提案している。こうした状況の中で、学習参加者の関心と論議がつい先頃の十四年政変と国会開設の詔勅に集中したのも当然であった。

はじめに宮田寅治の主張を聞こう。かれは、まず、この政変を断行した「政府ノ目的ハ何ニアルカ」と問い、それは「専制政治ニアリ」と断言している。即ち多少とも自由主義的性格をもった大隈派の追放によって、今や政府は薩長藩閥を中心とする「純然タル官僚主義ノ人ヲ以テ成リ立」っている。「故ニ政府ノ身体ハ推進自在ニシテ如何ノ事ヲ成スモ目的次第ナリ。然ラバ此ノ目的ハ何ノ点ニ傾クヤト云フニ、前々ノ経歴ヲ以テ考フレバ、専制政治ヲ以テ飽迄人民ノ膏血ヲ搾テ多額ノ給料ヲ貪ラント欲スルニアリ」と論断している。

十四年政変の本質をこのようにとらえた宮田は、国会開設の詔勅についても追求の手をゆるめない。以下少々長くなるが、大変貴重な意見なので思いきって引用しておこう。

「帝王ハ明治五年ニ立憲政ヲ立ルノ勅語ヲ布告シ、今又明治廿三年ヲ以テ国会設立ノ勅諭アリト雖モ、之等ノ事ハ一時政府ノ窮策ニ出ル者ト云フベシ。政府ハ信ニ廿三年ニ国会ヲ設立スルカ、国会ナル者ハ如何ナル性質ノモノナルカ。国民ヲシテ議政ノ権ヲ掌握セシメ政府ノ権限ヲ定ムルヲ以テ国民ノ権力ハ以前ニ百倍シ政府ト雖モ国会ノ議決ヲ経ザルトキハ一葉ノ布告モ出ス不能ナリ。政府ノ気意ニ触ルレバ一朝ニシテ中警視ヲ免ジ参議ヲ駆遂セシ如キ事ハ成ス事能ハザルナリ。政府ノ不都合ハ以前ニ百倍セル事如此。然リ而シテ政府ハ立憲政体ノ組織ハ知ツテ去月ノ詔勅ヲ出スモノタルカ。勅諭ノ如キ精神ニシテ民権主義ノ官吏ヲシテ政府ヲ駆除スルノ謂レナシ。且ツ政府ハ民権主義ノ人ヲ退クノ原因アリ。一葉ノ勅諭ノ如キハ只人民ノ気焰ヲ消滅セントスルノ策略ナルカ」

まことに痛烈なそして適確な批判である。事実、宮田が予見した通り、この詔勅は国会開設運動で絶頂に達した「人民ノ気焰ヲ消滅」させ、政局の主導権を一気に奪回しようとした藩閥政府の巧妙な「策略」であったことは、その後の自由民権運動の歴史が証明しているところである。

次に猪俣道之輔の意見に移ろう。かれもまた、我国現時の政府を専政とみる。十四年政変の評価については宮田と同意見であるが、とりわけかれは自由と専制との分岐点を人民の政治参加を前提にした言論、出版、集会等の表現の自由の有無に求める。かれがその論稿で、「人民ノ政事思想」の発展を阻止する新聞紙条例、集会条例等を、専制政治の最悪の弊害としてくり返し告発するのも、そうした主張にもとづくものであろう。その意味でかれが詔勅発布に関連して注目したのは、政府がこれらの弾圧法規を撤廃する意志があるかどうかの問題である。かれは言う。

「抑モ降テ本年勅諭後、我政府ハ必ズ聖旨ニ基キ漸次施政ノ針路ヲ変更シ、欧米諸州開明ノ成績ヲ則リ、立憲ノ制度ヲ組シテ人民ニ益々政治ノ思想ヲ抱カシメ、新聞集会等ノ厳典解キ自由ノ境界ニ入ラシメラレン事ヲ臆測シタルモ、豈図ランヤ大詔以来新聞条例ノ如キハ猶一層ノ苛法ヲ加ヘラレタルカヲ疑ハシムル無キニ非ズ。何トナレバ彼ノ勅諭ノ頒布セラルルヤ、未ダ二、三旬間ヲ出スシテ新聞発行ヲ停止セラルモノ十有余種ノ多キニ至ル。是レ何等ノ原因ナルヤ。余輩近年一、二ノ新聞紙ヲ取テ其主説ヲ閲望スルニ、勅諭以前ノ論説ナルモノハ只国会ヲ得ン事ヲ熱望スルニ止リシモ、既ニ国会開設ノ期限アルニ当テヤ、各社其論点ヲ一進シ、不日国会ヲ得ルノ用意ヲ研セント欲スルヲ以テ、孜々矻々《こつこつ》トシテ政論ヲ吐露スルニ在ルノミ。又之ヲ略言セバ即チ其政治思想ノ深切ニ至リタルナリ。然ルニ政府ハ此深切ナルモノヲ以テ却テ之ヲ仇視スルカ如ク、其新聞ハ条例ニ抵触シ其雑誌ハ政府ヲ罵詈スルトナシ日々之ヲ停止ス、真ニ不可思議ナリ。夫レ人民ノ政治思想ヲ発達セシムル具ニシテ、益々之ニ苛条例ヲ加箝束スルモノハ、取モ直サズ其思想ヲ妨グモノニシテ、専制家ノ所為ト謂ハサルヲ得ン。此一班ニ付テ其施政ノ方向ヲ知ルニ足レリ（後略）」

猪俣が「古今未曾有ノ大詔」として期待した国会開設の詔勅発布後も、言論、出版、集会の自由は実現しなかった。それだけでなく、「勅諭ノ頒布セラルルヤ、未ダ二、三旬間ヲ出スシテ新聞発行ヲ停止セラルモノ十有余種ノ多キニ至ル」という「猶一層ノ苛法」がまかり通っていた。このような政府の専政ぶりに、「此一班ニ付テ其施政ノ方向ヲ知ルニ足レリ」と言って、詔勅の企図に大きな「憂慮」を表明したのであった。

以上、宮田と猪俣という二人の「政府ノ目的如何」という論稿を分析紹介してきたが、ここに盛られている政治思想の質と内容は、無名の地方民権家の著作としては極めて高い水準を示すものということができよう。

**主権論――「主権ハ何ニ帰属スルヤ」**

主権論に関するテーマでは、一一編の論稿があり、そのうち五人の筆者がわかっている。最初にのべた四つのテーマの中でも参加者が最も多く、文字通り学習会のメイン・テーマとなったことを示している。これを見ても主権論については学習会での白熱した議論を想像することができる。

五人の筆者とは表4・3のメンバーである。主権論についての五人の意見、一一編の論稿を要約すると表4・3のようになる。この一一編の内容を主権の所在別に分類すると、人民（国民）二、議会（立法府）二、社会全体四、政府と人民二、法律二、正理一となる。

表4・3　主権の所在別一覧

| 主権の所在 | レポート数 | 署名者 |
|---|---|---|
| 人　民 | 2 | 猪俣道之輔<br>宮田寅治 |
| 議　会 | 2 | 山口書輔 |
| 社会全体<br>（政府と人民） | 4<br>(2) | 前田久治 |
| 法律 | 2 | 山口書輔 |
| 正理 | 1 | 今井国三郎 |
| 計 | 11 | 5人 |

ところで、これらの主権論全体を通観すると、次のような三つの特徴を見出すことができる。

(1)主権を君主または行政府にありとするものは皆無で、とくに君主主権については、全員が専制を招くものとして、厳しく退けていること。

(2)ニュアンスのちがいはあれ、国家または社会を構成する人民の意志を、主権に不可分のモメントとしていること。

(3)主権の帰属にちがいはあっても、すべての論者が人民の自

由と権利の保障を最大限に重視していること。(21)

以上のような点が、筆者たちに共通した思想として指摘することができる。そこでこれら五人の論稿に限って、少し詳細に紹介していこう。

①猪俣道之輔

最初に猪俣の人民主権論を取り上げる。猪俣は主権を定義して、「一国人民ノ施政ノ方向ヲ左右シ……一国人民ノ権利相ヒ集合シテ社会ノ平和ヲ組織スルノ基礎」であるという。だから主権を「一人一己ノ専有スルヤ道理ニ非」ず、として、「国君ヲ一種ノ神聖ナルカ如ク思惟」する君主主権論を、「腐儒ノ言」として一蹴する。かれは言う。

「抑モ彼ノ論者（君主主権論者）ノ説タルヤ、取モ直サズ国ナルモノハ国君ノ私有物ナリ。故ニ国君ハ如何ナル不正ヲ行ヒ、如何ナル私意ヲ施スモ人民決シテ之ヲ問フ可カラズ、責ム可カラズト言フガ如シ。然ラバ則チ我貴重ナル生命ハ何ニ由テ維持スベキヤ。我大切ナル財産ハ何ニ依テ保存スベキヤ。一、二国君ノ愛憎如何ニアリテ、人権ハ国君ノ授与シタルモノト言フニ等シ。之ヲ人類ノ本性ト謂フ可キカ、余輩信ゼザルナリ。」

そして、「主権ノ国君ニ帰スル大害」の歴史的教訓として、殷の暴君・紂王の例をひき、君主主権の害悪を徹底的にあばいている。

こうして、かれは人民主権論を堂々と主張して憚らない。

「夫レ国ト云ハバ人民アリ。人民アリテ然ル後国君ノ名称始テ起ルモノニシテ、国君起テ后チ人民始メテ生ズルモノニ非ズ。則チ人民ハ本ナリ、国君ハ末ナリ。（中略）然ラバ則チ主権ノ人民ニ帰属スル多言ヲ要セズシテ明ナラン」と。

さらに猪俣は自説の正しさを例証するために、当時かれらが民主政治の母国と仰いだアメリカの共和制とイギリスの立憲君主制をとり上げ、両国における議会の権能にふれつつ、「人民ノ意志常ニ政治上ノ実際ニ逞フスル勢力ヲ有スルハ両国共ニ同一轍ナリ」と、述べている。そして、「両国ガ今日ノ富強開明ヲ致シ、各自満足ヲ得ル所以ノモノハ、人民此主権ヲ握ルノ外ナラザルベシ」として、人民主権こそ「国家ノ治平」を確保する最高の政治原理だと断言している。

この猪俣の主権論は、五人のうちでずば抜けた論理性と説得力をもっている。仮にその筆者を当代の民権派の一流の論客、例えば植木枝盛の名におきかえてもおかしくないであろう。

②宮田寅治

この猪俣の人民主権論を、やや異なった角度から論じたのが宮田寅治である。宮田は冒頭で次のように問題を提起する。「此主権ノ何レニ帰着スルヤ否ヤヲ以テ、世ノ開未開ヲ知ルベキモノナリ。且世ノ学者モ又此主権ヲ以テ帝王ニ帰シ、或ハ正理ニ或ハ国民ニ何レモ一得一失、其帰スル所ヲ不知モノノ如シ」と。

次いでかれはフランス革命に至るルイ王朝の末路と、マグナ・カルタ以降のイギリス立憲制を援用しつつ、君主制の不可と主権＝正理説の誤謬を指摘し、「開明進歩」の今日「国民ハ自由自治ニシテ主権ヲ持テル」は、文明社会の必然だと結んでいる。

以上、猪俣、宮田の人民主権論を紹介してきたが、次に他の主権論に移ろう。

③山口書輔

山口書輔は最初の論稿では主権は議会にありとしていたが、あとで主権は法律にありと言っている。かれがそれを法律に求めたのは、一国の精神的統合としての法の機能を重視したからであろう。かれはその点をこう説明している。

「法律ハ一国人民精神ノ集ルモノニシテ、能ク一国ヲ維持スルノ能力ヲ有シ、而シテ又、君主宰相ト雖モ濫リニ左右スベキモノニアラズ。人民モ亦之ニ背戻スル能ハザルモノナレバ也」。

ここで言う法律とは、国家権力の恣意と専権を排除し国民の自由権利を保障するものとしての法であり、いわゆる法の支配を意味していることは明らかであろう。

④前田久治

前田は、人間社会においては、一人の自由が他の不自由となり、一方の利益が他の不利益となるのは避けがたい。そこで人々はこの矛盾を解決するために、「社会人民ノ権力ヲ統括シテ之ヲ政府ニ委託シ」、政府にその矛盾を調整させる。憲法と法律はその為のものだというのである。つまり、人民の自由を守るために社会の調整役を国家に委ねる、「故ニ主権ハ国権ナリ」というわけである。

⑤今井国三郎

最後に今井国三郎の主権論を見ておこう。

今井は主権の帰属を「正理トイエル一種ノ無形物」に求めている点で、他の論者と意見を異にしている。かれは主権が若し人民に属するとしたならば、国家の「法令制度悉皆人民ノ意ニ従ツテ（中略）天下恐ラクハ一日ノ安キヲ得ザルベシ」。何故なら「人民ノ情態ハ千変万化」するため、法もまたそれに応じて改正せざるを得ない。その矛盾を避けるために、かれは主権をもって正理という無形の価値に求めるのである。

この今井の意見は、同年十一月九日の社説、『東京横浜毎日新聞』の主権論[22]からとったものであろう。いま両者を比較対照してみると、その内容に符合する部分がいくつかあることがわかる。

丁度その頃、一部の中央諸新聞の間で、主権論争が開始されていた。その論争の口火を切ったのが、『東京横浜毎日新聞』の前記社説である。即ち同社説「主権の在如何」で、主権に関する三種の説―君主主権、人民主権、主権＝正理説―を紹介し、前二説をしりぞけて、第三の主権＝正理説を主張した。この毎日の社説に対して、『東京輿論雑誌』が十二月三日の「主権概念」と題する論説で反駁を加え、主権在民説を唱えた[23]。この輿論誌の主張は、同じ主権在民説をとる宮田寅治のそれに類似したところがある。

この主権論争は、その後十五年に入って、東京日々、毎日、朝野などの諸新聞の間で激烈な論争を迎えることになる[24]。

したがって、湘南社学習会における主権論討議は、時期からいっても中央諸紙の論争に先行しており、その論争の最初の段階で今井、宮田が多少の影響を受けたにすぎない。その意味でも湘南社の主権論討議は、中央ジャーナリズムの本格的論争に先行し、また討議内容の充実性という面から見ても、一つの先駆的意義を持つものであったと言えよう。

**法と自由―「自由ハ法律ノ結果ナル所以」**

第三のテーマは、「自由ハ法律ノ結果ナル所以」という論題で、法と自由の問題を論じている。このテーマも四人と六編の論稿からなり、主権論に次いで数が多い。

ここでは四人の論者の意見がほぼ一致しており、特に目立った異論もないので、そのうちの代表的なものを選んで紹介することにする。この論稿の筆者四人（猪俣、宮田、山口、前田）のうち、最もすぐれているのはやはり猪俣であろう。そこで猪俣のそれを中心に述べていきたい。

猪俣は冒頭でまず、天賦人権論を展開する。

「天ノ斯ノ民ヲ生ズルヤ、彼此ノ別ナク皆同等ナル理ヲ以テセリ。天ノ斯民ニ賦与スルヤ、確固不抜ノ権利自由ヲ以テセリ。故ニ人凡百ノ事業凡テ己レガ意志ニ任シ以テ之ヲ行フノ権利自由アルハ、皆生ナガラ稟有シタルモノニシテ、固ヨリ疑フベキニ非」ず、と。

しかし、この天賦の自由も人間が社会を形成し平和を保つためには、「自ラ心ニ為サント欲スル事アルモ他ニ妨害アルトキハ、自ラ之ヲ制止箝束シテ行ハザルヲ要ス。例ヘバ（中略）雑沓ナル市街ヲ通過スルトキハ、互ニ一歩ヲ譲リ其衝突ヲ避ケザル可カラザルガ如シ」。この最後の一節などは、人権と公共の福祉の法理を説明する際の範例として、現代でもしばしば引き合いに出される比喩である。

以上のように、かれは「天然ノ自由」と現実社会の自由との矛盾を指摘したあと、つづいて法の説明に入る。

「然リ而シテ、社会ノ自由タルヤ他ニ害ヲ加ヘザル間ハ百事己ガ意志ニ任シ行フヲ得べキ自由ナリト雖モ、唯之ノミヲ以テ平等真確ナル自由ハ得ラル可カラズ。必ズ之レガ為メ各人ノ権利ヲ制限スルノ契約規則ヲ設ケザル可カラズ」

仮に、このような「契約、規則」を欠くときは、社会は一種の無政府状態に陥り、「遂ニ強弱相軋轢シテ争闘絶期」の様相を呈し、「人々常ニ其生ヲ安スル能ハズ、到底社会ノ自由ハ強力者ノ独有スル処」となるであろう。だから「社会上ニ於テ各人皆生ナガラ享有シタル同等ノ権利自由ヲ保存シ、其生ヲ安全ナラシメンニハ、之ヲ保持スベキ一種ノ契約規則、即チ法律ナルモノ」を設けて、是非曲直を裁定しなければならない、と。

ここには、近代民主政治のいくつかの重要な命題が含まれている。「自由とは他人を害しない限り何事をもなし得ることである」というフランス人権宣言の有名な規定。「天然の自由」と「社会の自由」を区別し、「法は契約なり」とする近代的な法概念。法の究極目的を自由権利の保全にありとする近代法の性格規定。要約すればブルジョア民主主義思想の核心をなす諸命題が、猪俣のすぐれた頭脳を通して見事に整序され体系化されている。

われわれはここで、民権期十年代の「未曾有の学習熱」を確認するだけでなく、あらためてその受容の質の高さに瞠目させられるのである。

さて猪俣は、近代法のもつ二つの側面である同意と強制について論じたあと、近代法以前の法の危険な性格についても言及することを忘れない。それはアジア諸国に行われている専制主義下の法である。即ちこれらの法は専制政府の威権と利益を擁護し、一般人民の保護と安全をかえりみない「公道正義ニ悖戻」するものである。これは真の法とは言えない。

宮田寅治は、このような専制下の法の危険を指摘して自由は圧政より生ずると述べている。即ち専制化した政府は、

「法律ハ政府ノ為メニ改良シ、社会ノ為メニ改良セズ。政府一ノ不都合有レバ之レニ依テ法律ヲ改革シ、結極社会ハ従ニシテ政府ハ主タルノ有様ヲ提出ス。一挙手一投足ゴトニ政府ハ便利ヲ得テ社会ハ不便ヲ増加シ、人民ノ安危ハ敢テ政府ニ痛痒ナク、政府ノ便利ハ人民ノ不便利トナリ、政府ノ喜悦ハ人民ノ痛苦トナリ、始メテ自由ノ公道ニ入ルノ念ヲ生セリ。之レ自由ノ始メナリ」と。

これは専制政府論一般に名をかりて、明治政府の施政を批判し、同時に自由民権運動の勃興の必然性を述べたものであろう。またこのような圧政に対して、近代法のあり方をより明確に対置したものに無署名の論稿がある。即ち、「法律ハ専制抑圧ヲ除クノ藩隣ニシテ、自由人民ノ至要ナルモノナリ。故ニ専制ヲ欲スルモノハ、之ヲ嫌悪シ憲法ノ設立ヲ好マザルモノナリ」と。

さいごに猪俣もまた、その論稿の終わりで近代法の性格について次のように言っている。「而シテ此ノ（法のこと）主眼ニ二様アリ。一ハ自己ノ生命、自由、財産、幸福ヲ護シ、一ハ他ニ害ヲ加フルヲ防制スルニ在リ。於此乎彼此ノ別ナク、皆同等ナル権利始テ真確ニ、各自ノ自由始テ鞏固ナルベシ。然ラバ社会上ノ自由ハ即チ法律上ノ自由ニシテ、自由ハ法律ノ結果タル所以ナリ矣」と。

**代議政体論——「代議政体ノ原質ヲ論ズ」**

最後の代議政体論については、宮田寅治、山口書輔、前田久治が各一編ずつ書いている。このテーマについては、三者三様の視角から、その「原質」を論じている。

宮田は、いわゆる権力分立論の立場から、行政府への権力集中を抑制するために、「立法、行政ノ分離」を説き、そうすることによって、「国家人民ヲシテ自由自治ノ精神ヲ益々確固ナラシムル」ことができるとしている。また、代議政体は「一般人民ヲシテ政治ノ思想ヲ発育セシメ、政治遅緩ノ弊ヲ脱シ、国法ヲ改良シ、人民ヲシテ泰山ノ安キニ至ラシムル」としている。

それに対して山口は、人民の参政権の視点から代議制を論じ、「畢竟政治ナルモノハ、各個人民自ラ為スベキノ事務ヲ挙テ数人ノ掌裡ニ委シ、一般民生ノ安寧ヲ保護セシムルニ外ナラ」ず、とのべて、人民の政治参加を固有の権利とみる。そして、代議制こそは人民の参政権を保障する上で、「是最モ法ノ宜シキヲ得タルモノニシテ国家成立ノ本義ニ適ヘリ。故ニ人民社会ノ中ニ在ツテ、之ヲ措テ他ニ政治ノ本体アルヲ見ザルナリ」と断言している。つまり山口は、議会制民主主義こそ、人類が見出した最良の政治制度としてその採用を強く主張するのである。

さいごの前田は、主として議会の役割と機能という面から、その「原質」を論じている。かれは言う。「人民代議士ヲ立テ、人民参政ノ権ヲ得テ上下ノ情実ヲ互ニ通暁セシメ、人民ノ為メニ逼ラレズ、亦政府ノ圧制ヲモ受ケズ。自由国文化の人民ト称セラル可キハ、即チ代議士ノ与ツテ力アル所以ナリ」。

つまり前田は、政府と人民の「上下の情実」の疎通とそれによる政治運営の円滑さに、代議制の妙味を求めるのである。これは近代民主政治の下での議会の権能である、租税と法律の議定権や行財政の監督権をさしているのであろう。

私はこれまで、自由民権運動の最高揚期に相州の一民権政社が組織した学習活動の内容を、数人のレポーにもとづいて検討してきた。これらの論稿を検討しおえた私は、いま一つの想念を拭いきれないでいる。

それは、この学習討論会が例の憲法草案を準備するための予備討議ではなかったかということである。勿論そのことを裏づける史料はいまのところ現れていないが、そのテーマの選び方や当時の民権陣営の動向からみて、このような推定もあながち妄想とは言い切れない気がしている。だから私もこの論稿のタイトルに、また行論の中でしばしば広義の意味での「憲法論議」という表現を用いてきた。そして、もしもこれが事実とした場合、かれらはどのような憲法構想を描いていたのだろうか、という甚だ勝手な想念を捨てきれないでいる。

前節で紹介したように、六人の報告者がほぼ一致して主張した国家構想―市民政府論と自由権の保障、国民主権、法の支配、議会制民主主義などの諸原理を、憲法草案の骨子としたならば、一体どのような憲法案が創造されるのであろうか、という大変興味ある問題に逢着するのである。

すでに前節で指摘したように、当時県下の民権運動に大きな影響力をもっていた嚶鳴社は、すでに二年前に憲法草案を発表していた[25]。

そしてこの湘南社の学習テーマも、将来の立憲政体・憲法問題と不可分の関係を有していたことは明らかである。

しかし、歴史にないものねだりはできない以上、私もこれから先の推理はよそう。ただ一つここで言っておきたいことは、地方に埋もれたこのような憲法討論に接するとき、明治の歴史は意外に近く且つ身近な相貌を呈してくるのである。その斬新さこそ、現代の憲法に通ずる自由民権運動の思想的生命力なのであろう。

今日、現行憲法の制定過程が問いなおされるなかで、鈴木安蔵らの憲法研究会の草案（「憲法草案要綱」）がＧＨＱの草案作成に大きく寄与したと言われ[26]、いわゆる「与えられた憲法」論が見直されつつある。そして憲法研究会案の原案作成者である鈴木は、自由民権派の憲法草案から多くの示唆を得たといわれている。[27]このような論議を聞くにつけ、私は戦後日本の出発を、「日本国国民の間に於ける民主主義的傾向の復活強化」と規定したポツダム宣言の一節を想起せざるを得ない。そして、「復活」すべきその源流に、自由民権思想の国民的広がりと、その一つの結実としての湘南社の憲法論議を見出すのである。

**注**

（1）家永三郎・江村栄一・松永昌三編『明治前期の憲法構想』福村出版
　江村栄一「自由党の結成と政体構想」－『論集　日本歴史10　自由民権』有精堂
（2）色川大吉「明治前期の人民憲法－西多摩郡五日市草案の分析と紹介」－『東京経済大学会誌』61
　色川大吉・江井秀雄・新井勝紘『民衆憲法の創造』評論社
（3）『明治文化全集　自由民権編』日本評論新社
（4）山口匡一氏蔵
（5）この史料を活用されたのは、私の知る限りでは服部一馬氏『神奈川県下の自由民権運動』（神奈川県立図書館シリーズNo.２）だけである。

(6)色川大吉「明治前期の民権結社と学習運動」―『東京経済大学人文自然科学論集』5
(7)山口左七郎文書（山口匡一氏蔵）
(8)この衝突は県令野村がプロシア憲法を主張したのに対し、山口が、イギリス流の立憲君主制を主張したことから生じたと言われる。
(9)沢田については、大畑哲・佐々木徹・石倉光男・山口匡一著『山口左七郎と湘南社』（まほろば書房）を参照されたい。
(10)細川は土佐の出身、慶応義塾に学び、教員、東京日々新聞記者等を経て、十四年政変まで文部省官吏、政変で辞職して東京横浜毎日新聞の記者となる。講師として相州金目に寄留中、自由党に入党。以上は大木基子氏のご教示による。
(11)山口書輔文書によれば、伊勢原講学会の設立が明治十四年十一月。また討論史料の最初の部分に同年「十一月第三月曜日」とある。
(12)沢田を講師に斡旋したのは中島信行。『山口左七郎と湘南社』参照。
(13)稲田正次『明治憲法成立史(上)』有斐閣
(14)星崎広助『神奈川県第六区人物誌』
(15)山口は約一年間、明治七年に津田仙の学農社農学校で、猪俣は明治八年、東京で渡辺駒郎につきドイツ語を学んでいる。
(16)拙稿「地方農学の開拓者、山口書輔」―『倫社・政経研究』8
(17)拙稿「宮田寅治と南金目」・「宮田寅治と廃娼運動」―『いしずえ』2・7　県央文学会
(18)『前田夕暮全集　4』角川書店
(19)拙稿「相州の自由党と農民騒擾」―『歴史公論』2　雄山閣

(20)これは農水省付属の農業総合研究所所蔵の原本ではじめて明らかになった。
(21)家永三郎は、民権期の民間憲法草案を比較検討して、「この時期の憲法構想がイギリスやアメリカなどに見られる古典的立憲政体を最大公約数的な期待として共通に有している」と述べているが、このことは湘南社の討論内容についてもあてはまる。家永三郎『日本近代憲法思想史研究』岩波書店。
(22)『明治文化全集　自由民権編』の「主権論纂」
(23)同書、および稲田正次『明治憲法成立史(上)』
(24)稲田正次『明治憲法成立史(上)』
(25)嚶鳴社案は明治十二年末、交詢社案(私擬憲法案)は明治十四年四月に発表されている。
(26)袖井林二郎『マッカーサーの二千日』中央公論社
(27)家永三郎『日本近代憲法思想史研究』岩波書店

# 5「小宮日誌」と相州自由民権運動

三多摩を含む旧神奈川県の西半分、いわゆる相州における自由民権運動の研究は、「小宮日誌」が発見される（昭和三十九年）以前までは、甚だおくれた状態にあった。わずかに、色川大吉氏を中心とする多摩グループの精力的な研究のあおりを受けて、そのおこぼれにあずかる程度のものであった。それが、この日誌の発見によって、ようやく軌道にのり、今日では相州自由民権運動の研究も、全国の先進地域に比肩し得る水準に達することができるようになった。

史料発掘の面でも、小宮日誌の発見に刺激されて、その後、天野政立文書、難波惣平文書、山口左七郎文書、大矢正夫自徐《（ママ）》伝などが相次いで発見され、民権研究の肥沃な土壌を確保することができた。さらに、神奈川県史をはじめ、この地域の市史編纂の事業が、民権研究の前進に大きな役割を果たしていることも忘れてはならないだろう。こうして現在われわれは、史料と研究の両面で、相州民権に関する豊かな財産を共有することができた。そして今日、自由民権百年記念の全国的カンパニアの行われるなかで、相州の民権研究も本格的な開花期を迎えた観がある。

このように、相州民権の研究の足どりをふり返るとき、小宮日誌の発見はまさにその原点をなすものであった。

さて、この日誌であるが、その内容は、一自由党員の日誌という私的な性格をもちながら、民権期の数年間に及ぶ活動の記録を、克明に伝えているところに、得がたい魅力と価値とをもっている。しかもそれは、愛甲郡という狭い地域に限定されたものであるにもかかわらず、民権史の中の本質的な問題を露呈している点で、全国的にも貴重な史料を提供していると思われる。相州地域の民権研究は、この日誌を経糸《たていと》に、その他の諸史料を緯糸《よこいと》にして、その運動史を織りなすことができよう。

そのほか小宮日誌には、毎日の天候と気温をはじめ、村の生活と生業、行事や慣習、天災地変などのことが丹念に記録されており、明治期の常民的生活誌としても、貴重な民俗的素材を提供している。

ところで、現存する日誌は、冊数にして五冊、別に同時期に書かれた二冊の備忘録がある。日誌は明治十四年七月一日からはじまり、その冒頭に「本日ヲ以テ此日誌ヲ起ス」とある。そして途中、十八、十九年の日誌を欠くが、二十二年の末日まで、一日も欠かすことなく克明に記録されている。日誌によれば、小宮は日頃病弱だったらしく、医師の出入りが絶えなかった。そのため病臥中の記事には、時々書体に無理がある。

次に筆者・小宮保次郎の紹介に移ろう。小宮の生まれ故郷は愛甲郡下川入村（現厚木市下川入）。この村は当時の厚木町から北へ約二里（八キロ）、県央の丘陵地にある小村であった。村の西境を相模川の支流である中津川が流れ、その流域に沿って南北に長く、川の「沿岸ハ強風ニ遭エバ往々氾濫ノ害ヲ免レズ」(『皇国地誌』)と言われた。当時の村は戸数一〇九戸、人口五五七人、田三八町歩、畑六一町歩(明治十五年現在)、この地方では何処にでもある極く平凡な村であった。しかし、村内を厚木―八王子往還が通じ、機業地八王子までは五里(二〇キロ)で商品経済の浸透は早かったようだ。

小宮がこの村で生まれたのは天保九年(一八三八)。同じ地区で小宮家とは親戚筋に当たる、豪農・佐野家の次男として生まれた。しかしその後、小宮家の養子となり、明治十四年(一八八一)五月、四十三歳で養父・静一郎から家督を譲られている。社会的活動の面では、明治十二年副学区取締に就任、つづいて十五年五月には県会議員に当選、翌年五月に一旦辞任したが、二十一年より二十五年の末まで再度県会に出ている。そしてその間、戸長や村議も歴任した。妻を二度迎えたが早逝し、三人目は高座郡中新田村(現海老名市)の民権家・大島正義の姉を娶っている。

小宮が没したのは明治三十三年(一九〇〇)六月二十四日で、享年六十三歳であった。同村の養源寺の墓石には、故人の横顔を刻んだ次のような碑文がある。

「忠直方厳、身ヲ以テ人ヲ率ヒ、内ハ以テ家名を挙グ(中略)兼ネテ力ヲ公事ニ効《いた》シ、郷党ノ敬慕スル所タリ」

極めて簡潔な碑文だが、故人の人柄を髣髴《ほうふつ》させる一文である。

さて、次節以下で小宮日誌の解説に移るわけであるが、ここでは単なる史料解説でなく、小宮日誌をなるべく忠実に追いながら、愛甲郡の自由民権運動の全体像を明らかにしていきたいと思う。

その際とくに、運動の諸過程とその歴史的意義、及び運動の担い手である豪農層の実態を、極力解明してみるつもりである。

## (1)　自由民権運動の開幕──国会開設運動

小宮が日誌の起稿を思い立った明治十四年七月は、いわゆる北海道官有物払下げ事件で世論が沸騰し、前年来の国会開設運動が最高潮に達しようとしていた時期であった。すなわち、十三年からはじまった国会開設運動は神奈川県にも波及し、同年の三月から六月にかけて、相州独自で相州九郡五五九町村から二万三五五五名の請願署名を集めるという高揚ぶりを示した。この数は当時の相州の総戸数の、三戸に一戸が署名したことになる。

当時愛甲郡荻野村の山中学校で教鞭をとっていた青年教師・大矢正夫は、その自伝で次のように述べている。

「明治十四年、北海道官有物払下問題の勃発するや、輿論は大に沸騰し、国会期成同盟会の運動と共に、一世を風靡するの概あり。終に十月十二日大詔渙発、北海道官有物払下取消と同時に、明治廿三年を以て国会を開くべしとの旨を宣け給ふ。

正夫も茲に初めて輿論の威力と言論文章の権威とを感得し、大に省慮する所ありたり、蓋し正夫の政治思想は、端を茲に発したりと言ふべく、又愛国の熱情も、源を茲に発したりと云べきなり(1)」

次に相州の運動を、愛甲郡に例をとって述べてみよう。この運動で郡総代に選ばれた民権家・天野政立はこう述べている。

「此年ニ民権論各地ニ起リ、国会開設請願トナリ、余モ其総代ノ一人タリシ。此請願ニハ愛甲郡有志百余名ノ集会ヲ厚木町長福寺ニ開催、請願人ノ調印ヲ得ル事ハ総代ニ一任スト云フコトニテ、其総代人ハ故小宮保次郎、難波惣平、霜島久円、梅沢義三郎、天野政立、長野仙太郎等ナリキ(2)」

また、同郡半原村（現愛川町半原）では、次のような盟約書がつくられて有志の団結が図られた。かれらはこの盟約書を、署名用紙のあたまにつけて、署名活動を推進したという。

「今ヤ国会開設願望ノ有志ハ相結ンテ之ヲ政府ニ請願セントスルノ機会ニ臨メリ矣。是レ真ニ尋常些末ノ事件ニ非ザルヲ以テ、誓フテ始終志向ヲ変更スル事無ク、各結合ノ旨意ヲ固守シ素願ヲ達セントス、因テ予メ盟約スル如斯。

明治十三年四月二日

愛甲郡半原村

（署名者一五人氏名略）(3)」

この二つの史料によると、運動は村から郡へ、郡から県（相州）へと各級の総代（指導郡）を選出し、統一した指導と組織にもとづいて展開されたことがわかる。ここに、わずか三カ月という短期間にもかかわらず、大量の請願署名を獲得できた運動の秘密があった。

ところで小宮は、六名の郡総代の筆頭総代として、郡選出の県会議員・霜島久円（戸室村）と共に、県総代をも兼ねていた。この県総代は、各郡から選ばれた県会議員を中心に一四名で構成され、請願運動のよびかけから請願書の捧呈に至るまで、すべての責任を負っていた。十三年六月五日、県総代の一行は、各郡から集まった署名を携えて上京し、元老院に建白したが、小宮はこの時病気のため参加できず、同志の霜島にすべてを托している。

この国会開設運動は、翌十四年を迎えると最初にふれた開拓使問題も加わって最高潮に達した。首都に群集する民権派の一斉攻撃を浴びて追いつめられた政府は、遂に十二月十二日、開拓使官有物払下げの取消と国会開設の詔勅を発布して、辛くも苦境を切り抜けた。この二年間に及ぶ大運動の中で、政府に提出された国会開設の請願・建白の数は五十余件、署名数にして二八万に上るといわれる。この国民的な運動の成功によって、民権派は一先ず緒戦の勝利を手にしたのであった。

小宮日誌の記述は、二年目を迎えた国会開設運動が、開拓使問題と重なって最高潮に達しようとした十四年七月からはじまっている。そして日誌の著者・小宮保次郎も、相州における自由民権運動の指導者の一人として、早くも頭角をあらわしたのである。

## (2)　民権結社・相愛社の誕生

国会開設の詔勅をかちとって請願運動に成功を収めた民権勢力は、その前後から一斉に民権結社の結成にとり組みはじめた。運動の成果を確保し、「地方の団結」を養って、将来にそなえようというわけである。

中央ではすでに、国会期成同盟などを中心に政党結成の協議と準備が進められていた。

相州で最初に旗揚げした民権結社は大磯の湘南社であった。十四年八月五日、大住・淘綾両郡の民権家、山口左七郎、福井直吉、伊達時、水島保太郎らは、中島信行、石坂昌孝の指導と援助のもとに、全県的期待と注視の中で相州初の民権結社を結成した。大磯の創立大会に参集した参加者の数は一〇〇〇名を超す大規模なものであったといわれる。発足後の湘南社は、前郡長の山口左七郎を社長に、伊達時を幹事に選び、両郡下に四カ所の支所（講学会）を置いて学習や啓蒙に当たった。とりわけ、伊勢原講学会は憲法論議を中心とするハイレベルの学習討論会として注目を集めた。

このような湘南社の結成の動きを、小宮ら愛甲郡の民権家たちは熱いまなざしで注視していた。小宮日誌にはじめて登場する民権関係の記事が、この湘南社の結成に関するものである。十四年八月の項に次のような記事がある。(4)

「八月四日　淘綾郡大磯駅ニ於テ湘南社創業式、明五日執行、客員ニハ中島信行君、馬場辰猪先生、青木匡先生出席ニ付本郡有志誘引来会云々。社員宮代謙吉、伊達時両氏ヨリ脚夫ニテ報道ス。且通券三葉ヲ送レリ、玆ニ於テ即時井上篤太郎、斉藤七三郎、難波惣平、天野政立諸氏へ右ノ趣報知通券ヲ配達ス。」

「八月六日　井上篤太郎氏、村上安太郎氏湘南社創立式ヨリ帰邑、状況具伸ノ為来訪ノ所不快ニ面会ヲ謝絶ス。」

隣郡の有志による民権結社の結成は、愛甲郡の民権家にも奮起を促した。九月に入ると小宮の周辺でも、郡役所首席書記の黒田黙耳らが中心となって、政社結成の準備をはじめた。こうして、翌十五年一月には、社則もきまり旧暦正月の二月一日を期して、厚木町で盛大な創立懇親会を開くことができた。当日の小宮日誌をひこう。

「二月一日　午前四時ヨリ雪、本日厚木劇場ニ於テ相愛社大親睦会ヲ行フ、当社役員会長黒田黙耳、副霜島久円、幹事難波惣平、神崎正蔵ナリ、扨今回会場役員ニハ長黒田黙耳、副霜島久円、弁士接待委員、吾輩、井上篤太郎、天野政立、他郡来客接待及郡内来客接待惣轄、難波惣平付属凡ソ二十名、会計神崎正蔵ナリ、而シテ東京ヨリハ鶯鳴社員、島田三郎、青木匡、志摩万次郎、丸山名政ノ四氏来ル。本日午后一時ヨリ来会四時ニ至リ満場立錐ノ地ナシ。通券尽キ来客謝止ス、会スル者無慮千有二、三百、社員及来客交々演説アリ、四時卅分ヨリ弁士青木氏、次ニ志摩氏次ニ丸山氏次ニ島田三郎氏演シ午后七時退散、夫ヨリ有志者ハ同町万年楼へ再会ス、弁士四名来ル者主客合セテ六一名酒酣ニシテ弁士各々席上演舌アリ、尋テ各員数回ノ演舌アリテ午后十一時席ヲ披キ寝ニツク」

この集会の景況を、東京横浜毎日新聞の記者、肥塚龍も次のように報じている。

「先ツ会場入口ニハ緑葉ヲ以テ一ツノ弓門ヲ造リ其レニ『相愛社懇親会』ト大書セル白旗文字形ニ掲ゲ、夫ヨリ場内ニ入レハ正面ノ左右ニテーブル椅子ト二重ニ列ネテ社員ノ序トナシ而シテ其ノ中央ニ諸種ノ花キヲ挿スル大花瓶ヲ演台トシテ備フル等諸般ノ用意至ラザルトコロナク、会スル者ハ土間座鋪共ニ充満シテ真ニ立錐ノ地ナク其数凡千人ニ幾カシ、午後二時ヲ過グル頃、幹事ハ先該会ヲ開クノ理由ヲノベ、夫ヨリ社員三、四名演壇ニ上テ演説アリ、終リニ青木、丸山、志摩、島田ノ四人交〻演壇ニ上テ意見ヲ吐露セシニ、其ノ言ノ要所ニ至ル時ハ必ズ拍手喝采シテ同意ヲ表シ、且日没ニ至ル頃モ尚ホ続々来会スル者アリシカ既ニ満場立錐ノ地ナキ程ナレハ已ムヲ得ズシテ帰途ニ就キタル者多シ。其ノ盛会ナル近頃地方ニ稀ナル程ナリシ。[5]」

この二つの資料については、あらためて説明を加えるまでもなかろう。両者が一致して認めているように、その数「千二、三百」または「千人に幾」い大集会は、「近頃地方ニ稀ナ」催しだったにちがいない。いずれにしろ、これらの集会に示された民衆の政治熱は、今日のわれわれの想像を絶するものがある。

ところで、先述の肥塚龍の報告によると、郡下には相愛社の創立以前から、すでに幾つかの小結社がつくられ活動していたようである。それを列挙すると次の通りである。[6]

興眠社（上荻野村）、有理社（長谷村）、晩成社（入山村）、共研社（煤ヶ谷村）、革風社（中津村）、乃有社（七沢村）、共話会（厚木町）

これらの結社の設立年月日は不明だが、最後の共話会のそれから推して、十四、五年頃ではないかと思われる。結社の規模は村を単位とした三、四〇名の小結社で、定期的に学習討論会や演説会を開催していたようである。相愛社の結成懇親会の直前、肥塚龍は七沢村の乃有社の主催した演説会に弁士として招かれたが、山間の聞修寺という寺を会場に、三〇〇人もの聴衆が集まったことに感激して、「神奈川県ノ自由ハ大山近傍ノ森林中ヨリ生ズ」と賛嘆した程であった。

ところで、先の小結社のうち、共話会だけは他の結社とは性格を異にしていたようである。「共話会概則及び規則[7]」という文書によれば、この結社は十四年六月、郡下各村の有志五四名で組織され、会長に郡書記の黒田黙耳、幹事に県議の霜島久円を選んでいる。そして「規則」によれば、「一席ニ会シ利害ヲ論ジ得失ヲ議シ、……自己ノ智識ヲ研磨拡充シテ聊カ稗益ヲ図ラントスルナリ」とあるように、一種の親睦団体か社交クラブ的な性格をもつものであった。小宮もおくれて、十四年九月十一日、この会に加入している。

この共話会と新たにできた相愛社との関係であるが、共話会のメンバーのほぼ全員が相愛社に加入しているところから、前者は後者に発展的解消をとげたとみてよい。

さて、小宮日誌のさきの記事（二月一日）には、相愛社の役員が列挙されているが、それを整理すると表5・1のようになる。

表5・1　相愛社役員一覧

| 役職 | 氏　名 | 族籍 | 年齢 | 出身村 | 社会的地位 |
|---|---|---|---|---|---|
| 会長 | 黒田黙耳 | 士族 | 25 | 厚木在住 | 郡役所主席書記 |
| 副会長 | 霜島久円 | 平民 | 45 | 戸室村 | 県会議員 |
| 幹事 | 小宮保次郎 | 平民 | 45 | 下川入村 | 県会議員 |
| 〃 | 天野政立 | 士族 | 26 | 中荻野村 | 郡役所書記 |
| 〃 | 難波惣平 | 平民 | 38 | 下荻野村 | 郡連合組合議員議長 |
| 〃 | 神崎正蔵 | 平民 | 31 | 上荻野村 | 戸長 |
| 〃 | 井上篤太郎 | 平民 | 24 | 三田村 | 戸長 |

「小宮日誌」から作成

このうち、会長の黒田と副会長の霜島は、共話会以来の役員コンビである。小宮も幹事に選出されているが、これら七人の役員は全員が、国会開設運動以来の盟友であり、活動家である。

族籍の面では士族二人、平民五人となっているが、いずれも郡書記、県議、戸長などの地方の要職にあり、経済的には有力豪農層の出身である。相愛社は発足当時九五名の会員を擁したが、そのほとんどが郡村の有力者ないし豪農層であった。十五年六月十六日の日誌には、会長の黒田が他の役員に発した次のような「回章」が記載されているが、ここにも「町村会議員」クラスの有力者を対象に入会をすすめようという結社の性格がよくあらわれている。

「本社ハ一体事物ノ審理ヲ談論スルモノナレバ、社員ハ勿論其他町村会議員并ニ有志ノ諸氏陸続加入候様、其村方限リ御誘説連主氏名御確定被下度候（中略）是レ必竟民権ヲ拡張ナラシメ、或ハ吾社ヲシテ益々旺盛ナランコトヲ熱望スレバナリ」

第二にこの回章は、相愛社が「民権拡張」をめざした結社であることを率直に認めている。同社は公式には「事物ノ審理ヲ談論スル」非政治的「学術団体」と自称しながら、究極的には「民権拡張」に寄与するという、はっきりした政治目的をもっていたのである。

相愛社の社則が発見されれば、その性格がより明確になるのであろうが、ここでは相愛社の姉妹結社とも言うべき湘南社の社則の一部を紹介して参考に供したい。

「　湘南社規則

第一条　本社ハ諸般学術ノ研究ト智識ノ交換ヲ図リ漸次社会改進ノ気脈ヲ貫通セシメン為メ各自同一ナル主義ヲ以テ成立スルモノトス

第二条　本社ハ前条ノ精神ヲシテ倍養成セン為メ事務局ヲ便宜ノ地ニ設ケ広ク同志ノ結合ヲ謀リ利害得失共ニ討論審議ヲ要スルモノトス

第三条　本社ハ前条ノ主義ヲ拡張し智識ノ進達ヲ要スル為メ順次各地ニ於テ毎月一回必ラズ演舌会若クハ討論会ヲ開クモノトス　（以下略）」(8)

では、相愛社は実際にどのような活動をしたのであろうか。小宮日誌にはその活動の実際にふれる記事は極めて少ない。わずかに数回の「相愛社集会」と記した記述と、集会の内容にかかわる若干の記事があるに過ぎない。例えば、十五年三月二十日の項には「相愛社蔵書、法律原論、自治論、立法論、革命史鑑、理済論、各国憲法」とあり、また四月十六日の項には「相愛社へ学士ヲ聘スル事ニツキ集会アリ」と記してある。

これらのことを綜合して考えると、相愛社も湘南社と同様に、活発な学習討論会を組織していたものと思われる。ここに学習活動の一端を語ってくれる史料がある。

「明十九日（十五年三月十九日）当宿（下荻野村新宿）法界寺ニ於テ、相愛社員集会、学術討論会施行候ニ付キ傍聴勝手次第ニ候ハバ此段御報ニ及ビ候也。相愛社幹事。」(9)

このような討論会を重ねるなかで、前述の蔵書の購入や学士（講師）の招聘案が議題に上ったのであろう。

日誌については常に客観的記述のみで、めったに自己の私見をさしはさまない小宮であるが、学習の昂奮さめやらぬためか、ある日の日誌に「真理ハ事物ノアツレキ（軋轢）ヨリ生ズ、西哲ノ金言」という格言めいた一句を書き加えている。

### (3)　自由党入党と村政改革運動

国会開設の詔勅発布のあと、中央では板垣を党首とする自由党が結成され、民権運動は全国的に新しい段階を迎えた。結党後、自由党は地方にオルグを派遣して民権結社に接近し、党勢拡大につとめた。厚木地方にも自由党の二人の「誘説員」（荒井剛と照山俊三）が訪れ、相愛社の幹部と接触している。その際応待に出た黒田と天野は、「其趣旨ヲ聴テ同意ヲ表シ」、「触れ本」（通信員）とな

っている。(10)

この誘説員のことは小宮日誌にはないが、十五年四月十日の項に、「板垣退助君甲州に於て演説せられしを抄録す」として、長文の演説内容を三回（十日、十二日、十四日）に分けて転記している。また十四日には、有名な板垣の岐阜遭難について、次のようにメモしていることが注意をひく。「板垣退助君演説集（定価八十銭）本月六日自由党総理板垣退助君、美濃岐阜於親睦会ニ臨マレシ帰途、刺客相原成者ノ為負傷セラル、幸ニシテ傷浅ク生命恙ナシト云フ」

つづいて四月十五日には、「天野政立相愛社ノ事ニテ来、自由新聞株式券状持参ス」とあって、天野ら二人が応接した自由党誘説員の来訪を暗示している。

一方、難波惣平文書によれば、自由党本部は会長の黒田宛に、文書で六月十二日から開かれる同党の臨時大会へ、代表の派遣を要請している。こう見てくると、当時すでに相愛社の幹部の間では、自由党との連携が公然の事実となっていたことがわかる。

もともと、この地方の民権家は、自由党の結党前までは同党よりもむしろ改進党系のグループとのつながりが強かった。例えば、相愛社の創立式に招かれた弁士たち―丸山名政、志摩万次郎、島田三郎、青木匡、肥塚龍らは、皆のちに改進党に加わる東京嚶鳴社の社員である。こうした傾向は国会開設運動以来、相州全体について言えることであった。

それが一転して自由党の傘下に投じたのは、同党が活動の本拠を東日本に移したことと合わせて、自由党の支持基盤が本来地方と農村にあり、都市を基盤とする改進党との相違が鮮明になったからであろう。

ところで、自由党のことが正式に相愛社の議題に上るのは六月二十五日である。

「本日新宿松坂屋ニ於テ相愛社員積金ノコトヲ協議アリ、出席員、黒田、神崎、天野、川井、村上、中村、難波、山田、熊坂隼吉、森屋、甲賀、橘川、相馬、松平、佐伯、大矢、霜島書簡、正午ヨリ午後七時迄積金加入来月七日迄ニ確定ノ積リ、初会同月十五日頃ノ見込ニ決ス。此他自由党臨時会当相愛社員出席、井上篤太郎、佐伯某、会日ハ六月十二日ヨリ議決録ハ当社ニテ備アリ、其他協議ノ件々出張員ヨリ具陳ス」

ここで確認できることは、去る十二日からの自由党大会に、相愛社から二人の代表―井上篤太郎と佐伯十三郎―が派遣され、その一人（出張員）が、この日の集会で大会の報告をしていることである。その報告内容は、日誌からは知るよしもないが、それを知るためには、しばらく自由党の臨時大会に目を転じなければならない。

その日、自由党は上京中の板垣を迎えて、東京浅草の井生村楼で臨時大会を開き、地方代議員七〇名と共に、本部維持法、役員改選、規約修正などを審議した。一切の議事を無事にすませて、このあと大会参加者は、岐阜遭難後の板垣の慰労をかねて、懇親会に移る予定であった。ところがその時、京橋警察署が集会条例をたてにとって集会に干渉してきた。警察側の言い分はこうであった。さき頃行われた集会条例の追加改正で、政党が支部を置いたり他社と連絡通信することが禁ぜられ、さらに政党の綱領規約と党員名簿の届出認可が必要だというのである。

この事件が大会参加者に衝撃をあたえたのは当然であった。党本部は幹事の林包明を交渉に当たらせたが要領を得ず、遂に二十九日再度大会を開いて集会条例通りの届け出を行った。こうして、自由党は組織の再編成をよぎなくされ、これまで同党と連携のあった地方の結社またはその活動家を、自由党の単一組織に吸収する必要に迫られた。

六月二十五日の相愛社集会は、大会途中で帰郷した代議員の佐伯から、以上のような報告を受けて緊張したに違いない。こうして、自由党と相愛社の関係も、これまで通りの連合形態は不可能となり、急遽対応策を講じなければならなくなった。小宮は次回、六月三十日の集会を、「相愛社変革ノタメノ会同」と言っている。越えて七月九日、相愛社は最終的に次のような決定を下した。すなわち、役員を含む九名が相愛社を脱退し、自由党に入党するという措置である。この措置は、一方で党本部の党勢拡大の要請に応えつつ、他方で相愛社の存続を図るという二つの意味をもっていた。小宮日誌にはその結末を次のように記している。

「七月十二日、相愛社員去ル九日、於新宿松坂楼会同、同社脱員人名左ニ

山川市郎、沼田初五郎、難波惣平、佐伯十三郎、斉藤貞輔、村上安太郎、小宮保次郎、霜島久円、川井房太郎。

右ノ各員ハ更ニ自由党加名ノ届書本部へ差出スノ手順ニテ斉藤へ向ケ本日差立ル」

自由党入党者の九名の中に、これまで地元を代表して連絡通信に当たってきた黒田と天野の名が見えないのは、郡書記という公務にあったからであろう。ともあれ、この九名の入党は、町田の融貫社員のそれと共に、神奈川県下で最初の集団入党であった。

自由党に入党後の愛甲郡の党員グループは、一時期、「有志会」という名で活動したが、のちには「愛甲郡自由党」と名のる独自の地方党組織を形成した。一方、相愛社は組織の温存を図ったにもか

かかわらず、幹部活動家を失って次第に活動の停滞を招き、十六年三月には「廃会処分」が行われた。

さて、十五年後半の小宮日誌にあらわれてくる諸事件のうち、ここで本来の民権運動とは質を異にする、異色の事件を紹介しておかねばならない。

この年の五月、小宮は県会議員に当選した。その小宮が同年の九月から十二月までの四カ月間、党活動をほとんど中絶している。というのは、その頃かれは、自村の下川入村で、ある重大な事件にかかわっていたからである。その事件とは、村の財政をめぐって起きた、村役場と小前農民との紛争であった。

ことの起こりは、十月十七日、村費・堤防費などの使途について疑義があるから釈明して欲しいという、三人の「人民総代」の役場に対する請求事件であった。この小前側の動きを、小宮がはじめどの程度に受けとめていたのかはっきりしない。ところが十一月に入って、小宮が県会出席のため横浜へ出張していた十一日から十三日の間に、村民一同の集会が開かれ、事態は一挙に緊張した。村内では小前農民と役場当局とがけわしく対立し、騒然たる状況を呈しはじめた。役場経費の調査と整理のために、議員の緊急集会が招集され、戸長を中心に財政の公開を要求する小前側に対して、「一見セシムル」かどうかの鳩首会議が開かれる。その翌日には、人民総代として三名の農民が小宮を訪れ、一通の文書を手渡す。同日誌はいう。

「夜村方人民惣代、飛川唯助、清水愛次郎、笹生角太郎来リ左ノ証書ヘ捺印ヲ乞フ。

委任確証

木村儀不規則ニシテ諸事不都合ニ決定シ、小前一同甚ダ迷惑ニ存入候、因テ今般一村ニ係ル万

事公論ニ決度ニ付、小前一同貴殿方へ懇願致御委任仕リ候条件左ニ
第一条　当村ニ係ル経費事件費及堤防諸費取調之事
第二条　当村共有金及ビ共有地取調之事
第三条　当村ニ係借財取調之事
第四条　当村ニ係ル諸事匡正致度ニ付、前三条取調之上一般之協議ヲ遂ゲ向後以正道万事件御処分被下候事
右ノ条々小前一同改正致度ニ付貴殿方へ強願仕候、御委任申処確実也。就テハ前書ノ条件以正道公平御取調被下度、因テ右之条ニ付如何之困難相生候共、小前一同決テ違儀申間敷候、為該証小前一同以連印入置候仍如件。

明治十五年十一月　　小前連署

□本条中、第一条、第二条、第三条取調方ヲ限リ委任候也

十一月十九日　　小宮保次郎㊞

如斯付箋シ捺印候事」

この文面を見てもわかるように、その主張が極めて筋の通ったものであり、また「一村ニ係ル」重要事は「万事公論ニ」決定すべきだという、村政民主化の要求が堂々と述べられている。しかも、村当局に対するあからさまな不信を、これ程大胆に小宮の前で見せつけている点からみても、役場当局対人民の対立の深刻さがうかがえる。

小前側が事件の調停を小宮に依頼したのは、県議としてのかれの政治力はもちろん、自由党員と

しての日頃の思想や行動をも計算に入れてのことであろう。小前側の依頼を受けて、小宮が調停に乗り出したのはこの日からであった。

しかし、かれの努力にもかかわらず、事態の収拾は難行を極めた。十一月二十六日には、小前側は「役場結算日数ヲ経ルト雖モ捗取ラズ、故ニ一最寄ヨリ二名ヅツノ立会人ヲ設ケ、一人ヅツ出会」させよという要求を、当局に呑ませることに成功する。越えて十二月二十二日には、「当村人民会同ノ上、役場費調査是迄ノ手運等委員議員ヨリ説示」を受けるが、毫も納得する気配はない。遂に紛争は暮の三十一日まで持ち越され、一時は交渉決裂という最悪事態まで覚悟しなければならない程であった。その日の小宮日誌には、

「本日下川入学校へ小前集会シ議員ヲシテ役場ノ事ヲ戸長ニ質ス、為ニ元旦ノ祝式ヲ行ハズ、加フルニ人民相互ノ取引迄止ムル旨議員ノ名ヲ以テ書簡ヲ余ニ送ル。之ニ於テ佐野太郎議員面其不当ヲ質シ且新年ノ大礼ヲ止ム等甚ダ不束ナル旨痛ク忠告シ、終ニ小前ヘモ其ノ意ヲ質スニ至リテ一同承服、悉ク新年ノ吉礼ヲ表スニ決シテ十五年ト共ニ散去ス。」

下川入人民は、自己の要求を実現するために小宮の力を借りながらも、決してかれにすべてを委任したわけではなかった。人民の結束した力を背景に、その総代を前面に立てて、独善的な村政を排し、財政の民主的運営を要求してねばり強くたたかった。

いわゆる地方自治の問題は、自由民権運動の主要な課題の一つであったが、この事件はそのような要求が、村落段階の小前農民にまで浸透していたことを物語っている。

## (4)　講学会と板垣遊説

明治十六年は郡下の民権運動が最も高揚した年であった。講学会開設による党主導の学習運動、板垣ら党幹部を招いての遊説活動、党中央のよびかけによる十万円募金運動など、多彩な運動がこの年に集中している。そして、これらの運動が、前年結成された党グループの指導下に展開されたところに、これまでとのちがいがあった。

そこでまず、この年の一月早々に開講された講学会のことからのべていこう。講学会という学習会は、二年前から隣の湘南社でも設けられており、当郡でも相愛社以来の懸案であった。一月十日、荻野新宿の法界寺で、「学会設立」の世話人会が持たれ、約一週間の準備期間をおいて、十六日いよいよ開講式を迎えた。

「本日ハ当郡有志講学会開式ヲ兼懇親会ヲ下荻野村新宿松坂楼ニ催ス、学士細川瀏氏及客員大住郡宮田寅治外二名、高座郡古川謙外二名及会員四十名、本郡客員中丸稲八郎氏外凡十名、午後三時細川氏講学会創設祝意及我党主義ヲ演述シ、各員交〻起テ志想ヲ演述シ、満場歓ヲ尽シテ夜九時解散ス」（「小宮日誌」）

一日おいて一週間の日程で、第一回の学会がはじまった。この間に学会の幹事ら役員の選出、授業時間割の作成など、学習活動の体制がととのえられた。講師は細川瀏と言って、十五年はじめから湘南社の専任講師として、大住郡南金目村（現平塚市）に寄留し、この地方の学習指導を担当し

表5・2　講学会役員一覧

| 氏名 | 役職 | その他 |
|---|---|---|
| 小宮保次郎 | 幹事 | 党員 |
| 難波惣平 | 〃 | 〃 |
| 天野政立 | 幹事補助 | 非党員 |
| 河井房太郎 | 議員 | 党員 |
| 黒田黙耳 | 〃 | 非党員 |
| 神崎正蔵 | 〃 | 〃 |
| 沼田初五郎 | 〃 | 党員 |
| 霜島久円 | 〃 | 〃 |
| 井上篤太郎 | 議員補助 | 〃 |
| 村上安太郎 | 〃 | 〃 |

「小宮日誌」から作成

ていた。細川は土佐出身の士族インテリで、慶應義塾に学び東京横浜毎日新聞の記者等を経てこの地に赴任したのであった。選出された役員は表5・2の通りで、その全員が党員と同調者である。会員は約六〇名で、正会員と准会員とに分かれ、郡内一五カ村から参加した。

ところで、表5・3は小宮日誌にある講学会の時間割と使用テキストである。これを見ると、受講時間は午前と夜間に分かれていて、それぞれ三時間半と二時間、合わせて一日五時間半のきびしい時間割編成である。日中が空けてあるのは、農作業等の労働を配慮してのことであろうが、それだけに仕事と勉学の両立は相当の困難を伴ったに相違ない。第一回の開講中、幹事の小宮は厳寒の中を朝五時起きして学会に出席している。次に使用テキストを見ると、どれも当時の民権家に愛読された啓蒙書ばかりである。この書籍代や講師料、会場費などの費用は、会員の月謝と有志の寄与によってまかなわれた。テキストの購入は、東京の丸善から、明治法律学校に在学中の井上篤太郎を介して行われたが、その代金として小宮は時に六〇円もの大金を立て替えている。

周知のように、自由民権期は豪農層の「未曾有の学習熱」時代と言われている。講学会も例外ではなかった。早くから講学会の設立を提唱してきた井上篤太郎は、黒田黙耳に宛てた手紙の中でこうのべている。

「開国以降二千五百年ノ久シキ間、親ヨリ子、子ヨリ孫ニ伝ヘタル卑屈心ハ迚モ、演説ノ一、二度ニテハ排除シテ不羈ノ精神ヲ安通スル能ハザルナリ（中略）願ハクハ教員ヲ雇入レテ余暇アル者ハ泰西諸国自由ノ原素ヲ深倉スル処ノ書ヲ読マセ、又夫レ程ノ余暇ナキ者ニハ一度ヤ二度デナク幾度トナク（夜分ニテモ足ヲ負ケテ）社会構成ノ元理ヨリ、人民ハ国ノ主タルモノナル事ヲ説クに若クハナシト存候（後略）[11]」

ここには、講学会が目ざした新しい思想と人間像が鮮明に描き出されている。それは、封建的因襲と忍従の歴史から解放され、西欧民主主義の「社会構成ノ元理」から「人民ハ国ノ主タルモノ」という国民主権の原理を体得した不羈独立の思想と人間像である。そのような新しい人づくりにかける井上の情熱と意気込みが、この手紙には脈打っていよう。

表5・3　講学会の時間表と使用テキスト

| | | |
|---|---|---|
| 午前の部 | 7.00～ 8.00 | 通俗民権論（福沢諭吉） |
| | 8.00～ 9.30 | 利学（J.S.ミル） |
| | 9.30～10.30 | 経済（ホーセット） |
| 午後の部 | 7.00～ 8.00 | 通俗国権論（福沢諭吉） |
| | 8.00～ 9.00 | 立法論綱（ベンサム） |

「小宮日誌」から作成

さて、講学会はその後、表5・4のようなスケジュールで行われた。この中で五月から九月までの五カ月間と十一月がはずされているのは、農繁期のためと、後述するような板垣来遊があったからであろう。もちろん、長期化するにつれて、出席者の減少やそれに伴う経費の問題など種々の障害が生ずることは避けられない。その打開策として、十二月には郡内の三カ所―厚木、荻野、下川入―に会場を分けて出席を促す措置もとられた。

ともあれ、主催者側がこの学習会に托した当面の目的は一応達成され、一年有余の長期にわたる講学会の幕を閉じたと推測される。

　講学会の設立と並んで、この年、演説会や懇親会も盛んに行われた。すでに前年の暮、植木枝盛を招いて伊勢原玉川で、大住、淘綾、愛甲三郡の有志忘年会が開かれ、他郡との連携がはじまった。越えて十六年二月には、厚木町で三郡有志による相陽自由会が旗揚げした。三月に入ると、高座郡の上溝と鶴間で武相の同志による演説会が行われ、六月には水郷田名で中央幹部の古沢滋、小室信介、谷重喜を招いて遊船会が開かれた。

表5・4　講学会の実施日程
（明治16〜17年）

| 回数 | 実　施　期　間 |
|---|---|
| 1 | 1月18日〜1月28日 |
| 2 | 2．20　〜2．28 |
| 3 | 4．11　〜4．18 |
| 4 | 10．21　〜　？ |
| 5 | ？　〜12．13 |
| 6 | 2．23　〜3．1 |

　このような相州各地の同志たちの活発な活動に刺激されて、愛甲郡自由党も六月に入ると党首板垣の遊説計画を練りはじめた。この計画は六月二十三日、井上篤太郎が板垣の欧州旅行帰朝宴会に出席した際、党本部に打診したものであった。この計画は地元の要請通り受け入れられて、「七月二十日板垣来遊」の知らせが届いた。こうして、七月十日頃から地元では本格的な遊説準備がはじまった。厚木の旅館穀屋には、地元をはじめ大住高座両郡の同志たちが、泊まり込みで準備に大わらわだった。七月二十日の夕刻、予定通り板垣の一行が厚木町に到着、同行の幹部は斉藤壬生雄、宮地襄、守邦氏則、少しおくれて中島信行、加藤平四郎らが合流した。翌二十一日には内藤魯一が武州原町田から後を追って到着。ここで来厚の幹部はすべて出揃った。

　さて、遊説第一日は相模川で豪華な遊船会を催した。小宮日誌を見よう。

「足柄上下、大住、淘綾、愛甲、高座、三浦、橘樹、西南多摩、津久井ノ各郡ヨリ陸続来会スル者凡三百名、厚木町天王町河辺ニ於テ乗船、高瀬舟十艘各玖燈掲ゲ旗章建テ、板垣君ノ舟ヘハ殊更ニ五色ノ吹流ヲ帆柱梢ニ揚ク、此ノ外伝令船、船荷船、漁船四艘之ニ属ス。厚木神社裏ヨリ金田村真土崎ノ間ニテスズキ漁ヲ施ス。得コト三十有余尾、午前十一時各船帆ヲ十分ニ揚ゲ上流ヘ進ム（後略）」

まさにこの日の遊船会は、武相自由党の一大パレードであった。このパレードを一目見ようとして、見物にきた黒山の群集が両岸の堤防を埋めたと言われる（『自由新聞』七月二十七日）。

次いで二十二日には、「本日ハ三田村清源院ニ於テ大懇親会ヲ催ス、午前十時旅宿ヲ発シ十時四十分開会、来会スル者凡八百名酒肴ヲ供シ板垣、中島君、加藤氏ノ演舌アリ、午后四時解散」とある。

この遊説計画は画期的な成功を収めた。郷党にとっては、まさに昨年の相愛社創立大会につぐ一大壮挙となった。この遊説はまた自由党本部にとっても大きな収穫であったにちがいない。この時期、自由党と民権運動に対する藩閥政府の圧迫は一段と強まり、豪農層の脱落や各地結社の解散で、自由党は組織、財政の両面で重大な困難に逢着していた。このような時に、愛甲郡自由党をはじめとする武相の健闘ぶりは、党中央にとっても大きな激励になった筈である。

他方、小宮ら地元の党員にとっても、この間、佐野太郎（下川入）永野茂（妻田）など、郡内トップの大富豪が、板垣一行の宿舎を提供するなど、自由党への支持を惜しまなかったことは、何よりのはげましであった。七月二十五日、残務整理のすんだあと、役員を代表して小宮、霜島、黒田、難波の四人は、清源院や佐野、永野を訪れて謝意を表している。

## (5) 愛甲郡自由党の組織と活動

さいごにここで、運動の指導的中心をなす在地の自由党組織について、若干の検討を加えておこう。まず表5・5を見て頂きたい。これは自由党の成立から解党期までの、県下の郡別党員数の拡大状況を年次別にあらわしたものである。全県的に見ると三多摩と横浜が他を大きく引き離しているが、相州では愛甲郡が高座郡に次いで高い。しかし、一五名の党組織は決して大きいとは言えない。ではこの小さな党組織が、どのようにして講学会のような長期に亘る学習会を組織したり、板垣遊説に示したような大規模な動員力を発揮できたのであろうか。それを可能にしたのが、「主義賛成者」という党の後援会組織であった。

自由党本部は十五年六月の臨時大会を契機に、地方政社の幹部・活動家を党に迎え入れたが、その際種々の事情で入党できない者は、学習会や懇親会に組織して温存するよう指示していた。そして、「表面ノ組織上ハ如何ニ改ムルモ、実力ノアル結合ヲ作ルコトニ盡力[12]」して欲しいと要請していた。愛甲郡党ではそれに応えて、党外の支持者を「主義賛成者」として、新しい「結合」をつくった。この方式は党本部からも大いに賞賛された[13]。

この主義賛成者は、日常の活動において党員と全く変わらない行動をする。例えば党の必要な会議に加わったり、講学会や板垣遊説のようなカンパニアでは、党員と同じ資格で任務を分担する。四〇名から五〇名にのぼるこの主義賛成者の集団こそ、党の行動力の源泉であった。

表5・5　神奈川県下の自由党員数

| 入党時期＼郡区別 | 横浜 | 南多摩 | 北多摩 | 西多摩 | 高座 | 愛甲 | 大住 | 都筑 | 淘綾 | 久良岐 | 橘樹 | 鎌倉 | 津久井 | 足柄下 | 居住地不明と他県在住 | 計 |
|---|---|---|---|---|---|---|---|---|---|---|---|---|---|---|---|---|
| 明治15年7月～9月 | 3 | 26 | 10 | 4 | 3 | 11 | 2 | 6 | 0 | 0 | 0 | 2 | 1 | 0 | 1 | 69 |
| 10月～12月 | 10 | 11 | 0 | 21 | 1 | 0 | 1 | 3 | 3 | 0 | 0 | 0 | 0 | 0 | 0 | 50 |
| 明治16年1月～6月 | 2 | 22 | 8 | 13 | 3 | 3 | 5 | 0 | 0 | 0 | 0 | 0 | 0 | 0 | 2 | 58 |
| 7月～12月 | 6 | 14 | 0 | 0 | 3 | 0 | 1 | 0 | 0 | 0 | 3 | 0 | 0 | 1 | 0 | 28 |
| 明治17年1月～6月 | 1 | 11 | 3 | 0 | 2 | 0 | 0 | 0 | 0 | 0 | 0 | 0 | 0 | 0 | 1 | 18 |
| 7月～12月 | 0 | 2 | 1 | 0 | 1 | 0 | 0 | 0 | 0 | 0 | 0 | 1 | 1 | 0 | 5 | 11 |
| 不明 | 11 | 10 | 3 | 1 | 6 | 1 | 0 | 0 | 0 | 2 | 0 | 0 | 1 | 0 | 0 | 35 |
| 寄留 | 9 | 1 | 1 | 0 | 0 | 0 | 1 | 0 | 0 | 0 | 0 | 0 | 0 | 0 | 0 | 12 |
| 計 | 42 | 97 | 26 | 39 | 19 | 15 | 10 | 9 | 3 | 2 | 3 | 3 | 3 | 1 | 9 | 281 |

「県下の自由党員名簿」－『三多摩自由民権資料集(下)』に、「小宮日誌」などから愛甲郡で2名を追加した。寄留というのは他府県からの在住者で、一部を除いて、入党の時期は不明である。

十七年四月になると、党と支持者の組織の整備が行われ、両者の関係は一段と緊密化した。すなわち、党については「愛甲郡自由党」と正式に命名され、全文七カ条の内規が議定された。その内規にもとづく担当部署及び役員は表5・6の通りである。この中で小宮は霜島と共に監督におされ、内規によれば「鑑督ハ本郡自由党員ノ進退并ニ諸職員ノ勤惰ヲ鑑督シ、諸職員ノ商議ヲ聴テ之レヲ可否スル事ヲ掌ル[14]」として、文字通り最高の地位にいた。言うまでもなくそれは、小宮の人格、識見、活動歴、社会的地位などによるものであろう。当時県内の他郡にも、これと同じ地方党組織があった。これらの郡党は県レベルの統一組織をもつことなく、県を越えて直接自由党本部につながり、その支部を構成していた。そして郡党内では「内部担当」の筆頭にある難波惣平が、事務局を担当して本部との連絡通信に当たっていた。

ところで、党組織の整備と共に、党の後援組織も

表5·6　愛甲郡自由党担当事務および姓名表

| 担当事務 | 氏　名 |
|---|---|
| 監　　督 | 小宮保次郎<br>霜 島 久 円 |
| 内部担当 | 難 波 惣 平<br>佐伯十三郎<br>村上安次郎(兼務) |
| 外部担当 | 井上篤太郎<br>岡 本 与 八 |
| 会計担当 | 村上安次郎<br>森　　豊 吉<br>小宮保次郎(兼務) |
| 制裁担当 | 沼田初五郎<br>山 川 市 郎<br>杉浦花吉郎 |

この時期に整備されている。一つは「相愛協会」という名の後援組織で、その申合規則第一条で、「本会ハ自由党ヲ助成スル為メニ設ケルモノトス」とうたって、その目的と任務を明確にしている。この協会に相愛社以来の「主義賛成者」が多数加入したものと思われる。なおこの協会規約は、自由党内規と殆ど変わりないが、一つだけ、「武事担当」という武術奨励の一項が設けられているというちがいがある。⑮

もう一つ、郡党の外郭組織として、「愛甲婦女協会」⑯という婦人団体の設立がある。この婦人協会については、設立趣意書と申合規則があるだけで、設立年月日すら不明であるが、その設立は郡党と相愛協会の規約がつくられた十七年四月前後ではないかと思われる。これを組織したのは、党員の妻女たちであろうが、民権期にあらわれた婦人解放組織の先駆として注目されねばならない。明治十八年四月、景山英子が富井於兎と一緒に、大阪事件の資金募集のために、真先に愛甲郡を訪れたのも、この婦女協会の存在と無縁ではないであろう。

ついでに、酒造営業人組合のことをつけ加えておこう。明治十三年末、政府は太政官布告六十〜六十一号を発して、酒、醤油、煙草など間接税の大増税を実施した。酒造営業人組合はこのような収奪税制に対抗するために、十六年三月、小宮の提唱によって結成されたものだが、間もなく大住、淘綾、高座、愛甲、津久井の相州六郡の連合に発展していった。この組合がどのような活動を行ったか明らかではないが、日誌によれば年三、四回の定期集会を開いて、運動の永続化を図っている。

さいごに、地方議会及び地方行政機関と民権運動との関係をのべておこう。武州五日市など民権運動の先進地域がそうであったように、愛甲郡でも村の議会や郡村の行政機関に、党員を含む多くの民権家が就任していた。二名の郡定員を有する県議会には、つねに霜島、小宮らの自由党議員が議席を占め、郡長には民権派の中丸稲八郎が収まり、その配下の郡役所には、黒田黙耳や天野政立が書記として活動し、また町村の戸長や村議、学務委員などにも多くの民権家が選出されていたことに古老たちによって、「自由党の巣窟」とも言われた荻野地区では、公立山中学校の学務委員に森甚太郎や片野徳三らが就任し、教師には佐伯十三郎、大矢正夫、加藤政福、松井日明、柳田為十郎らの青年民権家が群居していた。荻野新宿にある旅宿辰巳屋は、「自由亭」とよばれて、これら民権家のたまり場として利用された。

村の戸長や議会の選挙では、党員とその支持者がつねに高位で当選した。小宮日誌、十七年七月十五日の項には、三田村外四カ村の村会議員選挙の結果が書きとめてあるが、小宮と沼田初五郎が一位、井上篤太郎が三位で当選している。また同年八月三十日の項にも、「当組合村長改選」で、一位小宮、二位村上安太郎、三位佐野太郎と上位を独占している（ただし小宮は辞退）。

明治十一年の地方三新法によって、県会、町村会が創設され、戸長公選制が実施されるや、民権派は一斉に地方政治に進出し、民権運動の橋頭堡を築いた。この橋頭堡を利用して、国会開設運動をはじめ多彩な諸運動が展開されてきたことは、すでに詳述した通りである。三新法体制は十七年の戸長官選と区町村会法の改正によって大打撃をうけるが、それでもなお、さきの村議の改選と戸長改選の結果が示すように、その支持基盤は容易に崩れるものではなかった。
まことに、明治の日本においても「地方自治は民主主義の最良の学校」であったわけである。

## (6)　十七年不況と地租軽減運動

明治十六年に高揚期を迎えた郡下の民権運動は、十七年になっても衰えを見せなかった。四月三日、伊勢原における五郡有志親睦会のあと、同十五日の大磯における演説会、同二十日の厚木町の演説会と、連続して大規模な集会が開かれている。とくに厚木町の演説会では、星亨と奥宮健之を弁士に迎えて、聴衆四百余名を集めるという盛況ぶりであった。

このような華やかな演説会と並行して、郡党はもう一つの大問題に直面していた。それは、十六年暮頃から重大化した経済不況の深まりと農民騒擾の発生であった。

いわゆる松方財政の名で知られるデフレ政策は、十七年に入ると農産物の暴落と金融逼迫をひき起こし、間接税、地方税の増徴と相まって、農民を不景気のどん底に突き落とした。事実米価は十四年の一石一一円二〇銭から、十七年には五円四〇銭に暴落し、繭や生糸などの養蚕商品も海外の不況から沈滞したままであった。加えて十三年以来の間接税を中心とする増税の追いうちである。「米麦養蚕」を主たる収入源とするこの地方の農家経済が、この大不況の嵐に耐えられるはずはなかった。(17)民権運動の指導階級である豪農地主が、「今日ハ地主ヲシテ宛モ三分ノ二ヲ失ヒタルト同一ノ思ヒ」だと訴えるのも無理はなかった。まして小作貧農に至っては、「貧苦困究ニ迫リシコトハ殆ンド名状スベカラズ」という有様であった。

この時期の小宮日誌を見ると、かれのもとへ「小作引下ゲノ事」「質地云々ノコト」「金談ノコト」などで相談依頼にくる、小作人、負債者の数が目立ってふえている。また小宮の側からも、「貸金返済」の件で掛合いにいく度数が増加している。

こうして、十七年の暮以降、どこの村にも租税の滞納や負債に苦しむ農民が続出し、公売処分や身代限りに陥る農家が跡を絶たなかった。

このような状況のなかで、自由党は十六年の春季大会で、地租軽減を当面の重点課題としていたこともあって、この運動に取り組みはじめた。県内でも隣郡・大住淘綾郡で十六年十月、八一カ村の戸長らが地租延納上申書を県令沖守固に提出した。さらに同郡ではそれと前後して、一三三カ村納税者の名による「地租徴収期限延期」の建白運動が行われた。どちらも湘南自由党の主導下に行われた運動であった。

愛甲郡自由党が地租軽減運動に着手したのも、ほぼ同じ頃であった。しかし翌十七年が地租率の改定期に当たるため、政府の態度を見守る必要があるとして運動を中止していた。だがその期待もむなしく、政府は地租条例第八章を廃止して地租率の改定を見送ったため、十七年九月から運動を再開した。

九月一日の有志集会で、まず次のような「規約書」が承認された。

第一、極メテ温和ニ請願ヲナス事

第二、該請願ノ為メニ要スル費途ハ総テ有志者ノ議損金ヲ以テ之レニ充ツベシ

第三、請願委員若干名ヲ選定シ総テ之レニ委任スル事（後略）

この規約書には、郡下二六カ村の総代四八名が連署してあり、さらにその中から次の六名が請願委員に選ばれた。

難波惣平、天野政立、井上篤太郎、山川市郎、沼田初五郎、神崎正蔵

自由党員は総代中に一〇名、請願委員に四名おり、ここでも党の指導性が貫かれている。

さて、郡党の地租軽減運動は、十一月下旬と十二月の中旬の二回行われた。最初は一町二六カ村三九一名の署名を集めて大蔵卿に請願書を提出した。しかしそれが拒否されたため、二度目は請願を建白にかえて元老院に提出し、漸く受理された。このときの署名数はさらにふえて、一町二七カ村五八七名となっている。請願書、建白書ともその本文は、講学会の講師の細川瀏の筆になるものであった。また、請願、建白の町村別署名数の内訳は表5・7の通りである。

表5・7　愛甲郡地租軽減運動署名数村別分布

| 村名 | 請願署名 | 建白署名 |
|---|---|---|
| 下荻野 | 42人 | 46人 |
| 中荻野 | 26 | 61 |
| 上荻野 | 17 | 32 |
| 棚沢 | 16 | 28 |
| 三田 | 44 | 72 |
| 下川入 | 7 | 10 |
| 及川 | 26 | 28 |
| 妻田 | 13 | 20 |
| 飯山 | 33 | 23 |
| 上古沢 | 7 | 4 |
| 七沢 | 19 | ? |
| 八管山 | 5 | 4 |
| 中津 | 2 | 5 |
| 戸室 | 9 | 17 |
| 恩名 | 17 | 26 |
| 愛甲 | 25 | 26 |
| 温水 | 13 | 26 |
| 船子 | 7 | 26 |
| 長谷 | 3 | ? |
| 厚木 | 2 | ? |
| 岡津古久 | 1 | 9 |
| 愛名 | 7 | 17 |
| 林 | 8 | 26 |
| 三増 | 15 | 10 |
| 田代 | 8 | ? |
| 半原 | 10 | ? |
| 上依知 | 10 | 5 |
| 小野 | 0 | 17 |
| 角田 | 0 | ? |
| 計 | 391 | 587 |

愛甲郡哀願書および同建白書から作成

ところで、請願運動の指導者たちは、九月一日、運動をはじめるにあたって次のような申合せをしている。

「有志相会シ去月以降貧民所々ニ屯集シ人心恟々タリ、是レ全ク不融通人民困苦ノ致ス処ナルヲ以テ、我々ハ最モ之レカ救済ニ注意シ、以テ困民ヲ救護シ且ツ社会ノ安寧ヲ維持シ苟モ乱民ノ蜂起スルガ如キ事ヲ未萌ニ防カサルヘカラザルヲ議シ、而シテ困民ノ屯集スルハ之因リ唯貧苦ニ迫ルノミナル由ニ付、先ツ諄々乎トシテ減組ノ請願ヲ為シ社会ノ平和ヲ保タント云フニ決ス」(18)

この文書を読むと、自由党がこの運動にかけたもう一つの目的と企図が、隠さず率直に表明されている。それは今回の請願が、豪農地主層の租税負担を少しでも軽減したいという本来の要求のほかに、「乱民ノ蜂起スルガ如キ事ヲ未然ニ防ギ……困民ヲ救護シテ」社会の安寧と平和を維持したいという要求である。つまりここには、困民党に対する強い警戒心と、「乱民ノ蜂起」や「困民ノ屯集」という困民党騒擾の蔓延をいかに防ぐかということが、請願運動の焦眉の課題となっているのである。

事実、十六年の暮頃から、相州一帯に銀行、高利貸に対して利子の減免、負債の年賦返済を求める農民騒擾が激発し、十七年五月には、大磯の高利貸・露木卯三郎の殺害事件や、秦野の弘法山に負債者三〇〇名が蜂起するという大事件が起きている。愛甲郡内にもこれに呼応する動きがあり、弘法山事件に関連して起きた秦野の金融会社（共伸社）社長・梅原修平に対する張り紙事件では、愛甲郡からも岩崎久右衛門（下依知村）と佐藤市兵衛（中依知村）という二人の指導者が逮捕されている。

このような農民騒擾は七月以降になると、高座・南多摩の二郡を中心に武相七郡に及ぶ困民党の大組織に発展し、困民党対策は県政と郡治の大問題となった。愛甲郡でも依知地区をはじめ、「長谷村外九ヶ村、飯山村外七ヶ村人民[19]」にも困民党の組織と影響が広がり、上依知村からは堀口義三郎と深田利三郎という二人の困民党指導者があらわれている。

豪農地主層を社会的基盤とする郡下の自由党が、小作貧農を主体とする困民党の運動に警戒心をつのらせ、それを未然に防止する行動に出たのは当然であった。かくして、自由党主導の減租請願運動は、経済危機打開の主導権を困民党から奪いとり、不況にゆらぐ村落支配の秩序を必死に維持しようとする運動であった。したがって運動の形態も、「極メテ温和ニ請願ヲナスコト」と言うように、合法主義を堅持して、困民党の急進主義と一線を画す必要があった。このような姿勢は、建白書の文面にも次のような微温的な哀願調の態度となってあらわれている。

「伏シテ願ハクハ、我賢明ナル政府諸公ノ幸ニ此ノ困究ヲ憐憫シテ暫ク地租ノ幾分ヲ減ジテ、以テ我々農民ノ蘇生ヲ生ゼシメラレンコトヲ」と。

さて、ここで再び小宮日誌に戻ろう。

不思議なことに十七年の小宮日誌には、政談演説会の記事はあっても、郡党が組織をあげて取り組んだ減租請願運動のことには何等ふれていない。しいてその関連記事を拾い出せば、九月一日の「太政官ニ向指令アリ」という請願運動の開始を暗示する所と、もう一つは八月二日の、党幹部植木枝盛の来訪の項であろう。この日植木は、南多摩郡の自由党の領袖・石坂昌孝を伴って荻野新宿の難波惣平を訪れた。そして近くの自由亭（辰巳屋）でその夜、小集会を開き、翌朝荻野を立っている。この時の模様を小宮日誌と植木枝盛の日記の双方から摘録してみよう。

「昨夕、植木、石坂両氏厚木町穀屋へ投宿ノ由、本日直便ヲ以テ石坂氏ヨリ談話ノ旨アリ。集会へ出頭ヲ請フノ書簡ヲ送ル、午前十一時厚木へ出張掛テ井上氏同行難波氏ヲ訪フ。談次厚木ヨリ斉藤貞輔、植木、石坂ノ依頼ニテ来ル、茲ニ於テ談話遂ケ各自帰宅、明朝ハ難波氏ヲシテ厚木へ出張ノ約ナリ、后植木、石坂、難波氏方へ着ノ旨報知アリ」（「小宮日誌」）

「斉藤某来会、午後、諸氏と同じく荻野に至り、難波惣平を訪ひ、井上篤太郎等外数人に会す。夜某亭に懇親会を開く。会する者三十名ばかり、予演説す[20]」

私の推測では、この時の集会で九月以降の減租運動の方針が正式に決定されたものと思う。ではこの最も重大な時期に小宮はどうしていたのであろうか。日誌に即してしばらくその動向を追ってみよう。

九月期の小宮は、同十五日と十八日に相模地方を襲った台風の被害対策に奔走している。この二度の台風によって相模川、中津川は氾濫し、家屋の倒壊と浸水、農作物の被害は甚大であった。九月十八日の小宮の日誌には、「午前四時ヨリ辰巳ノ間ヨリ暴風雨トナル、八時九時最烈、中津川突然満水ス、九時ヨリ風西ヨリ北ニ転ジ猛烈雨尚ホ盛ナリ。十時ニ至北風未ダ烈シ、微雨或ハ太陽顕ル。凶害ノ気勢依然タリ、只管家屋ノ暴害及河川防禦ニ走馳セリ。十一時ニ至リ雨全ク止ム。（中略）家屋損所修繕職人二人日雇一人」。

翌日から小宮は下荻野新宿の堤防の決壊個所の修理に取り組んでいる。昨年五月に県議を辞し、去る七月の村会選挙で村議に就任したかれは、台風の被害地域の見分や復旧のことで、連日のように村内を走り廻っている。

十月半ばになって、漸く堤防の仮留工事をおえたかれは、ついで小作人から年貢の減免要求を受けて苦慮しなければならなかった。十月十八日、まず「三田村小作人惣代トシテ井上藤十郎外十名」の者が「引方ノ事ヲ申出ル」が、その場では「当方ニ於テハ実見ノ上損害厚簿ニヨリ取扱フ故本人毎ニ申出」よ、と答えている。しかし小作人側の要求は頑強であった。その翌日から「村方伍長」が「小作ノタメノ集会」を開き、伍長一同による「小作田地ノ風災毛見」に応じなければならなかった。十一月に入ると、「田方作毛引方」について、伍長集会と地主集会が相次いで開かれる。

小作年貢の「引方」をめぐって行われた地主と小作人の交渉は、相当難航したと見えて妥協ないし解決を示す記事は日誌にはない。それとは逆に、十七年の暮に近づくにつれて、「夜三組非常集会アリ」、「夜非常ノ事ニテ五、六名談示アリ」「非常世話人集会アリ」という非常事態を暗示する記事が、随所に見えて印象的である。

もちろん、日誌に記載がないからと言って、小宮が郡党の運動から離れたというわけではない。難波文書によれば、かれは「第一段ノ資財家」として、最高額の二〇円をこの運動に拠金している。[21]しかしかれが郡党の最高指導者として、これまで果たしてきたその役割を考えるとき、その消極性には驚かされる。例えば小宮は今回の運動では請願委員はおろか、村の総代にもなっていない。また請願、建白の村別署名数についても、小宮の居村の下川入村は、他の党員の居村のそれと比べると余りにも少ない（表5・7）。総じて減租請願運動では、郡党の責任者である小宮、霜島は生彩がなく消極的で、運動の指導権は完全に難波惣平、天野政立ら中堅クラスに移行している。

減租建白運動は年を越えて翌十八年二月まで続けられたが、結局失敗に終わった。二月十六日、元老院庶務課から在京中の請願委員・井上篤太郎と天野政立に呼出しがあり、最終的な拒否回答が示された。(22) ともあれ、この時までに全国的民権運動の総司令部である自由党は、権力の弾圧と党内対立から解散していた。自由党は十七年十月二十九日、大阪で解党大会を開き、結党三周年に及ぶ輝かしい歴史を自ら閉じたのであった。神奈川県南部の党組織を代表して、佐伯十三郎と山本與七が出席したが、愛甲郡自由党の地租軽減運動はこれ以後、中央指導部を失って孤立分散状態の中で進めるしかなかった。

## (7) 民権運動の挫折と豪農の実態

明治十八年十一月二十三日未明、大阪事件が発覚して大阪と長崎で大井憲太郎ら旧自由党員が一斉に逮捕された。この事件の規模は意外に大きく、連累者は殆ど全国に及んだが、とりわけ神奈川県は最高の犠牲者を出して注目された。愛甲郡からも天野政立、佐伯十三郎、難波春吉、大矢正夫、山川市郎、黒田黙耳、霜島幸次郎らが拘引された。このうち黒田は予審で免訴となり、山川、霜島は裁判で無罪となったが、残りは有罪で、中でも天野を除く佐伯、大矢、難波の三人は高座郡の山本與七、菊田粂三郎らと共に強盗罪が適用されて六年ないし八年の重刑に処せられた（表5・8）。

この大阪事件は、天野ら郷党の参加者にとっては、地租軽減運動の挫折から、その憤懣のはけ口を朝鮮改革に求めた行動であった。朝鮮改革への介入と支援によって、日清間の緊張状態をつくり

表5・8　神奈川県下の大阪事件関係者

| 氏名 | 出身郡 | 年齢 | 判決結果 | 族籍 |
|---|---|---|---|---|
| 天野政立 | 愛甲郡 | 33歳 | 軽禁固1年半 | 士族 |
| 佐伯十三郎 | 〃 | 32 | 懲役6年 | 〃 |
| 難波春吉 | 〃 | 23 | 〃 6年 | 平民 |
| 大矢正夫 | 高座郡 | 23 | 〃 6年 | 〃 |
| 山本與七 | 〃 | 29 | 軽懲役8年 | 〃 |
| 菊田粂三郎 | 〃 | 26 | 〃 7年 | 〃 |
| 武藤角之助 | 〃 | 20 | 〃 2年 | 〃 |
| 村野常右衛門 | 南多摩郡 | 28 | 軽禁固1年 | 〃 |
| 山川市郎 | 愛甲郡 | 44 | 無罪 | 〃 |
| 黒田黙耳 | 〃 | 31 | 〃 | 士族 |
| 霜島幸次郎 | 〃 | 19 | 〃 | 平民 |
| 久保田久米 | 南多摩郡 | 23 | 〃 | 〃 |

出し、もう一度「内治改良」（国内改革）の気運と端緒をつかもうというわけである。例えばこの事件で相州組のリーダー格となる天野政立は、請願委員として上京中、景山英子を通じて大井らの秘密計画を知り、それに同意したという。こうして、天野らは地租軽減運動という国内改革の挫折を契機に、本来の自由民権路線とは大きく異なる対外冒険主義の道に踏み出していった。ただここで見落としてならないことは、大阪事件への愛甲郡からの参加者は、士族出身者と青年壮士に限られ、小宮ら豪農党員は殆ど参加していないことである。

ところで、事件発覚後の官憲の捜査は峻厳を極め「党員ノ行動ヲ拘束スル旧ニ倍シ、殆ンド左シ右スル所ヲ知ラザル[23]」状態であった。現在、十八、十九年度の小宮日誌が見当たらないのは、この時期かれが事件の累禍を恐れて、ひそかに湮滅したものと思われる。

この両年度の日誌が欠けているために、大阪事件の記事は期待すべくもないが、しかし判決のあった二十年十月には、山川市郎が無罪で釈放されており、また天野も二十二年二月の憲法発布の大赦で、出獄帰還している。しかし日誌にはそれに関する記事はない。但し黒田黙耳については例外で、二十年二月の帰国と祝宴、二十一年十月の死去及び故人の建碑のことが記載されている。日誌からもうかがえるように、要するに大阪事件の発覚から公判までの一年間は、小宮ら旧党員はすっかり鳴りをひそめていたようである。

二十年になると、日誌に再び政治活動に関する記事があらわれる。武相倶楽部や相愛倶楽部などの新しい結社の名前が、大同団結運動の高揚と共に散見しはじめる。しかし、記述は極めて簡単で十年代の政治活動のそれと比べると著しく少ない。但し、二十二年の大隈条約改正反対運動については、この地域でもかなり活発な運動があっただけに、記述も詳しい。

おわりに、十七年不況から二十年代初頭にかけての小宮家の経済状態を、その資産内容を中心に検討しておこう。すでに述べたように、小宮は郡内でも有数の名望家であり豪農地主であった。かれが県議その他の要職にあって公務に没頭できたのも、豪農地主としての大きな経済力があったからであった。しかし、十年代の小宮は、公務に追われながらも、暇があれば家族と共に養蚕や茶摘みをやり、酒造のための火入れをし、商業や金融業を営む手作り地主であり小営業者であった。また、年雇や季節雇の男女が、いつも同家に出入りしていた。

そこでまず、小宮が十年代後半の経済的激動を、どのように乗り越えたかを明らかにするために、二つの表を掲げよう。表5・9は小宮家の質地台帳から、十年代後半にかれの手に集積された質地の地価額と質地代金とを、年度別に集計したものであり、表5・10はその土地台帳にもとづいて、同時期における同家の土地所有の変動を示したものである。

この二つの表を比較してみると、質地については十五年度が突出しているが、その他の年度では質地額と所有地（面積、地価額とも）の増加の趨勢がほぼ一致している。ことに、十七年不況につ

表5・9　小宮家に累積された質地

| 年度 | 質地地価額 | 質地代金 |
|---|---|---|
| 13 | 150円56銭 | 165円25銭 |
| 14 | 33. 12 | 207. 00 |
| 15 | 669. 87 | 1592. 00 |
| 16 | 59. 08 | 104. 50 |
| 17 | 179. 54 | 535. 00 |
| 18 | 307. 73 | 446. 80 |
| 19 | 560. 89 | 1036. 75 |
| 20 | 519. 92 | 100. 50 |

づく三年間（十八〜二十）の増勢は両方とも著しく、この期間に小宮はその土地資産額を一挙に三三％（一〇〇〇円）も殖やしている。この所有地の増加は、いうまでもなく小宮のもとに累積された質入地の抵当流れと所有権の移動をあらわすものである。

われわれは、この二つの表を通して、十七年不況の激烈なつめ跡を見る思いがする。それは中小農民の激しい土地喪失と、小宮ら有力豪農層への土地集中の過程であった。この土地の喪失・集中の結果を、愛甲郡全体についてまとめたものが表5・11である。これは明治二十二年の郡統計であるが、十年代後半の未曾有の階層分化を経て再編された同郡下の地主・農民諸階層の実態をよく把えている。この統計を記載した「愛甲郡紳士諸君ニ告グ」という文書によれば、「全郡平均額即チ納租金五円以上ノ耕地山林等ヲ所有スル者ハ殆ンド其全数ノ四分ノ一ニ上ラズ。其四分ノ三ハ所有ノ土地ニ頼テ飢餓ヲ支ルニ足ラズ、否或ハ足ルモノアラン。然レトモ其甚シキニ至レバ宅地モナク家屋モナキモノ三百六十九戸ノ多キアリ」という状況であった。

このような絶対的貧困を土台にして、二十年代以降、農村の寄生地主制が展開するのである。

さて、小宮は二十年の日誌の末尾で、当年の家計収支をメモしている。それを整理したのが表5・12である。この年の小宮の土地資産は、田畑山林面積で二三町四反一五歩、地価額にして四三五二円、前掲の階層区分表でも納入地租百円以上のトップクラス（三三戸）の中に入っている。

表5・10　小宮家土地所有額及地価額の変動

| 年　　度 | 田畑面積 | 宅地山林その他 | 地価総額 | 前年度対比 |
|---|---|---|---|---|
| 14年6月 | 11町 6反 1畝 | 3町 9反 3畝 | 3083円36銭 | |
| 16年1月 | 12. 1. 3 | 4. 2. 3 | 3282. 18 | 99円10銭 |
| 17年1月 | 12. 2. 8 | 4. 2. 8 | 3338. 35 | 56. 18 |
| 18年1月 | 13. 0. 7 | 6. 4. 4 | 3495. 94 | 157. 59 |
| 19年1月 | 14. 2. 4 | 7. 7. 6 | 4007. 40 | 511. 45 |
| 20年1月 | 15. 1. 7 | 8. 3. 8 | 4352. 00 | 344. 65 |
| 21年 | 15. 2. 6 | 9. 9. 3 | 4442. 35 | 90. 34 |
| 22年 | 15. 5. 1 | 9. 9. 4 | 4507. 37 | 65. 02 |

所有地の歩、地価額の厘は四捨五入した。

表5・11　明治22年度愛甲郡の地主・農民諸階層

| 納入地租額 | 戸数 | 構成(%) | 所有耕地 | 階　　層 |
|---|---|---|---|---|
| 100円以上 | 33 | 0.6 | 約15町以上 | 寄生地主 |
| 10円 〃 | 744 | 12.7 | 1町6反〃 | 富農 |
| 5円 〃 | 717 | 12.2 | 8反〃 | 中農 |
| 1円 〃 | 1750 | 33.3 | 1反〃 | 貧農 |
| 1円未満 | 2044 | 34.9 | 1反未満 | 極貧農 |
| 0 | 369 | 6.3 | 0 | (半プロレタリア) |
| 計 | 5,857 | 100.0 | 5152町 | —— |

色川大吉「明治二十年代の文化」－『岩波講座日本歴史　近代4』から作成

ところで、この家計収支表だが、年間収入千三百余円は、当時の米価に換算して約六九〇俵（小宮は一俵二円と計算している）。大変な収入である。その大きさもさることながら、収入内訳では、利子、小作米、同代金がずば抜けて大きい（A項、総収入の七六％）。四〇〇円以上にのぼる利子は、恐らく不況期の中で年々累積された質地の利子額を総計したものであろう。それに較べてB項の営業収入は一九〇円でずっと少ない（総収入の一四％）。さらにB項から自家消費用の主穀類（米麦）を除けば、純営業収入は僅かに一〇〇円である。

次に支出面を見ると、生計費的な支出(薪炭、被服、食糧費)を別にすれば、臨時、交際、庭園などの非生産的な経費が最も多く、農業、養蚕、給金雇等の生産的経費は相対的に少ない。

表5・12　明治20年度の小宮家家計収支表

| 収入の部 | | 支出の部 | |
|---|---|---|---|
| 利子 | 400円00銭 | 常費・臨時費 | 67円95銭 |
| 小作金 | 97.92 | 営繕・庭園費 | 42.79 |
| 小作米 | 480.00 | 交際費 | 17.42 |
| 小計(A) | 997.92 | 書籍費 | 6.00 |
| 手作米 | 46.00 | 小計(A) | 134.15 |
| 粟・麦・小麦 | 45.63 | 薪炭被服費 | 19.70 |
| 成繭 | 60.00 | 食糧費 | 40.95 |
| 酒小売 | 50.00 | 農費 | 15.52 |
| 水車 | 40.00 | 養蚕費 | 25.95 |
| 小計(B) | 191.63 | 給金雇 | 37.48 |
| 前年度余剰米 | 89.45 | 山林堤防費 | 11.41 |
| 繰越金 | 62.18 | 小計(B) | 151.02 |
| 小計(C) | 151.63 | 利子 | 16.10 |
| | | 租税諸費 | 64.50 |
| | | 積金 | 57.25 |
| 総計 | 1321.18 | 総計 | 423.03 |

「小宮日誌」から作成

この家計収支表からわれわれは、二十年代の小宮が手作地主ないし小営業者として、生産者的側面をなお残しつつも、すでに寄生地主としての生活に大きくはいり込んでいる姿を見るのである。いわゆる豪農から寄生地主への上昇転化の起点を、小宮の場合いつにおくのか検討の余地はあるが、やはり十年代後半の不況期における土地集積の過程は、決定的意義をもつように思える。小宮に象徴される寄生地主への転化は、豪農層の分解をあらわすものとして、自由党と民権運動を支えていた社会的基盤の崩壊を意味するものであった。

さいごにもう一つ、この時期の小宮の思想と行動を語るものに、武相困民党の指導者・座間友三郎を相手どって起こした貸金返済の訴訟事件がある。座間は高座郡下溝村の出身で、困民党指導部の中では相州側から選出されて会計を担当していた。[24] 座間もかつては「大山から家が見えた」と言われる程の宏荘な家屋敷をもつ豪農で、その所有地は海老名にまで広がっていた。しかし十七年不況のなかで負債者に転落し、困民党指導者に推されていた。

負債者・座間に対する貸金取り立ての「掛合」は、以前からもしばしば行われているが、二十一年三月に至って小宮は断然出訴を決意し、座間宛に裁判所から得た「貸金勧解ノ召還状」を送る。法廷まで持ち込まれたこの事件が、ようやく「落着」したのは、それから半年後の十月一日であった。当日の日誌には「本日座間友三郎、貸金契約ノ内金四十円入金、残金ハ利足ヲ加ヘ本月十五日限リ調達ノ口約ナリ、小山平四郎、笹生満造、座間良助立会」と記されている。

明治十七年の大不況の中で、小宮は多くの負債者をもつ債主であったが、裁判にまで訴えて貸金の取り立てを争ったのは、日誌に見る限り座間友三郎一人であった。この困民党指導者に対する小宮の仕打ちに、何か異常なものを感ずるのはわたしだけであろうか。ともあれ、減租請願運動とその後の運動に対する小宮の消極性の裏面には、豪農から寄生地主へと上昇転化した十七年後半の激動の生活史があったのである。

**注**

(1)色川大吉編『大矢正夫自徐伝』大和書房

(2)天野政立文書「所世録」(国立国会図書館憲政史料室蔵)

(3)『神奈川県史　資料編13　近代・現代(3)』

(4)大畑哲編『神奈川の自由民権―小宮保次郎日誌』勁草書房（以下の記事は本書からの引用）
(5)『東京横浜毎日新聞』明治十五年二月三日
(6)同　明治十五年一月三十一日〜二月一日
(7)(8)『神奈川県史　資料編13　近代・現代(3)』
(9)難波武兵衛文書「所用留」（難波武平氏蔵）
(10)天野政立文書「所世録」（国立国会図書館憲政史料室蔵）
(11)「井上篤太郎より黒田黙耳宛書簡」―『難波家・自由民権関係文書』（神奈川県史編集資料集）
(12)(13)「寧静舘より難波惣平宛」―『難波家・自由民権関係文書』
(14)「愛甲郡自由党内規」―『難波家・自由民権関係文書』
(15)「相愛協会申合規則」―『難波家・自由民権関係文書』
(16)「愛甲婦女協会創立趣意書」―『難波家・自由民権関係文書』、本書11章「景山英子と相州の女性民権運動」参照
(17)「減租軽減哀願書」―『難波家・自由民権関係文書』
(18)(19)「減租請願日誌」―『難波家・自由民権関係文書』
(20)「植木枝盛日記」（明治十七年八月二日）―『植木枝盛集　7』岩波書店
(21)「減租請願資義捐有志者名簿」―『難波家・自由民権関係文書』
(22)天野政立文書「所世録」国立国会図書館憲政史料室蔵
(23)難波惣平の沼田初五郎宛弔辞（沼田家蔵）
(24)本書8章「武相困民党」参照

# III 民権思想の開花

# 6　小笠原東陽の耕余塾とその弟子たち

## (1)　東陽と耕余塾

明治二十年代の初期に、神奈川県下で発行されていた自由党の雑誌『進歩』第五号に、次のような広告がのっている。

「青年の教育は俗塵喧咽の都門に於てするの有害にして閑雅幽静の地方に於てするの有利なることは今日輿論の共に称道する所にして其実証は京浜の青年輩の続々笈を当塾に負ふを見て知るべきなり。

本塾は江の島の北藤沢の西後に修竹前に茂林、翠色常に滴らんとするの処に在り。

本塾は尋常中学に勝る高等の普通学科を懇切に教授し且つ有用の人材を薫陶せんが為め通常

の課業の外別に講義会を開き雑誌を発行して子弟の心思を練磨す。
今や本塾は学期試験を了するを以て四十名を限り新に入学を許す。規則書所望のものは郵券二銭を添えて申込あれ
神奈川県高座郡明治村
耕余義塾
明治二十三年十月」

この広告を出したのは、当時藤沢市羽鳥にあった耕余義塾という私立の学校であった。耕余義塾の創立者は小笠原東陽である。東陽の主宰するこの義塾は、明治十年代には、相州一の学塾として、県下の豪農商の子弟の人気を博していた。

小笠原東陽は天保元年（一八三〇）九月十三日、勝山藩士小笠原忠良の三子として江戸谷中に生まれた。幼名を亀吉、通称を鉄四郎と言い、後年になって東陽と名乗ったという。三歳で父と死別し、姫路藩士奥山重義の養子となって巣鴨に移った。安政二年（一八五五）昌平黌に入り、佐藤一斎、安積艮斎に学び、次いで林鶯渓に入門し、文久元年には藩の邸学副督になっている。ここまでの東陽の歩いたコースはまことに順調であった。ところが、明治維新でかれの運命は一変した。戊辰戦争で官軍の優勢が明らかになると、諸藩は次々に官軍になびいたが、東陽はこのとき同志二十余名と共に書を藩主酒井忠績に提出し、主家徳川と生死を共にすべきだと進言した。藩主忠績はこの進言どおり、徳川慶喜に従って駿府へ下ったが、東陽らの主張は藩内で不満をよび、ついにかれは慶応四年（一八六八）四月、士禄を返還して民籍に入り小笠原の姓に復した。節操を重んずる硬

骨の人だったのである。それからの数年間は貧苦に追われ、「売卜《ばいぼく》（うらない）」で糊口をしのぐ日々を送らなければならなかった。

さて、東陽が藤沢羽鳥へ移住したのは、羽鳥村の豪農三觜八郎右衛門の招きによるものであった。三觜は当時、学区取締役として教育に強い関心を持っていたが、たまたま東陽が池上本門寺で僧侶に講読していたとき、弟の八郎が東陽の弟子であったところから、明治五年（一八七二）三月、東陽を自村に招いて私塾を開くことになったのである。ときに東陽四十三歳であった。

東陽が始めた塾は「読書院」と呼んで、昔の寺子屋に近いものであった。塾舎も廃寺となっていた徳昌院を使った。しかしかれは少しも不平を言わず、村人を集めてまず「水滸伝」を講じ、学問への興味をわかせてから「小学」「論語」「孟子」の学習に移っていったと言う。やがて東陽の雄弁と学識は四方にきこえ、「衆皆長夜ノ眠ヨリ醒ムルノ思アリ。隣里相伝ヘテ争フテ其ノ子弟ヲ来リ学バシム」(1)といわれるまでになった。

明治五年八月、学制発布で読書院は公立羽鳥小学校と改称され、東陽は訓導に任命された。しかし東陽は私塾としての読書院をそのまま残し、塾生たちを小学校の余暇に学ばせた。続いて八年には、羽鳥村に神奈川県第三号師範学校が開設され、東陽はその付属小学校の訓導に任命された。羽鳥の師範学校はたった一年で廃校となり、横浜に統合されたが、その時かれは野村県令から横浜勤務を勧められたにもかかわらず、それを断って地方の教育に専念した。すでにかれは二年前から、第九中学区内の教員養成係や学区教長の地位にあって、地域の教育界に欠かすことのできない人になっていたのである。この東陽の名声を慕って、前県令の中島信行や大江卓らが、その子息を入塾させたのもその頃であった。

明治九年、東陽は塾生の増加から塾舎の再建を決意し、三觜ら地元有志の援助を得て、十一年一月新塾舎を完成した。塾名を「耕余塾」（後に耕余義塾と改称）と名づけたのはこの時からである。新しい塾舎には寄宿舎も設けられ、約一〇〇名の塾生が寄宿生活を送った。その塾則によれば、「学資ノ乏シキモノ」を「減費生」といって月謝や塾費を免除したり、また「塾友相呼ニ何君ト称スベシ」と定めるなど、東陽独特の教育方針を示していて興味深い。

ここで耕余塾の教育内容にしばらく立ち入ってみよう。明治九年の塾教則によれば、「該塾ハ学齢既ニ過ギ若クハ事故アリテ小中学校ノ正科ヲ歴来ラザル者ヲシテ修身、読書、算術、作文、習字ノ五科ヲ学バシム」として、全課程を八級に区分している。初級の八級から六級までは、読書では「孝経略史」「十八史略」「日本外史」など和漢の史書が多く、算術では四則、諸等四則、分数術など今日の中学程度のものだが、五級から最上級の一級になると、読書では「日本政記」「資治通鑑」「六国史」などの外に、「泰西国法論」「西国立志編」「万国公法」「仏国政要」など欧米の紹介書がふえ、算術では代数、幾何など高級な内容となっている。耕余塾は明治十八年になると、漢学のほかに英語を取り入れ、リーダー、英作、英会話を正規の学科に加え、課程を修了した者には、セボンの論理学、ベンサムの立法論綱、ミルの自由之理、ペインの心理学、ミルの経済書、オースチンの法理学などの英書を学ばせている[2]。

儒学者東陽がこの時期に従来の漢学中心の教育を修正して、英語を大胆に取り入れたのは、文明開化の風潮の中で欧米先進文化に対する世間の強い期待があったことは勿論だが、同時に未曾有の変革期を生きぬいた塾長東陽の豊かな人生体験と自由闊達な教育方針を挙げなくてはならないだろう。色川大吉氏は教育者としての東陽の本領を次のように指摘している。

「かれは歴史の変革期に生きた大塩平八郎と同様な実践的な陽明学者であった。かれの教えの儒学は、革命期の生命力をもっていた。つまり単なる訓詁考証の学ではなく、儒学の変革的精神を、春秋戦国の古典にさかのぼってとらえ、それを農村の子弟にわかりやすく教えるという仕方であった。[3]」

## (2)　自由民権運動と耕余塾

耕余塾の卒業生は三〇〇〇人に上ると言われるが、今日その名簿が散逸しているのでその人名と人数は正確にはわからない。しかし明治十一年の「耕余塾同窓会名簿控帳」や同十四年の「同窓会諸襍費扣」（共に落合威雄氏蔵）によってその一部を知ることができる。この二つの文書からそれまでの同窓会員（卒業生）を整理すると表6・1のようになる。

見られる通り、卒業生は全県に及んでいる。このうち地元の高座郡や近隣の大住・鎌倉郡に多いのは当然だが、東京、横浜をはじめ他県にもかなりの卒業生がいることが注目される。明治十一年と言えば、この学塾が読書院から耕余塾と改名してスタートしたばかりの年である。この名簿を見るとその頃すでに東陽の名は県内外になりひびいていたことがわかる。

さて、この耕余塾の出身で著名な人物としては、これまで政界では吉田茂（首相）、中島久万吉（商工大臣）、山梨半造（陸軍大臣）、村野常右衛門（政友会幹事長）、業界では鈴木三郎助（味の素社長）、岡崎久次郎（相模鉄道社長）、学会では外山亀太郎（東大教授）、地元では金子角之助（藤沢町長）、平野友輔（医師）らの名が挙げられてきた。

しかし、近年自由民権運動の研究がすすむにつれて、耕余塾出身の民権家に研究者の関心が向けられている。その先鞭をつけたのが、色川大吉氏であった。色川氏は前記著名人の中から、村野常右衛門と平野友輔の二人を取り上げて、耕余塾と民権時代の活動をはじめて明らかにされた。それが、『村野常右衛門伝—民権家時代』と、『明治人—その青春群像』という同氏の二著であった。このうち、前著では村野の在塾体験が次のように紹介されている。

「余ノ塾ニ在ルヤ師ニ就テハ則先輩先哲ノ道ヲ講ジ、友ト交ラバ則済時済世ノ策ヲ談ジ、雄心勃々自己ニ克ハザルモノアリ、当時海内漸ク多事、廟議甲乙格シ、民心東西和セズ、慷慨ノ士、悲愴ノ客其持スル所ヲ説キ是トスル所ヲ論ジ、風餐驢背媚々トシテ止マズ、余亦間々彼ノ漫遊諸士ト交ヲ結ビ、初メテ四方ノ志ヲ抱キ将ニ布韈ヲ天下ニ試ミントス、只其資ナキヲ患ヒ百方光ヲ家萱ニ計ル。事遂ニ親族ノ聞ク所トナリテ、遂ニ余ヲシテ強テ塾ヲ退カシムルノ極ニ至レリ(4)。」

表6・1　同窓会員の分布

| 郡区名 | 人数 | 村数 |
|---|---|---|
| 横浜区 | 27人 | — |
| 橘樹郡 | 6 | 4 |
| 都　筑 | 3 | 3 |
| 久良岐 | 4 | 3 |
| 南多摩 | 2 | 2 |
| 北多摩 | 1 | 1 |
| 高　座 | 83 | 42 |
| 大　住 | 25 | 21 |
| 鎌　倉 | 23 | 12 |
| 愛　甲 | 16 | 10 |
| 足柄下 | 17 | 6 |
| 淘　綾 | 8 | 5 |
| 三　浦 | 7 | 5 |
| 足柄上 | 7 | 6 |
| 津久井 | 3 | 3 |
| 東　京 | 34 | — |
| 他　県 | 13 | — |
| 総　計 | 279 | 123 |

神奈川県内では１区14郡、123村、237人となる。

耕余塾に在塾中、村野にとって師以上に大きな感化を受けたのは、塾生たちとの交流だったようだ。仲間たちと世界の現状を論じ合い、日本の将来に思いを馳せて時世を痛憤し、経国済民の策を談じている。そして遂に雄心抑えがたく天下遊説を思い立ったが、親族の反対にあって退塾を余儀なくされたと述べている。色川氏はこの村野の在塾体験を「最初の魂の飛躍」と言って、民権思想の開眼の時期としている。

さて、この二著の出版のあと、地元藤沢市主催の「平野友輔展」（一九八四年）、神奈川県文化資

表6・2　耕余塾出身の民権家一覧

| 氏　　名 | 出身町村 | 役　　職 |
|---|---|---|
| ○平野　友輔 | 高座郡藤沢町 | 医師、代議士 |
| ○武藤角之助 | 〃　本蓼川村 | 町長 |
| ○牧野　随吉 | 〃　〃 | 県議、教育家 |
| ○峰尾文太郎 | 〃　深谷村 | 村長 |
| △加藤松之助 | 〃　菱沼村 | 県議、教育家 |
| △水越　良助 | 〃　松林村 | 県議 |
| △川井　孝策 | 〃　六会村 | 県議 |
| ○山田　嘉穀 | 〃　河原口村 | 代議士、県議 |
| ○古川　　謙 | 〃　〃 | 県議 |
| ○大島　正義 | 〃　中新田村 | 県議、養蚕家 |
| 小笠原　鍾 | 〃　羽鳥村 | 医師 |
| ○菊田粂三郎 | 〃　栗原村 | |
| ○安藤忠兵衛 | 〃　新戸村 | 県議 |
| 斉藤順三郎 | 〃　鵠沼村 | |
| △出口　直吉 | 〃　今宿村 | 県議 |
| 新田　浪江 | 〃　新田宿 | 教師 |
| ○長谷川彦八 | 〃　下鶴間 | 県議 |
| ○佐伯十三郎 | 〃　福田村（寄留） | |
| ○胎中楠右衛門 | 〃　大庭村（寄留） | 代議士 |
| ○川井房太郎 | 愛甲郡妻田村 | 教師 |
| ○斉藤　貞輔 | 〃　厚木町 | |
| ○村上安次郎 | 〃　三田村 | 郡長 |
| 大沢　勝丸 | 〃　〃 | |
| ○梅原　　良 | 大住郡尾尻村 | 県議、代議士 |
| ○栗原宣太郎 | 〃　今泉村 | 代議士、神官 |
| 武尾喜間太 | 足柄上郡谷ヶ村 | 県議 |
| 尾崎　雄三 | 〃　川村 | 郡書記 |
| ○村野常右衛門 | 南多摩郡鶴川村 | 代議士 |
| ○渋谷　三郎 | 〃　原町田村 | |

(1)　役職は主なものにしぼった
(2)　○は自由党、△は改進党の所属を示す
(3)　牧野随吉は当初前川と名乗った

料館主催の「小笠原東陽没後百年記念　耕余塾—その教育と人材—展」（一九八七年）などが相次いで開かれ、折からの自由民権百年記念全国カンパニアとも重なって、耕余塾と自由民権運動との関係が、あらためて人びとの関心を集めた。その新たな関心とは、平野や村野といった著名な民権家だけでなく、同塾出身者の中に多くの無名の民権家がいるということであった。わたしもかねがね、相州の地方民権家の中に相当数の耕余塾出身者がいることに気付き、数年に亘ってその名簿づくりをすすめてきた。その結果これまでに約三〇名の該当者を見出すことができた。その名簿が表6・2である。

ここに掲げた名簿は、あくまで一つの中間報告であって、まだ未発掘の人物が相当数あると思われる。また上掲の人物についても、在塾の時期や年齢など不明な部分が多く、詳しくは今後の調査研究にまつほかはない。しかし、これだけの出身者を見ただけでも、耕余塾と民権運動との太いつながりを想像することができよう。

ところで、民権家は卒業生だけでなく父兄の中にもいた。その中の主な人物を拾い出すと、表6・3のようになる。恐らく父兄たちは、中島などを通じて耕余塾の教育に深く共鳴し、それに大きな期待をかけて、子弟たちを入塾させたのであろう。

さらに注目されるのは、これらの卒業生、父兄を含めて県下

表6・3　耕余塾父兄

| 氏　名 | 出　身　村 | 役職など |
|---|---|---|
| 井上　欣平 | 高座郡長後村 | 戸長、県議 |
| 山口　寛一 | 〃　上草柳村 | 戸長 |
| 斉藤七三郎 | 愛甲郡厚木町 | 町長 |
| 川井　悦三 | 〃　妻田村 | |
| 永野　　茂 | 〃　〃 | 県議、代議士 |
| 杉山　泰助 | 大住郡須賀村 | 県議、実業家 |
| 武尾弥十郎 | 足柄上郡谷ケ村 | 県議 |
| 中島　信行 | 横浜 | 代議士 |

同窓会関係資料から作成

表6・4　耕余塾の後援者（民権家のみ）

| | 氏　　名 | 出　身　村 | 役　職　な　ど |
|---|---|---|---|
| 維持員 | 三嘴八郎右衛門 | 高座郡羽鳥村 | 塾管理者 |
| | 小笠原　鍾 | 〃　〃 | 東陽長男、医師 |
| | △今福元穎 | 〃　中新田村 | 県議、郡長 |
| | ○金子　小左衛門 | 〃　大庭村 | 塾管理者、町議 |
| | ○大島正義 | 〃　中新田村 | 県議 |
| | ○山田嘉穀 | 〃　河原口村 | 県議、代議士 |
| | ○長谷川彦八 | 〃　下鶴間村 | 県議、戸長 |
| | ○平野友輔 | 〃　藤沢町 | 医師、代議士 |
| | ○峯尾文太郎 | 〃　深谷村 | 村長 |
| | ○安藤忠兵衛 | 〃　新戸村 | 県議 |
| | ○牧野随吉 | 〃　本蓼川村 | 県議 |
| | △高部源兵衛 | 愛甲郡厚木町 | |
| | ○梅原　良 | 大住郡尾尻村 | 東陽次男、代議士 |
| | △戸塚千太郎 | 横浜市 | 市議、県議 |
| 賛成者 | △加藤松之助 | 高座郡菱沼村 | 県議 |
| | ○志村大輔 | 〃　田名村 | 戸長、県議 |
| | 河本崇蔵 | 〃　淵野辺村 | 戸長 |

(1)　維持員は全部で25人、賛成者は31名である。そのうち民権家は、各々14人、3人である。なお、役職は後を含む。
(2)　○は自由党員、△は改進党員
(3)　「耕余塾職員更迭」創始～明治23年（落合威雄氏蔵）から作成

の名望家豪農層が多数耕余塾の後援者になっていることである。後援者の名前は、耕余塾「職員名簿」（落合威雄氏蔵）の中に出てくる「維持員」及び「賛成員」がそれだ。維持員は三觜八郎右衛門以下二五名、賛成員は三一名である。またこの二つの名簿から、知名の民権家をピックアップすると表6・4のようになる。見られる通りこの中には、前記の卒業生や父兄たちもいる。かれらは父兄と同様に、耕余塾の教育方針に賛同し、その教育的役割を高く評価し、すすんで後援者となったのであろう。かれらの多年に亘る物心両面の援助があったからこそ、耕余塾も私塾としての困難さにもかかわらず、明治三十年代の初頭まで存続できたのであった。

さらに後期の「耕余義塾」時代の職員名簿を見ると、同塾の卒業生七名が、明治二十年頃から教師ないし助教師として塾生の教育活動に当たっていることがわかる。そのうち牧野随吉、小笠原鍾、古川謙、加藤松之助の四名が著名な民権家である。担当教科は、加藤が漢学、牧野と古川が漢学と数学、他は不明である。ちょうどこの時期は、初代塾長の東陽が病で倒れ、女婿の松岡利紀が後を継ぐという多難な時期であった。恐らく四名の卒業生たちは、母校の危急を聞いて乞われるままに、教壇に立ったのであろう。またこのうちの牧野と加藤の二人は、塾長を補佐する幹事を兼任している。[5]

ちなみに、旧高座郡下には、「故半漁先生建碑資金簿」などの文書を、旧家の資料の中に見出すことが多いが、綾瀬市早川には、「耕余庵」と名なる俳壇が明治後期に活動しており、これも耕余塾の流れをくむグループではないかと思われる。

## (3) 東陽の思想

さて、以上のように耕余塾の卒業生、父兄、後援会それに教師の名簿の中から、約四〇名の民権家をあげることができた。これらの民権家を一人ひとり紹介する余裕はないが、ここには相州自由民権運動に登場する主要な人物が大半出揃っている。こう見てくると、耕余塾と民権家の絆の強さと、耕余塾が民権運動に果たした役割の大きさにあらためて驚かされる。同時にまた、民権期におけるこの地方の教育は、耕余塾の存在を抜きにしては語れないということが明らかになった。

ここまでくると、耕余塾の創立者であり師である小笠原東陽その人の思想に、もう一度帰らねばならない。その東陽に当時の自由民権思想がどのように理解され、受けとめられていたかは明らかでない。それに関する著作を何一つ残していないからである。

しかし、東陽がよく口にしていたという、「平民は天民なり」「天民は不羈《ふき》なり」という言葉は、不思議な魅力をもって迫ってくる。平民＝天民という思想は、「民の声は天の声」という孟子以来の中国の儒教思想であるが、かれの言葉には、儒学の古典的表現をかりた新時代の思想の息吹きが感じられる。その思想を、仮にここでは平民主義と呼んでおこう。すでに述べたように、明治維新の敗者としての体験から、士族の族籍をなげうって平民階級（民籍）に身を置いた東陽のことである。「平民は天民なり」「天民は不羈なり」と喝破した東陽の心底には、これからは平民の時代という認識と、その平民教育のために、自らの後半生を捧げようとする決意と志があったのではなかろうか。耕余塾はその実践の場として、若き塾生たちに新来の民権思想を自由に学べる恰好の道場となったのである。

明治二十年八月十二日、東陽は五十八歳で他界した。死因は数年間患った肺結核であった。晩年の東陽は「半漁」と号して暇をみては好きな魚釣りに興じたと言われている。湘南海岸を控えたこの地方は、絶好の釣り場であった。魚釣りは風雨や寒暑の日でもやめることはなかったという。その頃の詩に次の一篇がある。

「厭人持紙来求字／輙掉軽舟入水雲／疎才未上麒麟閣／甘作烟波画裡人
人紙ヲ持チ来リテ字ヲ求ムルヲ厭ヒ／輙《すなわ》チ軽舟ニ掉《さおさ》シテ水雲ニ入ル／疎才未ダ麒麟閣《きりんかく》ニ上ラズ／甘ンジテ烟波《えんぱ》画裡《がり》ノ人ト作《な》ル(6)」

東陽はまた、能書家として知られていた。かれの書が今でも時々地方で見つかることがある。この詩は東陽が人から書を求められるのを嫌って、雲がくれするのが常に海辺だったという意味である。まさに晩年の「半漁居士」の日常を語ってつきない詩句である。

ついでにもう一つ東陽の詩を掲げておこう。

「　偶成　　半漁先生

世上名誉未必賢／眼前富貴似雲烟／不為元老為漁者／長握江山風月権／世上ノ名誉未ダ必ズシモ賢ナラズ／眼前ノ富貴ハ雲烟ニ似タリ／元老ト為《な》ラズ漁者ト為リテ／長ク江山風月ノ権ヲ握ル[7]」

この詩は、世俗の名誉や富貴を捨て、漁夫となって江山を跋渉し風月に親しむ超俗の人、東陽の心境を、そのまま画にしたような絶句である。また、「元老トナラズ」の一句は権力争奪に明けくれる藩閥政治への頂門の一針ともとれる。

東陽の死後、耕余塾は女婿の松岡利紀にひき継がれた。二代目塾長となった松岡は、卒業生、父兄、後援者などの援助を受けて、教育施設の拡充と教育内容の改善を図り、校名も耕余塾から耕余義塾と改めるなど、経営の近代化につとめた。しかしその懸命の努力にもかかわらず、明治政府による公立学校整備と増設には抗し切れず、義塾の存続が不可能となり、遂に明治三十三年八月の暴風による塾舎の倒壊を機に、閉塾に追い込まれた。冒頭に紹介した募集広告は、この松岡塾長時代のものである。その盛時には百数十名を数えた塾生も、この頃には二二名に減少していた。

その後「小笠原東陽と耕余塾」を特集した『藤沢市教育史　資料編5』が刊行され、その全貌が一挙に明らかになった。卒業生の数も、これによって八四〇名いたことが明らかになっている。

**注**

（1）松岡利紀『東陽小笠原先生小伝』
（2）「小笠原東陽塾教則」（三觜博氏蔵）
（3）村野廉一・色川大吉『村野常右衛門伝―民権家時代』中央公論事業部出版
（4）「村野常右衛門自叙文」―『三多摩自由民権史(上)』大和書房
（5）「耕余塾職員更迭」（落合美代子蔵）
（6）松岡利紀『東陽小笠原先生小伝』
（7）『錦綉集』（明治十五年四月上幹・耕雨処士文庫）

# 7　自由民権とまちづくり――大磯・金目・南林間を中心に

明治の自由民権運動が、国会開設を中心に、国民の自由と権利を保障する立憲体制を確立し、内にあっては地租を軽減し、外に対しては条約改正を要求する最初の民主主義運動であったことは、あらためて述べるまでもないであろう。同時にこの運動が、政治運動の枠を越えたさまざまな分野にわたる文化運動でもあったことが、最近の研究で明らかになりつつある。すなわちこの運動は、「未発の契機」に終わったとは言え、学習、産業、生活、文芸、宗教など、国民の生活全体にわたる一種の文化革命を指向しており、明治のルネサンス運動とも言える、ゆたかな思想内容を有していたのである。運動の推進母胎として、全国に網の目のように組織された民権結社の性格と活動が、このことを立証している。

そのような運動の一つに、いわゆる「まちづくり運動」がある。まちづくりという言葉は、現代の都市問題が生んだすぐれて今日的概念で、むろん明治の民権期には使われたことはなかった。しかし、現代のような資本主義の爛熟期だけでなく、その勃興期にも、経済発展にめぐまれず、時代の趨勢から取り残された地方では、現代の過疎地に見るようなまちづくりや村おこしの運動が、町村を挙げての運動になることがしばしばあった。

一方、この運動に取り組んだ民権家たちの側でも、国権に対する民権と並んで、国富に対する民富の要求が、地租軽減運動のなかから生まれ、新しい経済思想となった。ここで言う民富とは、明治国家の富国強兵、殖産興業という上からの国富の創出に対抗して、下から自主的に国民の産業と生活の向上をめざそうとする意味内容をもった概念である。県下の民権結社の中に、学習活動のテキストとして、しばしばアダム・スミスの主著「諸国民の富」が使用されているが、この富とは「国富」でなく「民富」であったわけである。つまりこの民富の保全と増進の施策として、まちづくり運動が登場するのである。

従来の民権史の上で、このような観点からまちづくりの問題を取り上げた研究はあまり聞かない。しかし、全国各地の民権運動を仔細に観察すれば、今日のまちづくりに相当する運動が、少なからず発見できるのではなかろうか。本稿はその最初の試みとして、これまでの民権研究に敢えて新しい一石を投じてみたい。ここで取り上げる事例は、神奈川県下で実施された次の三つの事業ないし運動である。(1)中川良知と大磯のまちづくり、(2)宮田寅治と金目村の「文化村」づくり、(3)利光鶴松の林間都市建設。以下、この順序にしたがって述べてゆきたい。

## (1)　中川良知と大磯

中川良知（一八四一―一九〇〇）は東海道大磯宿の生まれ。家の屋号を橘屋と言い、「三都飛脚取次業」を家業とする生粋の商家の出である。かれが二十五歳の時に明治維新を迎えた。官軍の東征、戊辰戦争、幕府の倒壊、維新政府の樹立と、街道筋の宿駅は幕末から維新にかけて、めまぐるしい動乱の渦に包まれた。そして新政四年目には、二百余年続いた東海道の宿駅制度が廃止され、幕府という最大の庇護者を失って、大磯宿は深刻な生活危機に見舞われた。これ以後、大磯町は宿をあげて町の復興の途を模索しなければならなかった。中川は当時、若冠二十代で宿の年寄役という重責を負わされ、その苦悩を身をもって体験した。かれの後年のまちづくりへの夢は、すでにこの頃から心に芽生えていたと言えるかも知れない。

明治十二年（一八七九）三月、神奈川県会が開設されるや、中川は淘綾郡選出の県会議員となり、以後一〇年間、県会の実力者として活躍する。かれが民権運動のリーダーとして頭角をあらわすのもこの時期であった。国会開設運動（十三年）、湘南社の結成（十四年）、自由党入党（十五年）、地租軽減運動(十七年)、さらに県会活動と、相州自由民権運動の主要な舞台で中川の名を聞かぬことはなかった。また中川の地元・大磯には、十二年来大住・淘綾両郡の郡役所が設置され、民権結社・湘南社の本部も此処にあった。しかしこの華やかな民権運動の町も、経済的には旧宿場を中心にその衰微は蔽いがたく、町の復興の方途を見出しかねていた。

ここに降ってわいたのが、松本順の大磯海水浴場の構想であった。当時軍医総監の要職にあった松本は、国民の健康増進の見地から全国に海水浴場の候補地を探し求めていたが、明治十八年八月、たまたま此の地を訪れて、照ヶ崎海岸を中心とする大磯の海と風光にすっかり魅了された。そこで松本は、これ以後公職をなげうって大磯に移住し、中川をはじめ宮代謙吉、宮代新太郎、鈴木柳斉、杉原惣次郎ら町の有力者を説得して、海水浴場づくりに没頭した。こうして松本の提唱で、大磯町に日本最初の海水浴場が開設されることになるのである[1]。

海水浴場は明治二十年には、国鉄東海道線の大磯駅開業で浴客がふえはじめ、次第に京浜地方にその名を知られるようになった。しかしこれからの海水浴場の発展にとって、問題なのは浴場近くの南下町にある漁民街の存在であった。この地区は、「家は低くゴミは陸につもり、にごり水があふれ、又時に暴風雨のため高潮が路にまで打ちよせ、ために疫病が流行する[2]」という危険地区であった。しかし初期の海水浴場は衛生施設もなく、海浜の一角を浴場に指定する程度に過ぎなかった。この下町地区は歴史的にみても、高潮や津波の常襲地帯であり、またしばしば大磯に起きた大火の火元でもあった。そのため天保七年（一八三六）には、暴風雨と飢饉が引き金となって、宿の米穀商らに対する下町住民の打ちこわしまで起きている。このように、海岸通りの下町地区は、防災対策の面でも長年懸案となっていた地区であった。参考までに大磯町の幕末から明治初年にかけての災害年表を掲げておこう（表7・1）。

一方、中川は明治二十二年の町村制施行と共に、県議を退いて大磯町の初代町長に就任した。この時中川が最初に手がけた事業が、海水浴場の整備と下町地区の防災対策であった。そのためかれ

表7·1　幕末から明治初年までの大磯災害史

| 年　　号 | 記　　事 |
|---|---|
| 1836(天保 7)年 | 大暴風来襲、大浪下町に打込む大凶作、大飢饉の兆あり、米価高値で川崎屋ら７軒の米穀商打ちこわし(７月)<br>北下町より出火、宿ほとんど全焼510戸(９月) |
| 1838(天保 9) | 打ちこわし落着、和解、川崎屋500両を融通<br>二宮尊徳に師事 |
| 1843(天保14) | 大磯宿窮乏、350両を領主大久保氏に嘆願 |
| 1854(嘉永 7) | 大磯大火 |
| 1857(安政 2) | 大地震 |
| 1890(明治23) | 大磯町大火、中川町長、南下町を山王町(長者町)に移転 |
| 1901(明治34) | 大磯大火 |

は、南下町地区住民の集団移転という画期的な計画を立て、住民の説得にのり出した。その計画は、浴場の整備と合わせて、この地区の住民の抜本的な環境改善を図ろうとするものであった。しかし、最初のうちは住民の反対が強く、計画の実現はむずかしいかに見えた。ところが翌二十三年八月、町に大火が起こり、南下町を含む町の大半が灰燼に帰した。これを転機に住民の反対も収まり、計画を実施に移すことができた。町長の中川は直ちに郡長及び町議会に図り、新しい移転先として住環境のよい山王町に一・四ヘクタールの土地を買い取り、南下町七十余戸の集団移転に成功した。移転の費用は、旧宅地の売却や住民の日掛預金で支払う方針であったが、土地の買収と造成には中川自身の土地を担保にするなど、不足分の相当額が中川個人の負担となったと言われている。

民権家・中川が行ったこの事業は、海水浴場の整備と発展によって、大磯町の経済的復興と下町住民の安全をめざすまちづくり運動と言うことができよう。中川個人にとっても、宿駅制度廃止以来の旧宿場町の復興にかける夢が、ここに漸く実を結んだわけである。この大事業をおえた二十三年十月、

住民たちは移転先の山王町の一隅に、「大磯移街碑」という記念碑を建てて中川の功労に報いた。(3)

さて、松本順や中川らの努力で、海水浴場の基礎を固めた大磯町は、その後別荘地としても注目され、観光と保養の町として全国にその名を知られていった。こうして大磯町は明治末年には、「海内第一」のリゾート都市としての評価を得た。しかしその間、観光地大磯のまちづくり運動が町民の有志らによって営々と続けられたことを忘れてはなるまい。それは一口に言って、風光明媚な大磯の自然と、この町に伝わる古代以来の豊かな歴史遺産や文化財を保存し、修復することであった。

旅館「百足屋」の主人で、これも民権家の宮代謙吉は、松本順がここに宿泊して以来の協力者だが、明治二十八年から一〇年間町長に就任するや、観光行政に大いに力を尽くした。かれは雅号を「楊鶴堂主人」と号したが、斉藤松州画伯に依頼して大磯八景の絵はがきをつくり、大磯の景勝地の宣伝普及につとめた。その八景とは次の通りである。

「高麗山晩鐘　花水橋夕照　小餘綾晴嵐　鴫立沢秋月　照ヶ崎帰帆　唐ヶ原落雁　化粧坂夜雨
富士山暮雪」

なおこの八景の名称は、その後大正十二年（一九二三）に大磯小学校長・朝倉敬之の手で、自作の歌とともに碑に刻まれて、八景の故地に建てられている。

もう一人の杉原惣次郎も、大磯のまちづくりの上で忘れてならない人物である。かれは福島県須賀川町の出身だが、明治三十七年大磯に来住して医院を開業した。かれは町の背後にある丘陵の千畳敷（湘南平）の眺望に魅せられて、その開発と整備に傾倒した。山の小道や頂上に毎年、桜、紅葉、つつじ、山百合、萩などを植えて、ハイキングコースを設けたり、頂上に休息所を建てるなどして、今日の湘南平（公園）の基礎をつくった。またかれは照ヶ崎海岸に通ずる道路を拡幅して、海水浴場の整備にも努めた。現在、湘南平には杉原の顕彰碑が、大磯町名誉市民の安田靫彦の筆になって建てられてある。毎年の海開きには、町の観光協会の手で、松本順の墓参（妙大寺）と一緒に杉原（東光寺）の墓参も行われているという。(4)

## (2)　宮田寅治と金目村の「文化村」

宮田寅治（一八五四―一九三八）は大住郡南金目村（現平塚市）の豪農の出身である。かれは明治初年から草創期の地方政治の要職につき、維新変革の激動を体験した。明治十一年に第二二大区第六小区の副区長、ついで翌十二年には南金目村戸長、さらに十七年からは六年間、県会議員に推されている。この時期がちょうど民権期と重なり、民権家としてのかれの資質と才能が開花する時期である。南金目には、宮田の同志である森鑅三郎と猪俣道之輔がおり、この三人が民権家トリオとなって運動をすすめた。宮田の活動で光芒を放つのは、十四年暮、湘南社支社の伊勢原講学会における憲法論議と、二十三年の県会における廃娼決議の提案であろう。前者では国民主権論を堂々主張して明治国家の君主主権論に対置し、後者では公娼制度（戦前の売春制）の廃止を県会決議として成立させ、長年の封建的な女性差別の因襲に鋭いメスを入れた。

宮田が廃娼問題に関心を向けたのは、キリスト教との出会いが動機であった。明治十九年、宮田は猪俣道之輔ら南金目の有志五名と共に、横浜海岸教会で洗礼を受け、キリスト教に入信した。そして二十一年には村にささやかな教会堂を建て、金目教会を設立した。このキリスト教と民権運動が結びついて、クリスチャン民権家を生んだところに、金目独特の民権史がある。

ところで、宮田ら南金目の有志がユニークな村づくりに取り組んだのは、民権運動末期の明治十九年からであった。ちょうどこの年から、同志の猪俣道之輔が南金目村外七カ村戸長に就任し、つづいて二十二年の町村制施行後も、新村・金目村（南金目、北金目、千須谷、広川、片岡の五カ村が合併したもの）の村長として村政を担当している。この猪俣のあと、二十五年から宮田が代わって村長に就任した。二人の民権家が、交互に村政を担当した明治二十年代が、まさに金目村の村づくりの事業が本格的に開始された時期であった。

その一つは十九年五月に設立された大住、淘綾、足柄上、三郡の組合共立による中等学校で、通称「三郡共立学校」とよばれている。旧足柄県の六郡ないし五郡で、小田原町に郡立の共立学校を開校する試みは、すでに十二年に始まっていたが、郡民の負担加重と生徒数の減少で、十七年には閉校に追い込まれている。そのあとをうけて、三郡共立学校が金目村にスタートしたのである。当時子弟の教育と言えば、東京遊学によるしか途のなかったこの地方の住民にとっては、まさに待望の中等教育機関の誕生であったわけである。共立学校は金目村坪ノ内の宗信寺を仮校舎に、約三〇名の生徒を集めて開校したと言われている。学校は「英漢数ノ三学科ヲ教授シ、将来高等ノ学校ニ入ラントスル者若クハ中等以上ノ業務ヲ修メントスル者」の養成をめざし、予備科三年、本科三年として、学科ではとくに英語教育に力を入れ、一年前期で毎週一七時間、後期では一八時間をあて、さらに後期から英会話を加えるという熱心さであった。生徒数はその後六〇人前後にふえ、大磯、

表7・2　金目村における中等教育機関の変遷

三郡共立学校（明19.5設立）→（明29.4大住・淘綾郡合併、中郡と改称）→ 中郡共立学校（明31.4足柄上郡脱退、のち郡立中郡学校と改名）→ 中郡立農業学校（明35.5）

県立平塚農学校（明41.3県立移管）→ 現県立平塚農業高校

市立育英学校（明42.設立）→ 奈珂中学校（大15.3金目村外26カ町村の組合共立）→ 県立秦野中学校（昭10.11県立移管）→ 現県立秦野高校

平塚、秦野、厚木等から通学したが、なかには遠く小田原などから来て寄宿する者もあったという[5]。

この学校が金目村に建てられたのは、その位置が三郡の中心に当たるという事情もあったが、それ以上に宮田ら地元有志の熱心な誘致があったからである。三郡共立学校はその後幾多の変遷を経て、今日の県立平塚農業高校と県立秦野高校に至っている。その歩みを辿ると表7・2のようになる。すなわち、この学校は、途中大住・淘綾両郡の合併による中郡の誕生、足柄上郡の脱退などで名称を変更し、明治三十五年には郡立の農業学校に改編している。そしてこれが平塚農学校として県立に移管されたとき、金目の旧校舎を譲り受けて私立育英学校が発足している。この育英学校は、宮田寅治、猪俣松五郎、森純一（ともに金目教会会員）ら金目の有志によって創設されたものであった[6]。中郡立農業学校と私立育英学校の詳細は明らかでないが、修学年限はともに三年で、学科内容、生徒数等については表7・3、7・4の通りであった。

ともあれ、戦前にこれだけの教育機関が、金目のような農村に設立されたことは大変な驚きであり、教育にかける宮田らの期待が、いかに強く熱いものであったかを知ることができよう。

宮田らが取り組んだ第二の事業は、私立中郡盲人学校の設立である。[7] この創立は明治四十三年のことだが、これにもその前身があり、最初は明治二十二年、中郡鍼按講習会として発足した。この講習会の設立には次のような事情があった。その頃、南金目には秋山博という盲目の鍼灸師が在住していて鍼灸業を開業していた。かれはこの方面では「名手」としての評判が高く、「金目の鍼医さんと言われて近郷近在は勿論、全国にも名を知られ、金目の宿場もこれがために賑った」(「頌徳碑成るまで」)と言われた程であった。そのため名声を慕って教えを乞う盲人の出入りが絶えず、秋山自身も盲人の自立と就業のために講習会の設立を痛感していた。

この秋山の意志を側面からバックアップしたのが、宮田ら民権家グループであった。そこで秋山はかれらの援助のもとに、明治二十二年から鍼灸按摩に必要な最少限の講座を設け、東京から講師

表7・3　2校の生徒数・学科

| 学　　校 | 生徒数 | 学科目 |
|---|---|---|
| 中郡立農業学校 | 95～88人 | 修身、読書<br>作文、地理<br>歴史、数学<br>物理、化学<br>博物、気候<br>英語、経済<br>簿記、体操<br>他に農業関係10課目 |
| 私立育英学校 | 98～58人 | 修身、国語<br>数学、歴史<br>地理<br>外４課目 |

表7・4　中郡立農業学校生徒の出身地

| 出身地＼年度 | 明治35年 | 明治36年 |
|---|---|---|
| 中　　郡 | 78人 | 59人 |
| 高 座 郡 | 7 | 5 |
| 足柄上郡 | 4 | 2 |
| 愛 甲 郡 | 2 | 6 |
| 鎌 倉 郡 | — | 4 |
| 都 筑 郡 | — | 5 |
| 足柄下郡 | 1 | 2 |
| 三 浦 郡 | — | — |
| 津久井郡 | 1 | — |
| 橘 樹 郡 | — | 1 |
| 久良岐郡 | — | 2 |
| 東 京 府 | — | 2 |
| 広 島 県 | 1 | 1 |
| 静 岡 県 | — | 1 |
| 計 | 95 | 88 |

いずれも『神奈川県教育史　通史編(上)』から作成

を招き、自らも技術面の指導を担当するなどして、講習会をはじめた。しかし講習会の運営に当たって最大の難問は、一つは鍼按業を賤業視する世間の差別と偏見の風潮であり、いま一つは財政問題であった。そのため最初は受講者も限られ、また家庭的に貧困な生徒が多いため運営は困難を極めた。この秋山の事業を物心両面から支えたのが、宮田と猪俣道之輔であった。かれらはこの時期、村政の担当者として、行政を通じて盲人に対する差別と偏見の解消につとめると共に、郡村の有志や篤志家によびかけて財政上の援助を訴えた。つまり、戦前の福祉不在の社会のもとでは、福祉事業の殆どを民間の慈善と寄付に頼らざるを得なかったのである。

こうして、鍼按講習会は明治三十年代のはじめには、受講者もふえ講師陣もととのって、本部のある金目村のほかに、大磯町にも支部を置くまでになった。ここで大磯に在住していた松本順の援助があったことを加えておかなければならない。松本は講習会の運営と医学の両面から、秋山をはげまし助力していた。

この講習会は明治四十三年には、私立中郡盲人学校と改編され、本格的な盲人教育と鍼按師の養成にのり出すことになる。そして昭和八年(一九三三)、県立平塚盲学校として県立移管が実現するまで、実に二三年間に及ぶいばらの道を歩むことになる。この間にあって宮田らは、学校経営の前面に立って秋山と労苦を分かち合った。このことは伊達時(第一代)、森純一(第二代)、宮田寅治(第三代)らが校長として、また森鑅三郎や猪俣道之輔らが学校設立者に加わって、校主の秋山を支えていることでもわかる。この辺の経緯については、私も別稿「私立中郡盲人学校小史」(『かながわ風土記』83号)で詳述したことがあるのでここではふれないが、財政上の困難はむしろこの時期に一層きびしく、とくに関東大震災による校舎の倒壊の際には、一度は廃校を考えた程であった。以上、宮田寅治らクリスチャン民権家による、金目村の教育・福祉の村づくりを見てきたが、かれらの思想と行動には、青年時代に体得した往年の自由民権とキリスト教の理念と精神が、涸れることなく息づいていたのである。金目の人びとは今日でも、自村のことを「明治の文化村」と呼んで自負しているが、この名は明治の先人たちによって築かれた、教育と福祉の事業を指しているのであろう。(8)

## (3)　利光鶴松と林間都市建設

### 利光の民権体験

小田急電鉄の創立者・利光鶴松は、大分県の出身である。明治十七年、二十歳で叔父の品吉と一緒に上京して、二年間を東京の西多摩郡五日市町で送っている。叔父の品吉は八王子で警察官となった。二人がのちに交替で学費を出し合って、二人とも目ざす代言人試験にパスしたことは、叔父と甥の人間愛をあらわす美談として、後世の語り草となった。

さて、利光はこの五日市で、自由民権思想の強烈な洗礼を受けた。その体験をかれは、『利光鶴松翁手記』という一つの手記に残している。利光が滞在した当時の五日市は、三多摩自由党の本拠の一つで、早くから学芸講談会という結社を中心に、活発な活動が展開されていた。講談会の指導者で、放浪の知識人といわれる千葉卓三郎が、地元の青年たちとの学習の中から「五日市憲法」といわれる憲法草案を作成したことはよく知られている。それは、利光が現れる三年前であった。

この町に来て利光は、最初の一年間は職もなく、食客として有力民権家の間を転々とした。その中には、隣村・深沢村の豪農民権家である深沢権八もいた。五日市憲法は、この深沢家の土蔵から戦後発見されたものである。ついで利光は、十八年の秋から十九年の春まで、勧能学校（公立小学校）の教師となっている。この教師生活を含む二年足らずの五日市体験が、利光の将来を決定的にした。かれは言っている。「予ガ将来自由党トナリ、自由主義ヲ唱導シタルハ全ク、五日市ニ於テ受ケタル感化ニ外ナラズ」と。ではその五日市体験とは何か。しばらく「手記」を追っていこう。

「五日市町ヲ始メ其付近一帯ノ村々ハ、皆悉ク自由党ヲ以テ堅メ、五日市町長ノ馬場勘左衛門、同町ノ大富豪・内山安兵衛、深沢村ノ深沢権八、戸倉村ノ大上田彦左衛門、留原村ノ佐藤蔵太郎等何レモ皆自由党ノ錚々タル首領株ニテ、其村内ニハ曽テ一人ノ反対党員ノ存在ヲ許サズ。斯ル形勢ナルニ依リ勧能学校ハ公立小学校ナレドモ実際ハ、全国浪人引受所ト云フノ形ニテ、町村ノ公費ヲ以テ多クノ浪人ヲ養ヒ、県ノ学務課ヨリ差向ケタル正当ノ教員ハ、片端ヨリイジメテ追ヒ出シ、県ニ於テモ止ムヲ得ズ放任セラルヨリ、勧能学校ハ全ク浪人壮士ノ巣窟トナレリ。予等教員ノ月給ハ、教員之ヲ取ルニアラズ。有志ノ寄付金ト合セテ一団トナシ、是レヲ以テ雲集シ来レル浪人壮士ノ接待費ニ充ツルナリ。而シテ教員モ亦其浪人壮士ト一切ノ生活ヲ共同ニスルナリ。故ニ勧能学校ニハ共産主義ガ実行サレタル訳ナリ。」

この引用の部分については、もはや解説は不要であろう。これ程リアルに、この当時の五日市を語ってくれる史料は外にない。この引用のあとの部分には、勧能学校の同僚で、大阪事件に関係して授業中教室で捕縛された三人の名前が出てくるが、利光自身も一度この秘密計画に誘われたことがあった。その時、かれは学業を理由に参加を断ると、秘密の漏洩を防止するため「君の命を貰う」と、強迫される場面もあった。

かれが同志たちの事件を、「愛国的義挙」と感じながらも参加を拒んだのは、当面学業に専念したいためであった。利光の勉学ぶりは猛烈であった。「政治、経済、哲学ニ関スル諸種ノ翻訳書ハ片端ヨリ大抵之ヲ読了シ、其ノ要旨ハ悉ク抜萃シテ保存」したと語っている。さいわい、かれが食客として寄食を許された深沢家には、「凡ソ東京ニテ出版スル新刊ノ書籍ハ悉ク之ヲ購求シテ書庫ニ蔵」しており、「予ハ読ムベキ書籍ニハ、曽テ不自由ヲ感ジタルコトナシ」という程であった。

以上のように利光の「手記」は、五日市における鮮烈な民権体験を、生彩あふれる筆致で描いている。

このあと、かれは明治法律学校に学んで代言人を志すのであるが、その動機を次のように述べている。「政治、経済、哲学ニ関スル学術ハ興味深キモ、衣食ヲ得ルニハ縁遠シ。法律学ヲ研究シテ代言人トナル時ハ、星亨、大井憲太郎氏ノ如ク、天下ニ大名ヲ挙ゲ、併セテ一家安定ノ道モ立ツルニ至ルベシ」と。この利光の心境の変化の背後には、民権運動の挫折というもう一つの歴史的体験があったはずである。

さて、私は、この「手記」のおかげで、民権期の利光に少々こだわり過ぎたようだ。そこで、このあとのかれの経歴をごく手短に述べておこう。

明治十九年四月、利光は明治法律学校に入学、代言人の資格を得て、翌二十年東京に事務所を開設した。二十年代に入ると再び政界に進出、星亨の知遇を得て自由党の院外団として活躍し、二十九年から東京市会議員に選出された。つづいて三十一年には、東京深川区から衆議院に出馬し、憲政党・政友会時代の星の片腕となってかれを助けた。しかし、三十五年の東京市会における星の暗殺を契機に政界を引退し、以後は実業界へ転身した。

実業界では、市会時代に手がけた交通・エネルギー分野にのり出し、鬼怒川水力電気（明治四十三年）、京成電気鉄道、千代田ガス、京王電気軌道、小田原電鉄などの諸会社の創立に関係し、会長・社長などをつとめた。自由民権家の中で、政治から実業へ転身した者のなかには、水力発電や鉄道業へ進出したケースが多いが、それはこの分野が、当時の先端産業であり、新しい産業分野へ挑戦するフロンティア精神が、かつての民権思想につながるものがあったからであろう。しかし、フロンティア（開拓者）の常として、新しい分野では失敗や破産の運命に曝される危険が常にあった。実業家・利光の場合もその例外ではなかった。

**小田急と林間都市構想**

さて、利光の事業に入る前に、それに関連する小田急電鉄の開業にふれなければならない[9]。小田急は昭和二年四月一日、小田原―新宿間が開通し、続いて同四年四月一日、相模大野―片瀬間の江ノ島線が開通した。大正十一年、利光を社長に小田原急行鉄道株式会社が創業して以来、五年ぶりの開通であった。それより少し前、二俣川―厚木間に神中鉄道（大正十五年五月）が、茅ヶ崎―厚木間に相模鉄道（同十五年七月）が開通していた。この時代は県内の主要な鉄道が形成される私鉄ブームの時代であった。

小田急線の開通については、社長の利光にまつわる数々のエピソードが残っている。神中線や相模線が単線なのに、はじめから全線複線としたこと、その起工式に臨んで二年で完成してみせると言明して、その通り実現したことなど、利光の豪放な性格をよくあらわしているという。しかし、開通後二年にして深刻な経済恐慌に直面し、それから数年間、経営面で惨憺たる苦悩を味わうことになる。会社は業績の悪化で株式の無配が続き、従業員の大量解雇や昇給ストップが強行された。

ところで利光は、当初から鉄道の建設に合わせて、沿線の住宅開発にものり出し、乗客の誘致と確保を図った。沿線開発については、教育家の小原国芳と組んで行った成城学園や玉川学園などの学園都市づくりが有名である。

しかし、利光が計画した最大の沿線開発は、林間都市建設という壮大な構想であった。この構想は、県央の相模原、大和、座間地区一帯に広大な土地を確保し、近代的な林間都市を建設しようというものであった。事実、かれは開通前の大正十四年から昭和二年にかけて、同地域に約一〇〇万坪の土地を買収し、江ノ島線沿線の南林間、中央林間地区に六五万坪の用地を確保して、五〇〇〇戸の住宅を建設する計画をもっていた。いま、この計画の一部が実現されたと言われる南林間地区を例にとって、その実際を検討してみよう[10]。

南林間地区では現在でも、駅前広場から真西に向けて中央大通りが走り、それを南北に通ずる一〇本の道路が横断し、それに南一条~南十条、北一条~北十条という名称がついている（図7・1）。この街路と都市の構図は、朱雀の大路を中心とした京都の市街を連想させる。

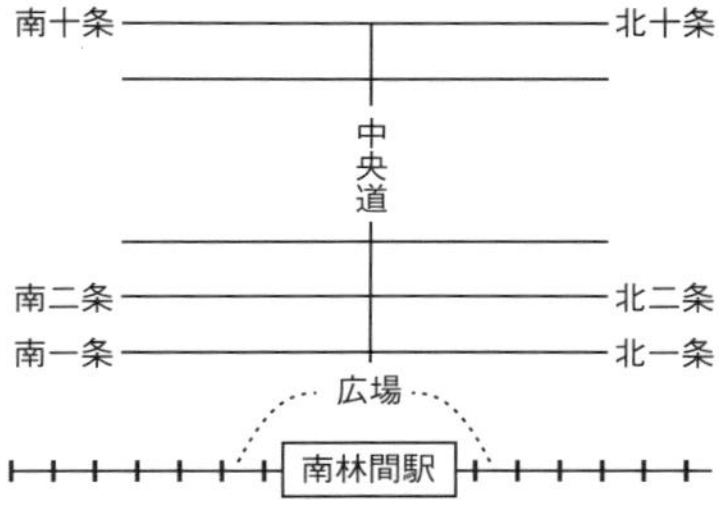


図7・1　南林間の道路

計画では一街区を三〇〇〇坪に区切って、そのまわりに道路をめぐらして、碁盤の目のような整然たる街区をつくり、さらに一街区の中を二〇〇坪から五〇〇坪の単位に区分して宅地分譲しようというわけであった。このまちづくりは、渋沢栄一が目蒲線の沿線に建設した田園調布をモデルにしたものと言われる。さらに、これからが利光の都市づくりの特徴であるが、住宅団地の周辺に自然公園、ラグビー場、野球場、ゴルフ場、テニスコート等のスポーツ娯楽施設を設けたり、学校や松竹撮影所のような教育文化施設を誘致する計画もあった。このほか、大相撲の興業や、農民の信仰の厚い佐倉惣五郎の廟を千葉県成田から勧請するアイディアもあったと言われている。

これらの諸計画のなかで、松竹撮影所の誘致や佐倉惣五郎の勧請は不発に終わったが、その他の施設はほぼ計画通り実現され、そのうちゴルフ場では名門コースといわれる相模カントリークラブが、また、学校では利光の娘の伊東静江が経営した大和学園（現聖セシリア学園）が現在まで続いている。

利光はこの雄大な林間都市構想の表玄関として、江ノ島線の三つの駅に、南林間都市、中央林間都市、東林間都市という駅名をつけていた。

ところで、この構想の核心をなす住宅建設はどうなったであろうか。これを宅地分譲について見ると、南林間では昭和四年十一月、同西地区で二二万四〇〇〇坪の宅地が、続いて東地区で五万坪の宅地がそれぞれ第一回の分譲をはじめている。一方、同六年五月から今度は中央林間地区で、二一万四〇〇〇坪の分譲をはじめた。分譲価格は、坪当たり三円九〇銭から一二円であった。分譲地の販売促進のために、下見客に無料乗車券を配ったり、土地購入者に優待乗車券を交付したりした。しかし、長びく経済不況と重なって、分譲は思うように進まず、昭和十四年の夏の時点で、その実績は、一五万一〇〇〇坪で、計画の三一％にとどまった。利光のさきの構想からすれば、結果は極めて不本意に終わったというほかない。この間十二年には陸軍士官学校が東京市ヶ谷から座間相武台に移転したため、将校住宅の需要が若干あったが、さほどの効果はなかった。太平洋戦争中はむろん住宅どころではなく、需要はゼロに等しかった。こうして昭和二十年、敗戦を迎えると戦後の農地改革が待っていた。この改革で、売れ残った厖大な分譲地が畑地として扱われ、農地解放の対象となったため、政府によって強制的に買い上げられることになった。周辺のスポーツ施設の用地も、この前後に処分されたものと思われる。

このようにして、利光の林間都市建設は、遂に戦争によって中断され、敗戦によって挫折したのであった。今日でも南林間と中央林間には、小田急住宅とよばれる住宅地区がある。とくに南林間地区は、駅を中心に五〇年前の街並みがほぼそのまま残っている。所によっては過小住宅や米軍ハウスの混在で、原型が失われているが、それでも街路の名称やまちのたたずまいに、かつての林間都市の面影を偲ぶことができる。

林間都市建設に象徴される利光の思想と行動を、四〇年前のかれの青年期の体験にさかのぼって論ずることは異論もあるであろう。また、利光の場合は私鉄大資本による都市づくりという、前二者（大磯と金目）とは時代も主体も異なる性格をもっている。そのことも含めて、以上三人の旧民権家の事業を、現代のまちづくりの視点からどのように評価すべきか、それはこれからの課題であろう。大磯、金目、南林間の三地区は、「魅力ある景観づくり」という県の景観行政からも注目されている所である。大磯は町ぐるみその対象になり得る地区であろう。此処には古代から近代に至る歴史の地層が、多彩な文化遺産や街並みとなって現存している。一方、金目と南林間は、平塚市と大和市の一地区だが、すでに述べたように主として近代の特色ある歴史景観を留めている地区である。このような歴史景観を破壊から守り、どのように次代に伝えるかということも、今日われわれに残されたまちづくりの課題であろう。

**注**

(1)『松本順自伝・長与専斎自伝』東洋文庫
(2)大磯町教育委員会『郷土の歴史』
(3)池田彦三郎『大磯歴史物語』グロリヤ出版
(4)高橋光『大磯ふるさと紀行』郷土史研究会
本稿は本書および前記二著に負っている。
(5)『神奈川県教育史　通史編(上)』
(6)神奈川県立秦野高等学校編『県立秦野高校史』
(7)「私立中郡盲人学校文書」(神奈川県立平塚盲学校蔵)－『平塚市史6　資料編　近代(2)』
(8)拙著『よみがえる群像－神奈川の民権家列伝』神奈川新聞社

（9）『小田急五十年史』小田急電鉄株式会社

（10）「林間都市会見記−田丸信明氏」−『大和市史研究』9

# Ⅳ　農民騒擾と困民党

# 8 武相困民党――相州を中心にして

明治十七年、全国で自由民権運動の激化事件と、農民騒擾が激発するなかで、神奈川県（現三多摩を含む）にも「武相困民党事件」といわれる大規模な農民闘争があった。この事件は色川大吉氏によって初めて明らかにされ、困民党の結成から壊滅にいたる一連の運動過程が埋もれた歴史の深層から浮かび出た[(1)]。この武相困民党の結集が、県境一つ越えた埼玉県の秩父困民党の蜂起に、時期的に交叉する点に――よしそれが偶然の一致であるにしろ――不思議な歴史的魅力を覚えさせる。

言うまでもなく秩父事件は、日本近代史上「稀有の武装蜂起」あるいは「山村コンミューン」として、歴史家の間で絶えず反芻され、その意義が問い続けられてきた事件である。むろん秩父と武相では、同じ困民党を名乗ったにしろ、その性格が大きく異なっている。秩父と対比するとき武相の場合は、組織の自然成長性、合法主義運動、経済主義と指導的イデオロギーの欠如などの点において、質的ともいえる相異を有している。そして、この質のちがいは、政治的には両地方における在地自由党の階級的性格と深いかかわりを有していた。

ところで、武相困民党を論ずるには、その成立前夜、当時の神奈川県下を襲った激しい農民騒擾に触れておかねばならないだろう。明治十五年以降の農村不況の深化の過程で、同県にも十六年十月頃から農民騒擾が頻発し、十七年には全国でも最高の発生件数を数えている（表8・1）。負債返弁運動[2]といわれる各地の騒擾事件では、県内有数の大高利貸や銀行会社が目標にされるが、十七年五月十五日に起きた淘綾郡一色村（現大磯町）の高利貸、露木卯三郎殺害事件は、その尖鋭さにおいて全県民に深刻な衝撃をあたえた。

わたしは露木事件の関係者の生家を探訪して歩いたが、すでにこの事件の内部に困民党の萌芽と原型があったことを確認することができた。露木を殺害したグループは、決して一部の尖鋭分子の行動ではなく、大住、淘綾、足柄上郡など五〇〇名に上るといわれる負債者集団が、村ごとに選出した代表として行動しているのであった。

露木事件から数えて、ちょうど半年後に結成された武相困民党は、以上のような負債返弁運動の直接の継続[3]として、武相七郡の騒擾グループを糾合し、債主側の銀行、高利貸資本に対抗して統一

表8・1　明治17年の負債返弁騒優発生件数

(A) 全国県別

| 県　名 | 件数 |
|---|---|
| 宮　城 | 1 |
| 福　島 | 1 |
| 群　馬 | 4 |
| 埼　玉 | 2 |
| 神奈川 | 32 |
| 山　梨 | 2 |
| 長　野 | 2 |
| 静　岡 | 15 |
| 京　都 | 2 |
| 岡　山 | 1 |
| 計 | 62 |

(B) 神奈川県郡別

| 郡　名 | 件数 |
|---|---|
| 西多摩 | 13 |
| 南多摩 | 11 |
| 津久井 | 7 |
| 愛　甲 | 1 |
| 高　座 | 4 |
| 大　住 | 4 |
| 淘　綾 | 1 |
| 足柄上 | 1 |
| 計 | 32 |

下山三郎『主要地帯農業生産力形成史（下）』から作成

闘争をいどむ、負債農民の大連合組織であった。

私はこの論稿で、色川氏が武州三多摩地方を中心に解明された貴重な成果をふまえながら、困民党のもう一方の主要地帯をなす相州とりわけ相模原地域において、同じテーマを私なりに解明してみたいと思う。その際私が主要な関心を向けたのは、困民党の拠点地域を中心とする諸村の経済構造と、その組織と運動の中核をなした主要な階層は何か、という問題であった。つまり、この点の解明が、武相困民党の思想、組織、運動の独自性と特徴を把握する上で、主要な視点を提供すると考えるからである。

第(1)節「武相困民党の騒擾過程」については色川大吉氏の論文「困民党と自由党」に負うところが大きい。

## (1)　武相困民党の騒擾過程

### 最初の衝突—御殿峠事件

相州の民衆が、明治の困民党に関する諸事件のなかで、唯一つ記憶の底に留めている事件がある。それが世にいう御殿峠の騒擾である。百年前の困民党に関する一切の史料と記憶が消滅した今日でも、この事件だけは、古老や事件関係者の子孫の間で、不思議な魅力をもって語り伝えられてきた。

では御殿峠騒擾とは何か、まずその紹介からはじめよう。この事件は、明治十七年八月から翌十八年一月にかけて発生した、一連の困民党騒擾のなかで最初の烽火となった事件であった。それま

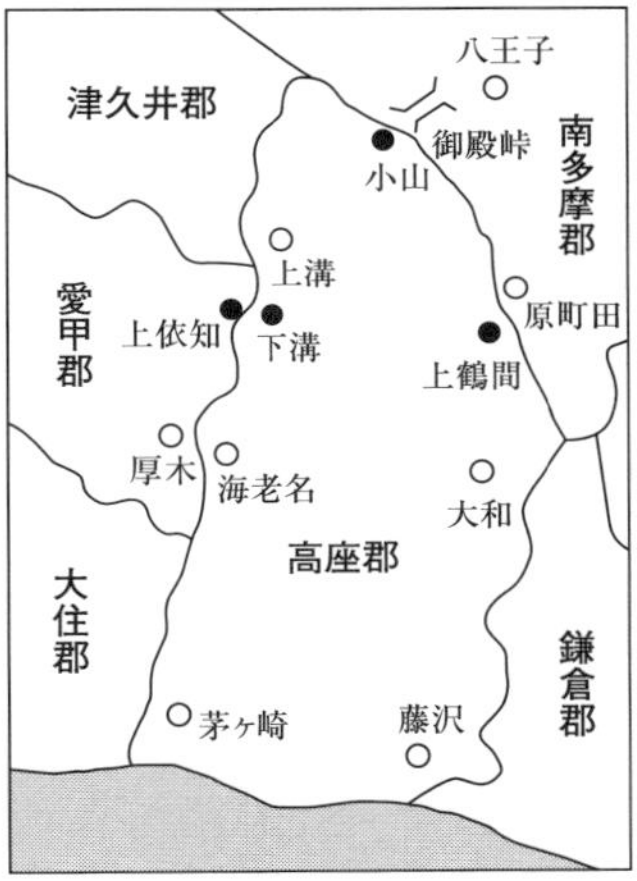


図8・1　明治17年の神奈川県（上、濃い部分は現在の神奈川県）と高座郡（右、黒丸は困民党の拠点村）

で、武相のいくつかの地域で、小規模の騒擾を繰り返していたグループが、この事件を契機に次第に連合し、遂に武相七郡一五〇カ村にまたがる困民党の大組織を結成したのであった。

御殿峠といえば武相の境（南多摩郡相原村）にあって、八王子の市街が眼下に見渡せる自然の要害である。当時の八王子は関東の生糸、織物市場として、多くの銀行会社が集中していた。これらの銀行会社に負債をもつ農民が、「負債返済方法の協議」や「債主への示談」に、この地を選んだのも自然のなりゆきだったといえよう。

さて、この騒擾のきざしは八月三日頃から現れた。この日、「御殿峠に南多摩郡高ケ坂外数ケ村の人民等、負債償却の方法を講ずるため百名内外集合」、ついで七日にも南多摩、高座郡一四カ村の人民一六名が、「負債償却の方法を議して債主へ示談を遂げん」として集合した。しかしこの二つの動きは、いずれも八王子警察の手で事前にキャッチされ、「説諭」を受けて一応平穏に解散した。ところが十日になって、武相の数百人の人民が大挙して御殿峠に押し寄せ、事態は急変した。

その日の状況を追ってみよう。「午後八時頃より亦候、御殿峠に集合し午後十一時頃凡そ五、六百人の多衆となる。警察署長、原田警部即時現場に臨み、集合の理由を糺す処負債返却の整わざるを以て総員を以て債主に請い、延期宥恕を求むる旨意」であったという。ところが今度は簡単には引き下がらなかった。警察側の夜を徹した説諭で、翌朝未明になって漸く解散に応じたが、そのうち二一四名は帰村に応ぜず遂に警察側に拘引された。この時拘留された郡村別の参加者の内訳は、南多摩郡一六カ村三〇人、高座郡五カ村九六人、都筑郡一村七人で、なかでも高座郡上鶴間村（現相模原市）の参加者は、一村で最高六七人にのぼり、その比率のきわだった高さから、運動の指導権を握っていたと思われる。

以上の叙述は主として官側の史料（『明治初年農民騒擾録』）に基づくものであるが、一方、在地自由党幹部の一人、細野喜代四郎はその経過を次のように記録している。

「当近村の同徒（負債党）は、粮米大釜等も大八車に搭乗、町田分署の門前を喊声を作て繰り出し、七十有余の銀行会社に対し、所謂破壊をなさんと御殿峠に至れば、此処には早く既に数千の同徒が雲集し居り、先づ始に八王子を目蒐て襲わんとする危機一髪」（『南村誌』）と。そしてその夜の八王子は、まさに打ちこわし前夜のような恐慌状態におちいったという。

これが、御殿峠騒擾の概略である。

さて、明治十七年の大不況下に、多くの農民騒擾を誘発した神奈川県下では、騒擾の性格はその殆どが、高利をむさぼる金融会社＝高利貸資本に対する負債農民の、利子の減免、元金の延納、年賦を要求する負債返弁運動であった。御殿峠に結集した農民も、八王子その他の金融会社に対して、①負債の五カ年据置と五〇年賦返済、②負債の抵当にとられた質地を五〇年で請け戻す、という統一要求を確認していたといわれる。しかも同一債主の負債圏の広がりが、騒擾の規模を広げ、農民側の団結力と闘争力を有利なものにした。御殿峠騒擾においては、運動が郡村単位を超えて大きく合流し、次第に単一の大組織に統一しようとする方向が明瞭にあらわれている点に特徴があった。

## 九・五事件と自由党の仲裁

ところで、御殿峠事件は予想外に大きな反響をよんだ。まず武相自由党の幹部たち、都筑郡の佐藤貞幹、南多摩の石坂昌孝、中溝昌弘、細野喜代四郎、高座の山本作左衛門、長谷川彦八、山田嘉穀、津久井の梶野敬三らが動き出した。かれらは、戸長、県議を語らい、各郡村の有志によびかけて、仲裁人グループを作り、銀行会社と困民党の仲裁に乗り出したのである。

八月二十日、仲裁人グループの細野・長谷川らは、まず南多摩郡役所に出頭、郡長原豊穣を通じて、県令あてに歎願書を提出、二十四日には八王子の倉田屋で第一回の仲裁人会議を開いた。そして二十六日には、五人の仲裁人代表が、八王子中鶴亭に十有余の銀行会社の役員を集めて交渉を開始した。負債者側の返済条件についてはすでに前項で触れておいたが、仲裁人がこの時委任を受けた負債書上総額は、四万三九七〇円に上ったという。ついで八月三十一日には、仲裁人代表が八王子で二回目の協議を行うが、そこには南多摩郡下川口村の困民党指導者、塩野倉之助も同席している。

ところが翌九月一日、予想もしなかった大事件が突発した。前日の会議に出席していた塩野倉之助が、突如、八王子署の家宅捜索を受け、同時にかれの書記をしていた町田克敬が「連犯人」として逮捕されたのである。理由は塩野が、「近傍人民を嘯集するため、事務所を設置し資金を募集するの聞えある」ということで、家宅捜査の結果、「果して陰謀の盟約書其他嘯集に関する書類を発顕した」といっている。

この弾圧事件は、傘下の困民党に激しい衝撃と怒りとをひき起こした。

九月五日、知らせを聞いてかけつけた農民たちは、塩野を先頭に、「各蓑笠を着し、八王子警察署に出頭し、さきに押収したる帳簿並に町田克敬の差下げを要求すると唱え、署外に喧閙し続々署内に鞋草の儘押入」ろうとした。あわてた警察署長、原田は「之れに対し理由を糺す処、何れも負債弁償延期請求の為めなる旨異口同音に申唱ふるを以て、官署に於いて聞入るべき事に非る旨を諭し、其兇暴の行為を厳責し速に解散すべき旨命令する事数回に及ぶと雖も、其命令に応ぜざるのみならず、益々喧躁して署内に入り来るを以て、其二百十名を逮捕し巡査数名をして署内に留置の処分をなさしめたり[4]。」

ここで、塩野倉之助という人物を簡単に紹介しておこう。塩野は下川口村の豪農で、「佐倉宗吾の子別れ」という異名すらある義民的豪農の典型であった。近村人民の負債問題に代書人として関係するうちに、いつしかこの地方の困民党指導者におされていた。官憲の急襲を受けた時、かれの部屋には、負債農民の借金の書上げ委任状等のおびただしい書類が四尺ほどの高さもあったといわれる。塩野弾圧の急報でかけつけた農民が三三カ村、二百余人にものぼったことからも、かれに対する信望がいかに厚かったかがうかがえよう。

ところで、九・五事件の拘留者は全員が三多摩で、相州の参加者は見当たらない。

しかしこの事件が、八・一〇（御殿峠騒擾）事件によってきり拓かれた武相困民党大結集への第二弾となったことは明らかである。その動きは次のような記録からも読みとることができる。

「九月六日南多摩郡南方の各村及び高座郡、津久井郡各村の人民共、前日北方下川口村人民百人八王子へ押し寄せ警察署にて喧閙し、尚残徒中野村辺に屯集して追々八王子に押し来らんとするの景状を伝通し、同日午後八時より夜を徹し、南多摩郡鑓水峠と御殿峠の中間なる字檜窪官林に集まり、八王子に押寄せ来る北方各村の人民と相会せんと謀り、午後九時頃追々御殿峠及び檜窪に集まる者凡百名以上にして、御殿峠にも数十名来集せり」

また、警察側も、この事件を契機にして警戒態勢を一段と強化した。八王子署の原田署長の急報で、横浜から警部三、巡査三五、監守一〇名を増員され、「各地共巡査の配置所を増設し、臨時数名の連行巡回を施行し、非常警戒を厳にし、各地集合の重立たる者を就捕者二百十名の連犯者と認め専ら捜査に(5)」当たるという非常措置を講じた。

さて、九月の末、ようやく仲裁者グループの手もとに、八王子銀行など、各種銀行会社からの回答書が届いた。真先に届いた共融会社、甲子会社の回答内容を見よう。

一、負債者ノ内貧困ナル者ニ限リ五ケ年以内ノ年賦済方ヲ許スベシ

一、極貧ニシテ最可憐者ニ限リ会社ノ見込ヲ以テ五年以外ノ年賦ヲ許スコト有ルベシ

一、年賦金利子ハ一割五分以上二割迄トス、但シ極貧者ハ此定限ヲ減ズル事有ルベシ

表8・2　八王子地方銀行会社と頭取一覧　（明治17年現在）

| 銀行会社 | 頭取・副頭取 | 居住地 | 党歴 |
|---|---|---|---|
| 第三十六国立銀行 | 谷合彌七 | 八王子 | 党友 |
| 八王子銀行 | 西川敬治 | 八王子 | |
| 武相銀行 | 青木正太郎 | 八王子 | 自由党幹部 |
| 東海貯蓄銀行 | 成内穎一郎 | 八王子 | 自由党員 |
| 武蔵野銀行 | 鈴木芳良 | 相原村 | 〃 |
| 日野銀行 | 青木正太郎 | 日野宿 | 自由党幹部 |
| 甲子会社 | 林副重 | 八王子 | 〃 |
| 共融会社 | 土方啓次郎 | 三沢村 | 〃 |

色川大吉「明治前期の地方商業銀行」－『東京経済大学会誌』39号から作成

一、右負債延滞利子ハ（明治十七年六月迄）改テ元金ニ加ヘルモノトス、但シ明治十七年七月ヨリ十二月迄ノ利子ハ年一割二分ノ割合ヲ以テ請求スベシ

一、延滞利子皆済セントスル者ハ其金額ノ三割以内ヲ棄損スベシ

一、証書ハ都而旧証書ヲ用ヒ副証書ヲ以テ年限利子各期日等確乎タル契約ヲナシ再ビ違約無之ヲ要ス(6)」

この回答書を受け取った仲裁人代表は、直ちに各郡村の戸長に向けてその内容を伝えた。

「別紙之通八王子銀行外銀行会社取扱候旨回答ニ付、来十一月五日迄各自出頭取引可致旨、部内ノ負債主へ御通達有之度、此段御通知御座候也(7)」

この回答は困民党側の要求―負債満五カ年据置と五〇年賦―とはほど遠いものであった。しかも回答を寄せた八つの銀行会社の中で、これが最も寛大なものであった。共融・甲子会社をはじめ、債主側のいくつかの銀行会社では、仲裁人の同志である自由党員が大口株主、頭取などの地位にあり、仲裁人グループの工作もそうした関係に期待をかけてはじめられたものであった（表8・2）。しかし回答内容は予想外にきびしく、到底負債者側の要求を満足させるものではなかった。そのためついにかれらも仲裁工作

を断念せざるを得なかった。

仲裁人たちの努力で一時的に小康状態を保っていた銀行会社と負債者側の対立関係が、こうして再び顕在化し尖鋭化していった。

しかもその間、九月十五日、十七日と二回にわたる秋台風が相州の農村をうちのめし、大被害の惨状は日を追ってあらわれはじめた。どこからともなく「天保以来の飢饉」という噂が、人々の口にのぼり、凶作の不安が農民の焦燥感に拍車をかけた。

### 武相困民党の結成と県令請願

ところで、御殿峠に最初の烽火をあげた騒擾グループが、前述のような過程を経て、困民党の大結集に成功したのは、それから三カ月後の十一月十九日であった。この日、県下の各地からはせ参じた負債者代表は、相模野において大会を開いたが、その参加者は武相七郡一五〇カ村に及んだといわれている。

大会ではまず、主催者側の提案した困民党の綱領、規約にあたる、「中合規則並ニ維持法」と、当面の方針をうたった「決議案」が採択され、続いて監督、幹事、会計、周旋等の指導部二〇名が選出された。「中合規則並ニ維持法」では第一に困民党の団結の重要性を訴えている。それによると、過去数カ月の運動を総括しながら、この種の運動が陥りがちな無力感やセクト主義、幹部間の相互不信と意志の不統一を指摘して、こう述べている。

「若如斯ニシテ荏苒日子ヲ徒消スレハ、遂ニ人心ノ卒離ヲ来シ、必ズヤ土崩瓦壊ノ不幸ニ陥リ、方サニ重大ノ目途ヲ失ヒ最要ノ主義ヲ誤ルニ至ルヤ瞭然タリ」「吾主義目的ヲ貫徹スルノ道……他ナシ、一ニ人心ノ傾向ヲ察シ其宜シキニ付、以テ団結力ヲ強固ニシ、則公明正大ノ基礎ヲ確立スルニアル而已(8)」

第二には、幹部の責任と指導部の強化を強調している。「此団結力ヲ強固ニシ目的ヲ達セシメントスルニハ、衆ヨリ被望セラレタル志操端正ノ人物、其事務ヲ担頭スルニアリ(9)」と述べて、従来「常予両備員ノ理事者数名」に過ぎなかった指導部を、一挙に二〇人に増員し、「総テ一切ノ事務ヲ管理スル」監督四人を筆頭に幹事九人、会計五人、周旋四人を新しく配置した。色川氏によれば、この指導部の中枢に、事務主任として西多摩郡谷野村の農民指導者、須長蓮造が坐ったという。

大会は最後に、次のようなアピールを発表して武相困民党の結成を宣言した。

「……諸君知ラスヤ、吾曹ノ対手ハ最モ強敵ニシテ最堅壁ニ拠レリ、吾進撃ノ前途ニ横タハルノ荊蕀、雖然正理ヲ以テ剣トナシ、公道ヲ以テ鉾トナシテ、薙倒蹂躙シ倍進テ主義ヲ貫キ目的ノ域ニ至り、而シテ全勝ノ功ヲ奏シ、凱歌ヲ天下ニ揚ルコト何ゾ難シトセンヤ、是只衆心団結力ノ強弱如何ニアルノミ、請吾ガ同胞兄弟ヨ豈卑屈スルノ時ナランヤ、宜シク速ニ奮起シテ希望目的ヲ徹底スルコトヲ勖ムベシ、只是楽境ニ遊ブト倍困苦ニ陥ルトハ、同胞兄弟ノ奮発スルト否トノ気力ニアルノミ、何ソ蝶々ノ贅言ヲ待ン哉、則諸君ノ既ニ業ニ良心ニ照シテ記憶セラルルナラント信ス、諸君請、活動セラレヨ、諸君請、奮励セラレヨ、偏ニ渇望ニ耐ヘズ、因テ聊カ蕪辞ヲ述、以テ熱血ヲ吐露スルコト如斯嗚呼(10)」

困民党が大会後、新たに採用した戦術は、各郡長宛てに負債処分願書を提出することと、さらにそれが不如意に終わった場合には神奈川県令に対して請願行動を起こすことであった。郡長宛の願書では、当初の案を修正して、「無利息満一ヶ年据置ノ上、之レヲ遠クシテハ七年近クシテハ五年賦、些少ノ利足」という極めて低い要求を盛ったものであった。そして、若しも債主側がこの程度の要求すら受け入れず、われわれが身代限りの処分を受けるならば、「債主負債主双方ノ損失而已ナラズ、幾分カ県治ノ体面」にもかかわるだろうといって、郡長の職権あっせんを強く求めている。しかしこの願書は各郡郡長からにべもなく拒否され、その書類を受理したのは、わずかに高座郡の今福郡長だけであった。

他方、県令宛の請願は、東京北洲社の代言人、立木兼善を代理人に立てて行われた。立木は前横浜裁判所長で、当時は東京で自由民権派の法曹団体である北洲社を主宰していた。かれは以前にもこの地方の負債問題を手掛けたことがあり、その名声は人民の間によく知られていた。そのため前述の困民党大会でも、とにかくかれを「吾国勇名の国士」として「仲裁ヲ委任」し「県令へ篤ト談判スル事」を、大会の決議事項の一つとしていた。

困民党から正式に委任を受けた立木は、上鶴間村の指導者、渋谷雅治郎から托された「哀願書」(これについては後述)をたずさえて、神奈川県令、沖守固との折衝に入った。それは年も明けた十八年一月初旬であった。一月四日、横浜に向かった立木は、県令宛に一通の書簡を送って、今後の交渉にそなえた。書簡の内容は、困民党が先に各郡長宛に提出して受理されなかった願書の取扱いに関するものであった。それに対して沖県令は、即日返書を寄せ、ご意見はよく判った、右の一件については未だ所轄郡長から報告を受けていないので詳細は判らないが、「いずれ両三日間、郡長年賀之為出頭致シ候間、事実取調非常之取扱ヲ以テ落着相成候様致可申候」と、予想以上に物わかりのよい態度を示した。

このニュースは直ちに地元の困民党幹部に伝えられた。そこでかれらは幹部の中から急遽六人の歎願委員を選び、横浜に派遣してこれからの本格的交渉に備えた。歎願委員は全員が武州で、総監督の中島小太郎をはじめ、事務主任の須長蓮造、それに自由党員、若林高之助など、困民党の最高メンバーを揃えていた。一行は一月九日、横浜の名望家、海老塚四郎兵衛に伴われて県庁に出頭した。ところが、県当局との交渉は、前日の立木によせた県令の態度とは打って変わって、冒頭から威圧的であった。その日は県令の姿は見えず、田沼大書記官、花田警部長らが列席し、困民党結成は不穏当であるから即刻解散せよ、若しも命に背けば法律をもって処断し責任者を留置するという、威権一点張の態度に終止した。歎願委員一同―中島小太郎はその日に一旦帰村した―は、初回の交渉に愕然として、市内の宿舎、新松楼に引き揚げた。次いで翌十日、今度は沖県令から直接自邸に呼出しを受け、前日同様の説諭と脅迫がくり返された。その時の交渉経過を、中島小太郎に宛てて送った若林高之助ら三人の書簡に語らせよう。

「翌十日沖県令ヨリ呼出シ有之令公自邸ヱ出頭可致様申送ラレ候ニ付、則三名ニテ海老塚君ニ同行ヲ乞イ罷出候処、令公、大書記官、警部長ハ勿論原田警部外警吏四、五名、原南多摩郡長ヲ始メ高座、橘樹之三郡長（尤北多摩、都筑之両郡長モ呼出シ相成出港セラレシ由ナレトモ、其日ハ列席無之候）列席ニテ、県令ヨリ懇篤之説諭ヲ受ケ速ニ出願総代之名義ヲ去リ、団結ヲ解キ、各自情義ヲ尽シ歎願可致旨縷々申付ケラレ候ニ付、是非一同之願望採用アランコトヲ弁ヲ尽シテ陳述セシ処、更ニ聞届ケラレズ、若シ強テ申立ル以上ハ無余儀警吏ニ引渡シ処分スルノ外無之ト言切ラレ、既ニ権力ヲ以テ拘引ニ及バルル有様ニテ、到底請願之主意連合ニテハ不相叶事ニ相定リ候ニ付、命ヲ奉ジ生等出願委員ヲ一同ニ謝絶シ可申旨相答エ候処、書面ヲ以テ可差出旨申渡サレ候故、夫レニテ漸ク退出シ、最後之書面ヲ本日是ヨリ差出シ可申事ニ相談仕居候間、右ヲ仕舞本日夜ニ入リ候共帰宅可仕候間何レ余情ハ拝面之上可申述候、実ニ情態之義ハ筆紙ニ難尽候間、聊概略ヲ申述候処如此ニ候也。(11)」

## 請願の挫折と農民指導者の節操

状況は一変した。もはや合法的請願の途は杜絶したのである。雑木林におおわれた相模野の周辺地域で、ゲリラのような農民騒擾が燃え上がってから、すでに一年になろうとしていた。これらの諸闘争の細流が武相困民党に合流し、一五〇カ村の人民の団結を背景に、約三カ月にわたって県令交渉の途をきりひらいてきたのである。その期待が今、一瞬にして崩れ去ろうとしていた。県令側の拒絶にあって、その期待が幻想だとわかったときの歎願委員らの心情はどんなものであっただろうか。

少なくともここ半年、かれらは農事と家をかえりみるいとまもなく、農民の先頭に立って昼夜を分かたず奔走してきたのであった。

その心情の一端を、われわれは、五名の歎願委員が沖県令に提出した「上申書」にのぞき見ることが出来る。この上申書というのは、二回目の交渉で県令から、「速カニ出願総代ノ名義ヲ去リ、団結ヲ解ク」よう、強要されたかれらが、しぶしぶそれを認めた際、文書によって提出を命ぜられた確約書のことである。ここで少々長くなるが、甚だ興味ある文書なのでその全文を掲げ、併せて若干の分析を加えておこう。

「　　上　申　書

客歳御管下南多摩郡外六郡ノ貧民負債清完ノ為メ団結仕候次第ハ、過般具申候通当時々勢ノ激変ニ拠リ物価非常下落融通ノ道梗塞候ヨリ貧民負債消却ノ術ニ苦シミ、曩ニ諸債主ノ不正ヲ憤リ苛酷ヲ怨ミ貧窶切迫ノ徒相告、相語、所謂同病相憐、同気相求タル者ニテ、誰首唱者トテハ無之自然呉越同舟ノ勢ヲ為シ、不期シテ団結スル者ニ有之候、然ルニ則今私輩惣代ノ称呼ヲ帯居候辺ヨリ県庁若クハ郡衙ニ於テ私輩ハ私輩ノ事ヲ成ス為メ貧民ヲ煽動シ威力ヲ藉リ謀ル所アル者ノ如キ御嫌疑被為在候哉ニ邪推カハ不奉存候得共愚考罷在候、抑私輩ノ精神タル多勢ノ中ニハ頑愚粗暴ノ徒多々有之、其窮迫ノ余何様ノ事醸出候哉モ難図、又無学文盲ニシテ意有余モ言不能尽徒モ不尠、之レカ為メニ可得利益ヲ不能得ノ憂有之ント婆心ヲ抱居候折柄、私輩不肖ナカラモ一同ノ望ヲ得テ懇々ノ依頼ヲ然諾シ惣代ノ任ニ当リ、爾后私輩ノ痛痒ハ第二着ニ置キ、諸人ノ為メ自費ヲ以テ昼夜奔走何トカ善良ノ方法ヲ講求仕度心意ニ有之候、要スルニ其事ヲ成スニ至レハ千数百ノ貧民営業ノ道ヲ不失、且債主負債主ノ交誼ヲ維持シ幾分ハ治安ノ稗補ニモ可相成哉ニ自認罷在、決シテ徒ニ事ヲ好ムノ訳柄ニ無御座候、然処今般御説諭ノ趣ニテハ惣代ノ名称ヲ以テ歎訴候義ハ不穏当ニテ不宜候間、其名称アル限決シテ御採用不成下トノ仰ニ候、仍テ私輩ハ早速惣代ノ任ヲ拒絶シ団結ノ籍ヲ刪除候条何卒各自安堵候様非常ノ御処分奉冀望候、乍去貧民団結ノ次第ハ前顕縷述候通誰首唱者ナク自然成立タル者ニ候得ハ、私輩ニ於テ其団結ヲ湯解スルノ権力無之候間、此段ハ御承知奉願置候、雖然御説諭ノ旨趣ハ一同エ精々細陳可仕候、以後若何ナル結果ヲ生候哉ハ預知難仕候得共于茲一言仕置候、宜シク御注意奉願置候、私輩既ニ惣代ノ任ヲ拒絶シ団結ノ籍ヲ刪除シタル以上ハ其団結ニ就テハ細大一切関渉不仕ハ無論ニ候、従テ向後其団結中ノ貧民一人若シクハ数十百人何様ノ事出来候共私輩ニ連及不仕義ハ今更余計ノ贅言トハ奉存候得共、多勢ノ中心得違ノ族無之ニモ不限仍之杞憂ニ不堪、此段奉具上候　以上(12)

明治十八年一月十三日」

さて、この上申書の内容について、さし当たって二つほど問題点を指摘しておきたい。

一つには、「請願の十三階段」を上りつめた困民党指導者が、県令＝地方権力の正面攻撃に対して、どこまで闘う姿勢を守り得たかという点であり、二つには、かれらが指導の責任を負う困民党と傘下の人民に対して、どのような政治責任をとろうとしているか、という問題である。上申書でも述べているように、県令は歎願委員に対して、その請願には眼もくれず、強く総代の辞任と困民党の解散を要求してきた。権力側からすれば、かれら指導部こそ自己の「野望」を満たさんために、「貧民ヲ煽動シ威力ヲ藉リ謀ル所アル」張本人だというのである。そして命令に応じない場合は、法規に照らして即刻にも逮捕拘引するという威圧さえ見せた。ここに至って歎願委員は不本意ながら総代の辞任には応ぜざるを得なかった。

しかし、もう一つの要求である党の解散については頑として屈しなかった。その拒絶の理由を上申書では次のようにいっている。「諸債主ノ不正ヲ憤リ苛酷ヲ怨ミ貧窶切迫ノ徒相告、相語、所謂同病相憐、同気相求タル者ニテ、誰首唱者トテハ無之自然呉越同舟ノ勢ヲ為シ、不期シテ団結スル者ニ有之候」、それ故に「其団結ヲ湯解スルノ権力」は自分らにはない、その点はしかとご承知おき願いたい、ときっぱり断っている。そして最後に、「私輩既ニ惣代ノ任ヲ拒絶シ団結ノ籍ヲ删除シタル以上ハ其団結ニ就テハ細大一切関渉不仕ハ無論ニ候、従テ向後其団結中ノ貧民一人若シクハ数十百人何様ノ事出来候共」、責任はあげてあなた方にあると述べて、権力側の不誠意を痛烈になじったのであった。

ここに私は、かれらが権力の露骨な攻撃に一度はひるみながらも、譲られぬ一線は最後まで固守しようとした農民指導者としての誠実の証を確認したいのである。それが、武相困民党の採用した合法的請願の限界だったにせよ、その戦術的枠組のなかで党組織だけはあくまで死守しようとする、農民指導者のギリギリの抵抗でもあった。

しかし、この抵抗がかえって権力側の挑発に口実を与えた。一月十二日、三名の歎願委員は、上申書に不穏の廉ありとして出頭を命ぜられ、尋問を受けた。官憲の大弾圧が眼前に迫ったことを察知した委員の一人、若林高之助は、その翌日疾駆して帰村した。一刻も早く地元の同志たちに急を知らせるためであった。

## 抵抗と壊滅

さて、その翌日(一月十四日)、歎願委員が予想もしていなかったハプニングが起きた。ある郷土史家によれば、この日、困民党傘下の農民は、上鶴間篠原新田に決起大会を開き、神奈川県庁めざして抗議のデモをくり出した。そして、このデモ行進は原町田村渋谷付近で、警官隊にくい止められて衝突し、遂に鎮圧される。この困民党最後の決起が、歎願委員若林の帰村とどのような関連があったのか判然としないが、報せを聞いて憤激した困民大衆が若林ら指導部の意志を越えて立ち上がったと見る方が自然であろう。

その直後かと思われるが、歎願委員四名の連名で、困民党の各郡村総代にあてて、歎願の結末を報告している「回章」の次の一節を見ると、そのような推測が成り立つのである。

「人民相互ニ路傍之風説カ、亦ハ一二、三ノ煽蓋者之為ナルカ少シク不穏之挙動ヲ成シタル、故ニ該歎願委員ノ中ニモ所用アツテ先立ッテ帰ラレシ中島氏ノ如キハ、官ヨリシテ集合事件ニ付御嫌疑ノ廉之有テ哉留置相成等ノ次第ニ至テ、事悉皆齟齬意表ニ出候[13]」

色川氏はこの事件について、こういわれる。「困民党の下部大衆がこの伝聞に絶望憤激してついに迷える幹部たちをおきざりにし、独自の行動を起したとしても不思議はなかった。……想像できるとしたら、日頃若林、佐藤らの合法主義的指導に憤満を抱いていた没落中農のジャコバン分子が、このさいごの瞬間に運動のヘゲモニーをにぎったのであろうか[14]」と。

今や全ては終わった。「多衆嘯集」の容疑で、真先に逮捕された総監督の中島小太郎に続いて、若林、佐藤、金子、渋谷ら幹部の逮捕が相次いだ。かれらはいずれも「兇徒衆嘯罪」で起訴され、横浜軽罪裁判所で無罪が確定するまで、獄窓の人となる。

一方、組織を破壊された困民党大衆は、その後も各地で小規模な抵抗を繰り返しながら、次第に潰走していった。

しかし武相困民党は潰滅しても、獄窓にある指導者と人民との連帯を断ち切ることはできなかった。十八年五月の一新聞は、困民党指導者たちが人民からいかに深い敬愛をうけていたかを語る次のような記事を掲載している。「佐藤昇之助外十余名は去る一月中より横浜監獄署へ繋がれ居るが、此挙に関し如何なる不法あるや否を知らざれ共、此人々は平生篤実の聞へありしものなれば、日々遠路を経て薩摩イモあるいはエンドウなどを持参し差入見舞に来るもの監獄支所の控室に雑踏せり」と（『毎日新聞』明治十八年五月二十一日）。

これら困民党指導者の群像については、第(3)節で詳細に論ずるつもりである。

## (2)　拠点地域の村落構造と経済環境

### 産業構成と商品経済

相州における武相困民党の組織圏は、今日の相模原市全域と、厚木、大和、高座の郡市の一部を含む広大な地域であった。ことにその内で、相模原の上鶴間、下溝、小山の三村と、愛甲郡上依知村（現厚木市）は、一群の困民党幹部が輩出した点で困民党の拠点村ともいうべき地区であった。

本節では困民党事件の社会的背景を探る意味で、これらの拠点村の経済構造とその動態とを『相模原市史』（特に第六巻、近代史料）の諸史料をかりて解明してみたい。

近代までの相模原には、東西五キロ、南北二〇キロに及ぶ広大な原野が、その中央部を縦断していた。雑木林に蔽われた「一円の曠野」は相模原とよばれ、そのまわりに台地の裾をきり開いた新旧の諸村が点在していた。台地の北端から南にかけて展開するこれらの村落を、俗に「上段の部落」「中下段の部落」とよぶが、耕地の大部分は畑作が主で、水田のあるのは「下段の部落」数村に過ぎない。耕地面積に占める田畑の割合は、五%、九五%で畑作農業が圧倒的であった。ちなみに小山村では畑が一〇〇%、「下段の部落」に属する上鶴間、下溝の両村でも、畑作比率は九三・七%、九四・七%であった。そのため農業生産力も甚だ低く、米に換算した場合の田畑の収穫量はそれぞれ一石にすぎなかった。

さて、ここで当時の諸村の産業の状況を少し詳しくとらえておこう。表8・3は、明治初年における小山、上鶴間、下溝三村の物産表である。調査年次がまちまちで、その内容も不整合のきらいはあるが、この表から三村の産業構成のおよその概念は得られるであろう。

まず穀類について三村を比較すると、水田にめぐまれた下溝村が米以外の雑穀、疎菜においても高い生産額を有している。水田の有無がこの場合、米以外の農作物にも大きな格差を生むことを物語っている。穀類ではどれをとっても、小山、上鶴間では明らかに自給（自家消費）の範囲を出ないが、下溝では例えば、大麦、小麦、粟、小豆などで自家消費を越えたかなりの余剰分を生産している。

このような村落の立地条件と土地生産力の優劣に加えて、下溝村はいま一つの経済的優位性をそなえていた。それは当村が、近隣の上溝、田名と並んで八王子街道の宿駅の一角をなしており、つとに商業的色彩の強い村だったことである。この村に残る古記録によれば、すでに文政年間に「農間商で渡世」の者が、全戸数二二六戸中四八戸もあったことが判る。そしてこれが明治十三年には、七〇戸を数え、表8・4のような小営業を営み、なかには営業税、五~一〇円を納入する専業的な商工業者もあらわれている（表8・5）。もちろんこれらの営業者の大部分は、半農半商的な性格を

表8・3　三カ村物産表

| | 小山村 | 下溝村 | 上鶴間村 |
|---|---|---|---|
| 米 | | 1,672円（251石） | |
| 岡穂 | 255円 | 432（76石） | 45石 |
| 大麦 | 539 | 1,005（525石） | 185石 |
| 小麦 | 664 | 2,121（700石） | 100石 |
| 裸麦 | 100 | | |
| ソバ | 56 | 350（105石） | 15石 |
| 粟 | 339 | 1,200（600石） | 170石 |
| 稗 | | 350（315石） | 100石 |
| （穀類小計） | 1,953 | 7,130 | |
| 大豆 | | | 11石 |
| 小豆 | 133 | 2,121（52石） | 5石 |
| 芋 | 50 | 848（33,600貫） | |
| 甘藷 | 84 | 788（31,500貫） | |
| 大根 | | 420（1,500駄） | |
| 胡麻・菜種 | | 84（21石） | 5石 |
| （疎菜小計） | 267 | 4,251 | |
| 生糸 | 5,000 | 2,625（105貫） | |
| ノシ糸 | | 280（42貫） | |
| 桑 | | 2,100（2,100貫） | 3,110貫 |
| 繭 | | | 93貫 |
| 絹織物 | 150 | | |
| （養蚕品小計） | 5,150 | 5,001 | |
| 製茶 | | 85（44貫） | 15斤 |
| 清酒 | | 1,584（288石） | |
| 醬油 | | 170（20石） | |
| 木綿織物 | 453 | | |
| 炭 | | | 10,200貫 |
| （加工品小計） | 453 | 1,839 | |
| 総計 | 6,823円 | 18,221円 | |
| 戸数 | 219戸 | 277戸 | 61戸 |

小山村は明治9年、下溝村は同7年、上鶴間村は同6年の調べ。ただし、上鶴間村は全村でなく、中和田地区分のみ。『相模原市史　6』から作成

帯び、従来の「農間商」的な営業の域にとどまるものであっただろう。

表8・3にあらわれた、下溝村と他の二村との経済構造の発展の差は、こうした歴史的立地条件のちがいに求めることができる。

次に、表8・3のなかの養蚕関係の項目を検討してみよう。穀類と疎菜面の生産でかなりのちがいを示した三村も、養蚕生糸については共通した伸びをみせている。このうち小山村は生糸で、上鶴間村は桑葉の生産高で、それぞれ下溝村をしのいでおり、養蚕関係全体の産額では三村ともほぼ五〇〇〇円台に達している。

表8・4　下溝村営業人(計75人)一覧(明治13年)

| 製造業 | 人数 | 商業・サービス業 | 人数 |
|---|---|---|---|
| 製米 | 6人 | 古着 | 1人 |
| 染物 | 2 | 荒物 | 2 |
| 搾油 | 2 | 生糸仲買 | 1 |
| 材木 | 3 | 菓子屋 | 4 |
| 木綿 | 2 | 酒小売 | 2 |
| 竹細工 | 3 | 荷積小車 | 1 |
| 炭 | 1 | 人力車 | 1 |
| 畳屋 | 2 | 料理 | 3 |
| 桶屋 | 1 | 旅籠 | 4 |
| 水車 | 9 | 飲食 | 12 |
| 醤油 | 2 | 理髪 | 2 |
| 豆腐 | 2 | 質屋 | 3 |
| 醸造 | 2 | 人寄営業 | 1 |
| 建具 | 1 | 洗湯 | 1 |

『相模原市史　6』から作成

表8・5　下溝村営業税(金)等級別内訳

| 等級 | 人数 |
|---|---|
| 10円以上 | 1 |
| 10〜5円 | 8 |
| 5〜1円 | 16 |
| 1円未満 | 50 |

相模原地域の養蚕が商品作物として登場するのは、江戸の宝永~享保頃と推定されるが、養蚕業が武士や上層町人を主たる消費者とする絹織物の原料生産であった時代においては、その発展も限られていた。この養蚕業が本格的に発展するのは幕末の横浜開港による生糸の輸出ブームが到来してからであった[15]。殊に、開港場横浜を控えた神奈川県は、明治十年代には主要養蚕県の一つにのし

あがった。こうして明治期の相模原では、どこの村でも農民が、「農間養蚕、繰糸ヲ務ム」（『皇国地誌』）風景が見られ、養蚕業は当地域における最も主要な商品生産部門となる。いまこの養蚕の発展ぶりを田名村に例をとってみると、明治五年から十七年までに、繭、生糸でそれぞれ四倍から四〇倍の成長を示している（表8・6(A)）。また田名村には、明治十三年〜十五年の養蚕戸数を示す記録（表8・6(B)）があるが、それを農家総戸数と対比した場合、約九割の農家が養蚕を営んでいることがわかる。下溝村にも表8・7のような統計が現存している。この表では収繭量四貫以下の零細農家は切り捨てられているが、最高一六貫の収繭量を筆頭に、全体の三七％の農家が養蚕に相当の力を注いでいることは注目されてよい。

ところで相模原地域の養蚕業の発展と関連して、上溝村における生糸の集荷市場の形成について若干ふれておく必要があろう。上溝村では明治三年、近郷七カ村の名主による市場開設願いが許可

表8･6　田名村蚕糸業の発展

(A)　繭、生糸の生産量

| | 繭 | 生　糸 |
|---|---|---|
| 明治５年 | 1,200貫 | 240貫 |
| 6 | 1,600 | 320 |
| 11 | 2,853 | 567 |
| 13 | 4,166 | 916 |
| 14 | 3,330 | 732 |
| 15 | 3,400 | 748 |
| 16 | 4,800 | 1,056 |
| 17 | 4,400 | 9,680 |

(B)　養蚕農家数

| | 農家数 | 養蚕農家 | 対比 |
|---|---|---|---|
| 明治13年 | 605戸 | 500戸 | 82% |
| 14 | 576 | 500 | 87 |
| 15 | 587 | 510 | 89 |

『相模原市史　6』から作成

表8･7　明治15年の下溝村養蚕人

| 区　　分 | 人　数 |
|---|---|
| 15貫以上 | 2人 |
| 10　〃 | 7 |
| 5　〃 | 61 |
| 5貫未満 | 39 |
| 計 672貫 | 109人 |

最高16貫700匁。当時の価格で785円。『相模原市史　6』から作成

されて以来、繭、生糸の取引を中心とする六斉市が開かれ、取引高は急激に高まった。その繁栄ぶりは次の記述によくあらわれている。

「抑当市場之儀者明治三年初メテ開市シ、近方各地之人々会合シ、即其所産之生糸繭類ヲ売買シ、生糸ノ如キハ横浜、八王子等地へ輸送シ販売ノ途ヲ通シ頻年繁栄ニ赴キ、今日ニ至リテハ壱ケ年間売買スル物価ハ凡金拾五万円ニ降ラス、市場ノ口銭之レカ百分ノ壱五ニ当ル、是以テ明治三年開市以来盛衰ヲ顧ミ、将来ノ景況ヲ推スニ年々旺盛ニ赴クヘキ景状ニ有之（後略）[16]」

この上溝市場の設立は、従来この地域の蚕糸の出荷先であった八王子に代わって、横浜との直接取引が可能となったことを意味している。上溝に集荷される近村の生糸が、糸商たちに買い上げられて、これを横浜の貿易商に売るという新しいルートが開拓されたのであった。この市場開設が明治期に入って、周辺諸村に養蚕、生糸の新しい刺戟を生み、さきの物産表に見るように何処の村でも養蚕関係作物を商品作物の主座に押し上げたのである。また、生糸の製糸技術も従来の手ぐり胴ぐり等の農家副業としての家内製糸的方法から、輸出に向けて品質の改良と量産を図る座繰製糸、揚返場による検査など、水力、機械を動力とする製糸業の展開が、二十年代半ばから始まるのである。早くも明治十九年には大沢村に、資本金一万九〇〇〇円の共同生糸揚返工場が操業を開始している[17]。

**階層分化と地主制**

次にこれら三村の農民階層の分布と、地主制の展開度を検討してみたい。一般に当地域では村によってかなりの差異があるが、予想される程の階層分化は見られず、地主制の展開度も明治二十年代までは顕著ではない。これに関する三村のまとまった統計がないため、やむをえず小山村は明治五年の石高帳で、上鶴間、下溝の両村については村落構成が比較的類似していると思われる淵野辺村と田名村の統計を用いることにする。

①小山村――小山村の場合は全村畑地と山林からなり、平均すれば一戸当り一町六反七畝の畑地と六反五畝の山林を所有している。しかし農民階層の分解度は極めて高く、恐らく相模原随一といえよう。表8・8の示すように、明治五年の石高で一石以下の農家が全体の五四%を占め、一〇石以上の上位五戸で村の全石高の六〇%を独占している。またこのうち最上位の原家は、清兵衛新田の開発で有名な大地主で、石高一五九石を有し、同家だけで全体のほぼ四〇%を所有している。新田開発をすすめたこのような巨大地主が存在するということは、他村に見られない激しい階層分化の結果を物語っているといえよう。

表8・8　明治5年の小山村階層分布表

| | 人数 | 比率 |
|---|---|---|
| 1石以下 | 97人 | 54% |
| 1～5石 | 66 | 31 |
| 5～10石 | 12 | 12 |
| 10石以上 | 6 | 3 |
| 計 | 255 | 100 |

『相模原市史　6』から作成

さらにこの村は、山村にも拘らず江戸―八王子を結ぶ要路に当り、開港後は八王子―横浜間の沿道に面して早くから商品経済の渦中に巻き込まれていた。さきの物産表で見たように、穀類、疎菜の僅かな生産と対照的に異常に発展した生糸の生産額がそのことを示している。また、明治五年の小山村戸籍表に、男女の出稼人二〇人、馬疋四一疋とあるが、これは石高一石にも満たない多数の貧農層の、生計補充的な生活状態を表現しているものと考えられる。

②下溝村――当村については史料不足のため、その類似村（隣村）である田名村を検討して前者

の参考としよう。田名村は江戸期から八王子往還の主要宿駅の一つで、相模川に面するこの村は、「水郷田名」の名で知られている。そのため、旅宿、料理屋、茶屋などを営む各種の営業人が多く、村の戸数六〇〇戸中一八五戸が農業以外の何らかの営業に従事していた。村には二〇町歩（耕地面積の五％）の水田があり、田畑の比率は相模原地域の平均に等しい。一戸当たりの田畑所有規模は、明治十三年〜十五年で、田五畝、畑一町歩となる。前節で述べたようにこの村は、養蚕生糸を中心に商業的農業の発展が著しいが、同時に宿場町という性格から農家の兼業比率もかなり高い。とりわけ男子より女子にその比率が高いのは、旅宿、飲食などの農間手伝いや、家内製糸等の副業が相当広汎に存在したことを物語るものであろう（表8・9）。

表8・9　田名村の専・兼業者人数

| 年　次 | 男子 | | 女子 | |
|---|---|---|---|---|
| | 専業 | 兼業 | 専業 | 兼業 |
| 明治13年 | 900人 | 160人 | 377人 | 515人 |
| 14 | 967 | 161 | 383 | 520 |
| 15 | 936 | 152 | 350 | 517 |

『相模原市史　6』から作成

さて、田名村における農民階層の分化の状況を表8・10によって検討しよう。まず小作地率についてみると、田が二九・七％、畑二〇・〇％、田畑合計では二〇・五％となる。これを同時期の全県、全郡（高座郡）の小作地率—四三％、八六％（「明治十七年神奈川県統計書」）—と比べて見るとはるかに低いのが特徴となっている。耕地面積における小作地率の低さは、表8・11のように自小作別人員の統計数字にもあらわれている。さらにこの自小作区分の実態を示す表8・12を見られたい。村民の階層を上中下に三区分しているが、上中等クラスと下等クラスとの割合は七四対二六で、前者に大きく片寄っている。仮に今、上等＝地主豪農、中等＝自作中農、下等＝小作貧農と読みかえてみると、以上の統計から田名村は小山村

表8・10　田名村自小作反別田畑

| | 年　次 | 自作地 | 小作地 | 計 | 小作地率 |
|---|---|---|---|---|---|
| 田 | 明治13年 | 2,085畝 | 880畝 | 2,965畝 | 29.7% |
| | 14 | 〃 | 〃 | 〃 | 〃 |
| | 15 | 2,087 | 888 | 2,975 | 29.8 |
| 畑 | 13 | 47,507 | 11,920 | 59,427 | 20.0 |
| | 14 | 47,634 | 11,800 | 59,434 | 19.9 |
| | 15 | 46,506 | 11,400 | 57,906 | 19.7 |

『相模原市史　6』から作成

表8・11　田名村自小作別人員

| 年　次 | 自　作 | 自小作 | 小　作 | 計 |
|---|---|---|---|---|
| 明治13年 | 1,006人 | 906人 | 100人 | 2,012人 |
| 14 | 1,015 | 915 | 101 | 2,031 |
| 15 | 977 | 887 | 91 | 1,955 |

『相模原市史　6』から作成

表8・12　明治15年の田名村等級表

| | 人　数 | 比　率 |
|---|---|---|
| 上等 | 159人 | 26% |
| 中等 | 294 | 48 |
| 下等 | 159 | 26 |
| 計 | 612 | 100 |

『相模原市史　6』から作成

とは対照的に自作中農が村落階層の主体をなしており、中農層の未分化が地主制の展開を強く阻んでいるといえよう。ついでに田名村におけるその後の小作地率の拡大状況を統計によって追跡すると、明治三十年～三十三年で二五%、同四十一年で四九%となっており、十七年不況期の変動を考慮に入れても地主制の本格的展開は、明治後期に入ってからと考えられる。田名村におけるこれらの特徴は、類似村である下溝村にも妥当するものと思われる。

③上鶴間村――当村についても必要な史料は殆ど見当たらない。わずかに田畑の反別表が現存する程度で、必要な統計史料は他の隣接類似村から類推するしかない。一戸当りの耕地面積は、田が一反一畝、畑が一町七反二畝で、前二村と比較すると田畑の構成は下溝村に近い。しかし近接諸村の物産表から類推すると、その産業構成は小山村に近い性格をもつ。ところでこの村に隣接する四カ村の自小作人数とその平均値を算出すると、表8・13の通りで自小作の人別割合は上限の小山と下限

の下溝村＝田名村の中間値を示している。

以上三村の明治初期における経済構造と階級構成とを要約すると、

(1)小山村は畑作のみで養蚕以外に目ぼしい商品作物はなく、一人の大地主が耕地の四割を所有して小作地率が最も高く、地主制の展開が著しい。

(2)下溝村は宿場町の近傍という歴史的条件を背景に、養蚕以外にも商業的農業が発展しており、また農業以外の余業もあって小作地率は低く、地主制の展開はおくれている。

(3)最後の上鶴間村は下溝同様五％前後の水田があるが、産業構成は小山村に近く、養蚕への依存度が極めて大きい。小作地率と地主制の成立についてはこれら二村の中間地帯にある。

周知のように神奈川県は、明治十七年には全国でも先進地帯の近畿諸県に次ぐ小作地率を示し、就中高座郡は小作地率八六％という異常

表8・13　明治10年の４カ村自小作別人員

| 村名 | 自作 | 自小作 | 小作 | 総数 |
|---|---|---|---|---|
| 上矢部 | 16人 | 32人 | 10人 | 58人 |
| 矢部新田 | 25 | 8 | 10 | 43 |
| 鵜ノ森 | 15 | 31 | 0 | 46 |
| 淵野辺 | 57 | 163 | 5 | 225 |
| 計 | 113 | 234 | 25 | 372 |
| ％ | 30 | 63 | 7 | 100 |

『相模原市史　6』から作成

表8・14　神奈川県小作地率表（明治17年現在）

| 国名 | 郡区名 | 小作地率 |
|---|---|---|
| 武州 | 横浜区 | －％ |
| | 久良岐郡 | 44 |
| | 橘樹郡 | 30 |
| | 都筑郡 | 27 |
| | 西多摩郡 | 13 |
| | 南多摩郡 | 36 |
| | 北多摩郡 | 34 |
| 相州 | 三浦郡 | 18 |
| | 鎌倉郡 | 34 |
| | 高座郡 | 86 |
| | 大住郡 | 63 |
| | 淘綾郡 | 62 |
| | 足柄上郡 | 19 |
| | 足柄下郡 | 26 |
| | 愛甲郡 | 60 |
| | 津久井郡 | 28 |
| | 全県 | 43 |
| | 全国 | 38 |

「神奈川県統計書」（明治17年）から作成

な高さを見せている（表8・14）。しかしこれらの統計数字は、郡下の諸村に一率に適用できるものではなく、地方によって大きな地域差を有している。同じ高座郡内でも平坦部の水田地帯とちがって山間を含む相模原地域は、前述のように小作地率で見る限り、予想される程の高さを示していない。その点、小山村の場合はむしろ例外に属するといえよう。また同時期における特徴的な小作形態である質地小作の広汎な存在（この点は後述）と併せ考えるとき、当地域の十年代の地主制の展開はかなりおくれていたと見ることが出来る。(18)

問題はこのような経済構造—新興養蚕地帯と未成熟な地主制—を有する困民党激化諸村に、十五年以降の松方財政がどのような経済的諸結果をもたらしたかという点にある。

この問題は次項で扱いたい。

### 地租改正と高利貸資本

さて、松方財政下の経済的諸結果の検討に入る前に、神奈川県下の地租改正について若干ふれておく必要があろう。

周知のように地租改正に基づく地租は、幕藩体制下の貢租負担と変わらない高額、高率のものであったが、旧貢租と新地租の比率は地方によって複雑な差があった。

とくに相模原の場合は、地租額が旧貢租の一・七倍から五・五倍に達するというきびしいものであった。というのは神奈川県では、地租改正時に田よりも畑に貢租の重点がおかれ、田の地租は明治六年〜八年の三カ年平均よりも減額しているのに、畑のそれは全県で約三倍に増額されている。

表8・15　地租改正による田畑面積の増加

江戸時代

| 村　名 | 石　高 | 田 | 畑 | 屋　敷 | 計 |
|---|---|---|---|---|---|
| 小山村 | 645 | 一畝 | 13,340畝 | 430畝 | 13,770畝 |
| 下溝村 | 531 | 1931 | 10,055 | 286 | 12,271 |

明治前期

| 村　名 | 田 | 畑 | 宅　地 | 山　林<br>その他 | 計 | 江戸時代に<br>対する割合 |
|---|---|---|---|---|---|---|
| 小山村 | 一畝 | 33,837畝 | 2,573畝 | 13,217畝 | 49,627畝 | 360% |
| 下溝村 | 2,404 | 43,270 | 2,951 | 23,140 | 71,714 | 584 |

『相模原市史　6』から作成

表8・16　新・旧貢租額の比較

| 村　名 | 旧　貢　租 | 新　地　租 | % |
|---|---|---|---|
| 小山村 | 154貫434文 | 1145円92銭 | 742 |
| 下溝村 | 727貫918文 | 1585円56銭 | 218 |

『相模原市史　6』から作成（1貫＝1円として計算）

この増税の裏面には次のような事情があった。すなわち改正時の田畑の丈量過程で、旧来の縄のびや隠田が摘発されて市域のどの村でも課税面積が大幅に拡大され、就中畑の場合は一挙に二倍から五倍に増積されたのであった[19]。一例をあげよう。表8・15は小山、下溝の二村について、江戸時代と改正後の田畑面積の大きさを比較したものであるが、畑の地積はそれぞれ二・五倍、四・三倍に増積され、宅地山林等を加えると新たに課税対象となった面積は、小山で三・六倍に下溝で五・八倍に増大している。この結果は新・旧貢租の比較表（表8・16）にも鮮明にあらわれている。旧貢租額と比べた新地租額の増加は、小山村で実に七・四倍に、下溝村で二・二倍となっている。

　畑作地帯が圧倒的に多い相模原の諸村は、まさに地租改正による貢租負担の加重を一挙に背負わされたといえるのである。そのため同地域では、改正直後から新磯村や清兵衛新田に見られるように、地価等級修正運動が長く尾をひいて行われてゆく。

以上の問題と関連して地租改正の重要な側面である物納から金納への転化の問題も見過ごすわけにはゆくまい。金納地租の制度化によって、地租改正が、統一的国内市場の成立と農産物の主産地形成に画期的意義を有したことはすでに定説となっているが、同時にこの改正が、農業生産力の低位な閉鎖的農村地帯を、半ば暴力的に商品経済市場にくみ入れていった、いま一つの側面を見落としてはなるまい。まして旧貢租に数倍する公租公課負担を強いられた相模原のような畑作地帯の農民は、現金収入を確保するために農産物の商品化と商業的農業への転換を迫られ、とりわけ下層農民には自家消費に食い込む農産物の迫窮販売を余儀なくさせたのである。

元来、この地域では早くから代金納が普及しており、商業的農業への指向は他地域よりも高かった。だが、商業的農業といっても、三村の物産表でわかったように、生産力の貧しさに制約されて、大多数の農家にとっては、養蚕生糸が殆ど唯一のものであった。この地域が開港後の生糸輸出のブームにのって、一躍全国の主要養蚕地帯を形成したことはすでに述べたが、その背後には、地租改正に伴う以上のような新しい経済的困難が伏在していたのである。

養蚕生糸の発展が自生的なものでなく、新制度によって外部から強いられたものである以上、農業経営の拡張、改善に要する資金は他に求めざるをえなくなる。西南戦争を画期とする明治十年代前期のインフレ財政は、農産物価格の騰貴を生んで農村に一時的ブームをもたらし、養蚕農家の資金需要に強い刺戟を与えた。このような資金需要に対応して出現したのが、「銀行類似会社」とよばれた一群の高利貸資本であった。これらの諸会社が、十五年以降の農村不況に乗じて禿鷹のように、関東の農村を食い荒し、困民党の襲撃目的となったことは、すでに前節で述べた通りである。

近代的信用制度の存在しない農村地帯でも、古くから地主相互間で、あるいは地主小作間で資金融通の慣習があった。だがその主な使途目的は、農業経営よりも生計補充的な貸借が大きな比重を占め、その融通範囲も、一村内部に限られていた。その際の借入方式が土地を抵当物件とする、いわゆる質地金融である。前にも述べたように、神奈川を含む関東とその周辺諸県では、質地金融が生んだ質地小作の慣行が維新前から広汎に普及し、地租改正以後にもこのような慣行が維持されている(表8・17)。この質地形態での土地集中(地主制の展開)は、質地の受け戻しが可能な点で——小作地率の現象的な高さにも拘らず——地主制の未熟さを示すいま一つの事由でもあった。

表8・17　明治十年代後半末現在平均質入書入地比率(推計)

| | $\frac{\text{質入地地価}}{\text{民有地総地価}} \times 100$ | $\frac{\text{書入地地価}}{\text{民有地総地価}} \times 100$ |
|---|---|---|
| 山梨 | 8.6% | 14.4% |
| 神奈川 | 9.1 | 18.4 |
| 静岡 | 3.5 | 19.0 |
| 長野 | 1.6 | 14.2 |
| 群馬 | 2.8 | 18.6 |
| 埼玉 | 3.0 | 16.5 |
| 全国平均 | 1.0 | 15.3 |

丹羽邦夫「明治十年代における土地取引の地域的性格」―『自由民権期の研究　4』から作成

さて、このような在来の農村金融と対比するとき、困民党の襲撃対象となった銀行会社は、明らかに異質のものであった。武相困民党の騒擾圏が示すように、これら諸会社は数郡にまたがるおびただしい負債者をもち、農家の経営資金を主たる目的とする本格的な高利貸資本であった。そしてその金融方式も質入れ(占有担保形態)だけでなく、書入形態(非占有形態)をとるところに、新しい特徴があった。そして債務者側が期日までに返済できないときには、

表8・18　神奈川県質入・書入別取引金額別件数比率(明治21年)

| | 書入 | 質入 |
|---|---|---|
| 400円以上 | 8.8% | 0.5% |
| 400〜100円 | 19.8 | 14.0 |
| 100〜50円 | 24.9 | 29.0 |
| 50円未満 | 46.5 | 56.5 |
| 合計(件数) | 100(7012) | 100(3464) |

丹羽邦夫「明治十年代における土地取引の地域的性格」—『自由民権期の研究4』から作成

裁判を通じて身代限りの処分を求めるという高利貸資本特有の冷酷さを発揮した。表8・18は、年度が多少ずれるが、以上二つの金融形態のちがいを、ある程度数量的に把握するのに役立つであろう[20]。

この表でもわかる通り、在来の豪農地主が、主として中貧農を相手に小口の質地金融を行うのに対して、銀行会社の取引相手は、豪農地主を含む農村の全階層にまたがっている。とくにその取引金額の面で、一〇〇〜四〇〇円以上の大口融資が、高い比率を占めていることは、返済能力からいっても、豪農層が対象になっていることは明らかである。

その点、武相困民党の指導者の出身階層が豪農層に多いことと符合して、まことに興味深い。

### 高利貸資本の収奪の実態

さて、いよいよ十七年不況下の相模原地域の農村の窮乏化と、それに追い打ちをかけた銀行会社の収奪の実態についての検討に移ろう。まず十四年以降の松方財政下における県下の物産相場の変動を表8・19に示したが、米と共に麦相場の急落が注目される。十四〜十七年の四年間に、米は五二%、麦は四二%の暴落ぶりである。輸出依存度の大きい生糸は、米相場に比して、年度ごとの変動も激しいが、ここにも不況の影響がはっきりとあらわれている。相場の平均をとっても同じ四年間に生糸で六七％、繭で六五％の急落を示している。
このような主要農産物の暴落が、雑穀と繭に依存する当地域の農村にどれ程深刻な経済的打撃となったか、想像に余りあるであろう。その具体的状況を運動の現地から訴えたのが、上鶴間村の困民党指導者、渋谷雅治郎の起草になる「哀願書(21)」である。この文書は十七年十一月、かれが武相七郡一五〇カ村の総代として、請願代理人、立木兼善宛に送ったものであるが、ここには困民党傘下の農村の状況と苦悩が、農民指導者らしい簡潔な文体であますところなく論じられている。全文約二〇〇〇語に上るかなり長文のものだが、貴重な史料なので敢て再録しておきたい。

表8・19　神奈川県物産相場表

| 種別／年次 | 米（石当り） | 麦（石当り） | 繭（百斤当り） | 生糸（百斤当り） |
|---|---|---|---|---|
| 明治13年 | 10円49銭 | 4円71銭 | 178円 | 540円 |
| 14 | 11．17 | 4．10 | 178 | 540 |
| 15 | 9．26 | 2．54 | 178 | 533 |
| 16 | 6．52 | 1．92 | 133 | 457 |
| 17 | 5．40 | 1．97 | 114 | 432 |

繭、生糸については八王子物産相場。両統計とも色川大吉「明治前期の多摩地方調査と民権運動研究ノート」から作成

「　　哀願書

神奈川県相模国高座郡愛甲郡同県下南多摩郡北多摩郡西多摩郡都築郡橘樹郡合七郡之内百五十ケ村総代人
高座郡上鶴間村百五十一番地平民
右郡貧民総代人　渋谷雅治郎
南多摩郡南大沢村十一番地平民
同　佐藤孫七
同郡谷野村三番地平民　内田太一

同郡木曾村百三番地平民　石井浅次郎
都築郡鴨志田村十一番地平民　金子邦重

右総代之者謹テ奉上陳、当郡村貧民共去ル明治十三年以来武州八王子駅私立銀行并ニ該辺傍貸付会社ニ於テ負債ヲ醸セシ処、方今ニ至リ該償却方法ニ心《ママ》主ト差支困難ヲ究メシ始末、左ニ奉陳述候

一　当郡村ハ陸畑多キ場所ニテ古来ヨリ農間蚕桑紡績ノ業ヲ以テ恒産ト為ス処、去ル明治十六年中ヨリ該品非常ノ下落ヲ生シ、蚕ハ蚕種（奥信上州製スルモノ）及ヒ桑葉ノ価、庸夫ノ日給ヲ引去ルハ一季生活ヲ立ル四歩ノ一ニモ引足ラス、将タ諸作物ヲ耕シ食料ノ余リヲ販売シテ諸税、村費、培肥料ニ充ントスルモノ、客年六、七月ヨリ秋気ニ至ル迄ノ大旱ニテ、畑田ニ蒔付タル穀物ハ悉ク枯果テ、僅ニ実ヲ獲ルモノ銘々家族共ノ食料ニスラ引足ラス、加之本年九月十五日不可思議ノ暴風猛雨陸作ヲ損害シ、平均四分ニ過キサル兇作ヲ出シ、為メニ困民悲歎ト雖、他県ハ風損ノ尠ナキヤ敢テ穀物ノ値段ニモ響カス、左ナキニ極貧ノ困民共斯ル成行故今日ノ活路失ヒシト憂慮シテ止マサルナリ、斯赤貧ニ進ルヲ以、政府ヘ尽スヘキ最第一義務タル貢租納却ニ詰リ、所有地ヲ公売ニ掛ケラルルモノ少ナシトセス、方今田畑公売ニ掛ラルル者ハ、明治十一、二年ノ頃、価百円ナシタルモノハ十分一、即チ拾円ノ金ニモ充タス、是農家ニ金円ノ詰ル所以ナリ、然ルニ明治十三年ノ頃ヨリ、八王子駅ニ設立ナシタル私立銀行及ヒ貸付会社ニテ該貧民等カ負債ナシタル金円、方今利子溯リテ数拾万ノ巨額ニ至ルモ、物価以前ノ如ク（明治十三年ヨリ同十五年ヲ指ス）騰貴ノ地位ニ居レハ、負債者ノ義務トシテ之ヲ償却セサル可カラ

ス、然ルニ同十五年ニ至リテハ物価意外ニ下落シ、已ニ郡中ニテ産業トスル蚕生糸（明治十三年金壱円ニ付十八匁価ナルモノ、今壱円ニ四十二、三匁ニ下落シ、則チ明治十二、三年ノ値段ト比較セバ壱円糸ヲ以僅ニ四十銭ニ過キズ）、米穀ハ（同年間玄米壱円ニ付七升五合価ナルモ、今金壱円ニ付弐斗余リ至ル、比較壱円カ三十七銭五厘ニ不過）、麦穀（同年間金壱円ニ壱斗四升ナルモ、今四斗ニ至ル、比較壱円カ三十五銭ニ過ス）、紡績織機（南部糸織同年間、則チ壱疋ニ反ナリ金廿弐円位イノモノ五、六円過ス、比較十六円差アリ）、余ハ諸般之ニ倣フ物品運搬賃金（八王子駅ヨリ神奈川駅ニ至ル馬車壱駄、但四十貫目ヲ以テ壱駄トス、壱円五十銭ノモノ今四十銭ニ過ス、比較壱円十銭ノ低キ）、当郡中ニ於テ産業ヲ稼トスルモノハ、右等ノ外ニ出サルモノカ、該産業ハ廃シ、作物ハ風雨ノ為メニ収獲ヲ耗シ、本年々尾ノ経済ヲ立ルハ措テ目下生活ヲ失ハント低頭拱手シテ痛心シ、竟ニ家職ヲ忘ルルカ如シ、夫貢租諸税ハ庶民緊切ノ義務ニシテ納期ヲ俟タサルモ進テ之ヲ納収セサル可ラサルモ、斯ル困窮ノ場合ニ臨ミ、因循不納シ、甚敷ニ至テハ戸長ヨリ再三再四ノ督促ヲモ怠滞シ、遂ニ所有地ヲ公売ニ掛ラレシモノ又少シトセス、是ニ因テ之ヲ看ルモ、産業廃シシヨリ金円ニ詰リシノ外ナラス、銀行会社試ニ之ヲ調観ニ、各郡村困民ノ内誰彼ヲ不問家并十名ヲ指本年金円出入ヲ調ヘヨ、辛ラクシテ年分ノ経材ヲ立テ他ニ余レル金円有ヤ無ヤ、斯ノ如金貸ノ欠乏スル原因ハ、当県内ニ於テ最第一ノ産業トスル蚕桑ノ低価ト、金貸紙幣高低ノ差ヲ生セシヨリ成リ出シモノナリ、明治十三、四年間銀貨ノ価ハ壱円八十銭内外シタルモ、方今壱円四銭前後ニ下リ、今日五十銭ハ已前ノ壱円ニ過テ貴キモノトス、銀行ノ負債モ之ニシテ、明治十三年ヨリ十五年ニ係ル負債ハ、該時壱円ニシテ方今弐円ノ重キニ至ル、同ニ困民等私立銀行会社へ対シ今更云云ノ由無シト雖トモ、是迄ノ負債ハ別紙ニ述ルカ如ク、通常利子ノ外ニテ延利日踊リ手数料検査料ト都合六廉ニ区別ヲ付シ占取サレシモ、前述物価産業以前ノ如ク有ルモノナレハ、償却ノ要路モ随テ存生ナスヘキカ江湖不思議ノ沿革ニ変シ、困民ハ年分貢租諸税ノ納法ニモ違前顕ノ次第ニ付、私立銀行会社ハ困民ヘ仁恤ヲ垂レ、是迄ノ負債元金ハ満三ケ年据置キ、向フ七ケ年賦トシ、利子滞リハ満五ケ年据置キ、向フ十ケ年賦諸取呉候様私立銀行会社へ特別ノ御説諭被成下置、而シテ是ヨリ至当ノ法方ヲ設ケ貸借スル金円ハ制限利子ヲ以テ取引致度、是又御説明被成下様奉希望也、然ルトキハ困民共賦額返済ノ満期ニ至ル迄、夜遅朝夙ノ起臥ヲ苦シメ、一種特別ノ方法ヲ建設シ償却ノ途相立可申候
右困民一同謹テ奉希上候間、何卒御採用被成下度、乍恐懼総代人連署ヲ以此段奉願上候以上

明治十七年十一月

右
渋谷　雅治郎
佐藤　孫七
内田　太一
石井　浅次郎
金子　邦重

立木兼善　殿」

この文書を読んでまず驚かされることは、当時の経済事情についての把握の確かさと分析力の見事さである。明治前期の農民運動に関する文書の中で、これだけの理論的能力を示すものを私はま

表8・20　困民党指導者の算出した物産相場表

| | | 明治13年 | 明治15年 |
|---|---|---|---|
| 生　　糸 | 1円当り<br>価格変動率 | 18匁<br>100 | 34丁23匁<br>40 |
| 玄　　米 | 1円当り<br>同上 | 7升5合<br>100 | 20升<br>37.5 |
| 麦　　類 | 1円当り<br>同上 | 1.4斗<br>100 | 4.0斗<br>35 |
| 南部糸織 | 1匹<br>2反当り | 22円<br>— | 5〜6円<br>— |
| 駄　　賃 | 1駄当り | 150銭<br>— | 40銭<br>— |

だ見かけていない。

ここに析出されている同時期の物価下落の状況を一つの統計表に整理すると表8・20のようになろう。表8・19が県下全体の物産相場の趨勢を示しているのに対して、ここにはまさしく、武相の農民が直接その生活の場でとらえた物産相場の変動が、原資料のままで掲示されている。両者を比較すると、農村の現地における相場の下落は、生糸、米麦類のどれをとってもはるかに深刻である。一農民指導者が創出したこの統計表は、負債返弁騒擾のような運動形態においては、農民側にとっては極めて鋭利な、相手にとっては恐るべき理論的武器となったに相違ない。

さて、この文書も告発している銀行会社の収奪の状況をもう少し具体的に見ていこう。この時期の銀行会社の冷酷さを曝露した史料は少なくないが、そのうちの代表的なものを紹介しておこう。(22)

「元金八円ヲ渡シ　証書金拾円トナシ

期限概ネ四ケ月、仮令ハ一月借請、四月廿日ニ至レバ督促ヲ受ケ、速ニ返済スルモ元金八円ノ処金十円六十六銭六厘ヲ払フ、或ハ期限一日遅滞スレバ訴証ニ及ビ召喚状ヲ付セ適中ノ使丁賃ヲ払、加之一日金壱円ニ付金五厘或ハ八厘ノ日歩ヲ加エ計算シ若干ノ金ヲ請求サル、最モ困貧ニシテ召喚ニ応セサレバ官成規ノ法ヲ以若干金ノ罰金ヲ付セラレ、如此スルモ金円可返済ノ目途ナキモノハ連借人名エ掛リ請求スル如前法苛酷其他枚挙ニ不遑、亦甚シト云可シ、債主ノ満足ヲ得セシムレバ左ノ如シ

一月十五日　后金八円ヲ渡ス分
四月廿日元金拾円　利子金六十六銭六厘　合金拾円六十六銭六厘
書替証書　金拾弐円七拾九銭弐厘
七月廿日　元金拾弐円七拾九銭二厘　利子金八十五銭三厘
書替証書　金拾六円三拾七銭四厘
十一月廿日　元金拾六円三拾七銭四厘　利子金壱円〇九銭弐厘
書替証書　金弐拾円九拾五銭九厘
如斯苛酷ノ方法ナリ」

これが、銀行会社をはじめとする高利貸付の収奪の実態である。農民が一旦かれらの手に陥ると、その負債はこのように「ねずみ算式」に累積していく。そして期日までに負債の返済が不可能の場合は、容赦なく身代限りの取立て処分が発動された。しかも土地価格は暴落し、まさに、二足三文の値段で買いたたかれた。「方今田畑公売ニ掛ラルル者ハ、明治十一、二年ノ頃、価百円ナシタルモノハ十分一、即チ拾円ノ金ニモ充タス」と、前記の哀願書でも述べている。

困民党の惨憺たる敗北のあと、武相の野には倒産の嵐が吹きすさび、「流民の惨野」と化したといわれる。その拠点地域の一つであった相模原でも、「村内挙テ窮民ノ多キヲ加エ」「親族組合之内何レモ困難ナル者ハ僅カノ知音ニ憑リ、金銭雑穀等ヲ乞、辛ク糊口ヲ凌グ」窮民や、「従来ノ乞食トハ

自カラ其趣キ異ナル所アル」「異シキ乞食」が続出した[23]。

明治十四年以来、紙幣整理を通じて強権による資本主義の育成と天皇制支配の創出をめざした松方財政は、人民の窮状や困苦を省みるいとまはなかった。この政策にはむかおうとする人民の必死の抵抗に対しては、軍隊、警察、裁判所と郡県のすべての権力を動員してこれに立ち向かった。

紙幣整理＝デフレ政策は、正貨準備と通貨価値を安定させ、政商をはじめとする一握りの商業高利貸資本の産業資本への転化を保護助長すると同時に、直接生産者である農民から、その唯一の生産手段である土地を収奪し大量のプロレタリア化を強行する資本の本源的蓄積の日本版であった。デフレ政策、重税、高利貸資本の収奪によって中小農民の没落は急速化した。こうして不況が最も深刻化した十七年は、農民の耕地を抵当にした全国の負債総額は約二億円に上り、翌十八年納税不能に陥って土地を公売処分にされた農民の数は一〇万八〇〇〇人を突破した。

この未曾有の大不況がもたらした明治十年代後半の農村の社会的、経済的変動は、その規模と深さにおいて戦後の農地改革に匹敵するといわれている[24]。

武相困民党の抵抗の余燼がまだくすぶっていた十八年三月末、高座郡長、今福元頴は、管下の各戸長役場に対して次のような布達を送付している[25]（ついでにいえば今福は、神奈川県下における国会開設運動を指導した豪農民権家の領袖の一人であった[26]）。

「　地所払下入札人心得書

一、地所払下ケヲ望ム者ハ、該地反別記載ノ上、代価ヲ付シ、及ヒ住所町村名番地、姓名ヲ明記シ、押印シ入札スベシ

但本文ノ記入方不明等ニテ類似ニ渉ルトキハ之ヲ棄却スルコトアルベシ
一、正午十二時スギニ該入札差出ト雖モ無効ノモノトス
一、開札ノ上代価不相当ト認ラルルトキハ払下サルコトアルベシ
一、払下代金ハ其令達ヲ受ケタレハ速ニ上納スベシ
一、払下代金上納済ノ上ハ地券下付願出スベシ
右ノ通リ相心得入札スベシ
明治十八年三月廿四日
高座郡役所
戸長役場御中」

味もそっけもない一片の公文書にすぎないが、これこそ武相困民党の敗北を見とどけた、地方権力の勝利「布達」でもあった。敗北した負債農民の前には、この布達にもとづいて容赦なく追い立てられる苛烈な季節が待ちうけていた。

## (3)　武相困民党の指導者たち

**困民党指導者の系譜**

相模原市内に在住するわたしは、困民党の指導者の生家を訪れる機会が幾度かあった。相州関係の指導者一二人のうち、他郷へ去った者は僅かに二戸で、残る一〇戸はそのまま現存していた。し

かしどの家にも、困民党関係の史料らしいものは見当たらず、その生家に伝わる祖父たちの面影を聞き取って歩くのが精一杯であった。

どこの家でも現存する子孫たちは、すでに三代ないし四代目の人びとである。困民党事件についてては無論のこと、故人についての記憶もさだかでない場合が多かった。しかし大方の家で、困民党結成の発端となった御殿峠事件だけは、不思議なほどのリアリティをもって、子孫たちの口から聞くことができた。ある生家では、騒擾参加者の炊き出しの話も出てきた。かれらの祖父たちは、困民党潰滅後の惨苦をあがなうためにも、その烽火となった御殿峠の大結集のことだけは、語り残して置きたかったのかも知れない。

さて、私がその調査から得た一応の結果は、表8・21のような一覧表にしてあらわすことができる。見られる通り、相州四カ所の困民党の拠点村から、役員中監督に次ぐ重要ポストの幹事が、一人ずつ選出されている。このうち多数の役員が、上鶴間、下溝の二村に集中しているのは、組織の力量と地理的便宜とを配慮したものであろう。(27) 幹部の役職と年齢を見ると、「一切ノ事ヲ管理スル」監督と「各村ノ総代人エ夫々ノ伝令ヲナシ及帯用来客ノ応接ニ従事スル」幹事は、二十六歳から三十五歳までの行動力に富む若手を抜擢している。それに対して、「全員ノ徴募及出納ヲ主ル」会計、周旋は三十五歳〜五十七歳までの経験ゆたかな老練の士を配している。なかでも組織の最高責任をもつ監督、筆頭総代人に、二十六歳の最年少者を抜擢している点は注意をひく。この陣容は、困民党のようなエネルギッシュな行動力と慎重な判断力を必要とする組織には、むしろ当然かもしれない。

表8・21　相州困民党指導者一覧

| 村　名 | 氏　　名 | 年齢 | 困民党役職 | 社会的地位 | 職　　業 | 資　　産 |
|---|---|---|---|---|---|---|
| 高座郡 上鶴間 | 渋谷　雅治郎 | 26歳 | 筆頭総代・幹事 | | 綿屋（ヤ） | |
| 〃 | 渋谷元右衛門 | 57 | 会　計 | 名主、村用掛、戸長 | 糸商 | 田畑山林 20丁3反 |
| 〃 | 阿部要八 | 45 | 〃 | 地租改正掛 | | 同（10町歩） |
| 〃 | 渋谷喜代太郎 | 34 | 総代人 | | 醬油屋（ヤ） | 同6丁5反7畝 |
| 下溝村 | 福田島吉 | 26 | 監　督 | 後、村議助役 | | |
| 〃 | 座間　八三郎 | 35 | 幹　事 | 後、村長 | 揚屋 より糸 | |
| 〃 | 座間　友三郎 | 36 | 会　計 | | 菓子屋（ヤ） | |
| 〃 | 小山万吉 | 35 | 周　旋 | | 米屋 | |
| 〃 | 小山勝右衛門 | 57 | 〃 | | 大工 | |
| 小山 | 井上登一 | 30 | 幹　事 | 父村用掛 | | 石高8石5斗 |
| 愛甲郡 上依知 | 堀口　義三郎 | | 幹　事 | | 肥料商 | |
| 〃 | 深田利三郎 | 42 | 周　旋 | 代官、名主 | | |

（ヤ）は屋号、資産の（　）は聞き取りによる

次に社会的地位の項を見られたい。予想に反して、一二名中六名までが、旧村時代の名主、村用掛か、あるいは後年、村議、村長の肩書きのある人びとで占められている。かれらは、旧幕以来の村役人の系譜をひく小村の旧家の出身者であり、事件当時も村落内の指導的地位にいた。その点では相州自由党の活動家と同じ階層に属している。しかし、相州では、三多摩以上に自由党、ないし自由民権運動とのふれ合いは見当たらない。その謎はいまだに解けずに残っている。

最後に職業、資産の項に移ろう。一二名中の殆どが（未調査の部分を除いて）、職業に応じた屋号をもつ小営業者である。なかには年雇の雇用

労働を使用する糸商や、揚屋より糸業者もいる。それと同時にかれらは、五町〜一〇町歩前後の土地を所有する地主でもあった。現在までの調査では、残念ながらその一部の土地所有状況しか確証できないが、参考までに掲げておこう（表8・22）。このほかに井上登一が石高（明治五年）でつかめるが、これを田畑で換算すれば約八町五反となろう[28]。

この三人は、土地所有の規模、あるいは地価額では、豪農下層、または小豪農の階層に入るといえる。具体的史料の得られない他の人びとについても、私の聞き取り調査の印象では右の三人と同一階層に属するのではないかと思われる。その点では色川氏が、武州多摩地方で析出された困民党指導者のそれと一致している[29]。

表8・22　困民党指導者の土地所有状況（明治9年）

| | 渋谷元右衛門 | 渋谷喜代太郎 |
|---|---|---|
| 畑 | 7丁8反9畝 | 2丁7反8畝 |
| 田 | 7．8 | 2．3 |
| 山林 | 11．2．5 | 3．3．5 |
| 藪 | 1．4 | 0.8 |
| 宅地 | | 1.3 |
| 計 | 20丁3反1畝 | 6丁5反1畝 |
| 地価額計 | 1207円23銭 | 437円92銭 |

上鶴間村地価帳（相模原市蔵）から作成

こう見てくると、武相困民党の内質は、一部の小豪農を指導部におく、村ぐるみの運動であり、その主要な階級的基盤は、いわゆる「没落の危機に瀕した中小農民」にあったと規定することが出来よう。

ついでにここで、秩父困民党との比較をつけ加えておきたい。秩父の場合は、武相と同様、主要な基盤は中小農民にあったが、その指導部自体にも農民的色彩が濃厚であった[30]。そこに二つの困民党指導部の階級的性格の相異が——勿論自由党の指導の有無が決定的であるが——横たわっていた。このように、小豪農指導下の困民党という体質自体が、武相困民党の主要な性格、弱点であった、自然成長性、不団結、合法主義、不決断などを特徴づけているのではなかろうか。

### 指導者の群像

最後に、私の聞き取り調査を中心に相州地域の困民党指導者の一群を個別に紹介しておきたい。言うまでもなく、ここに紹介する人物の個々の点については、調査方法の制約もあって正確を期しがたい。細かい事実関係についての誤謬や独断は、当然覚悟の上で論ずることになるが、それらの点については、更に調査を重ねる過程で他日訂正されねばならない。しかし他面ではまた、このような調査方法が、一〇〇年前の埋もれた祖父たちの思想と行動について、現存する子孫たちが、史実を超えてどのような評価と歴史意識を継承してきたかという地方史の新しい課題に、多少とも役立ち得るであろうと考えている。それだけ付け加えて本論に入る。先ず多少とも史料のととのっている三人の会計責任者からとりあげていこう。

①渋谷元右衛門（文政十年―明治十九年　六十歳）

渋谷は若くして厚木の商家から上鶴間村谷口の同家にむこ養子となり、明治初年まで同村の名主、ついで村用掛(31)と戸長を歴任した。同じ渋谷を名乗る渋谷喜代太郎は、かれの娘むこに当たる人である。商家育ちである元右衛門は、算盤と書に秀で、屋敷内に文庫倉と書院をおく程の地方インテリであった。屋号は糸屋といって糸商を営み、明治の中頃まで同家は長後方面まで繭を買い入れ、その加工糸を八王子に馬四頭で出荷していたという。主業の糸商のほかにも、田畑山林二〇町歩の土地資産をもつ豪農であった。これらの土地資産はやがて、明治十七年の大不況で急速に失われ、か

表8・23　渋谷元右衛門家土地喪失表
（明治21年）

| | 面　積 | 売却価格 |
|---|---|---|
| 畑 | 2丁1反6畝 | 118円79銭 |
| 山林 | 2．4．5 | 34．53 |
| 藪 | 1．4 | 2．14 |
| 計 | 4．7．5 | 155．46 |

「地所登記済下付願」（渋谷家文書）から作成。売先は南多摩郡、大塚七兵衛とある。

れの死後には巨額の債務が同家に残った。表8・23は元右衛門の死後、渋谷家が蒙った土地喪失の一端を示す史料であるが、これだけでも同家は十年代末にその所有地の二三％を失ったことになる。

同家には今日でも、元右衛門当時の貸借関係の文書が多数残っており、借金よりも貸金証文が多いのが目につく。困民党事件当時、元右衛門は銀行会社から五〇〇円程の負債があった（孫の祐三氏談）といわれるが、しかしその厖大な貸金が殆ど返済された形跡のないところから判断すると、その困窮の主要な原因は貸倒れにあったものと考えられる。その貸倒れの累積が、債権者から債務者への転落の途を開いたものであろう。ではなぜに困窮農民の債権者である元右衛門が、困民党指導者として登場したのか、この問題は、あとであらためて考察してみたい。

②阿部要八（　？　—明治三十七年）

阿部は同じ上鶴間村でも隣の上和田の出身である。地租改正時に改正掛(32)に選ばれている経歴からいっても、やはり維新前の村役人層の系譜をくむ出身である。こうした行政上の実務経験が、渋谷と同様かれを困民党の会計責任者におしあげた一因であろう。

阿部が地租改正掛に就任した頃、かれにとっては村に対して生涯の負目となる痛恨事が起こった。明治八年二月、阿部の家から発火した火災が、風にのって付近に燃えひろがり、一瞬にして地区全体を廃跡と化した。このあと罹災者たちは、復旧のための資金調達に多年苦しめられる。結局その再建費用は、村の共有地、二四一町歩を明治三十九年まで四回に分けて売却して補うことになるが[33]、その時の加害者意識と痛覚が、かれをして困民党幹部へのコースを運命づけたのではなかろうか。阿部は明治三十七年に没しているが、かれの没後家族たちは横浜へ去っていった。

③座間友三郎（嘉永元年—明治二十八年　四十七歳）

座間は困民党の敗北後、愛甲郡下川入村の著名な民権家、小宮保次郎の貸金返済の取り立てに苦悩している。そして明治二十一年には、遂に債主の小宮が裁判に持ち込み、同年暮漸く次のような示談でけりをつけている。

「本日座間友三郎貸金契約ノ内、四十円入金、残金ハ利息ヲ加ヘ本月十五日限リ、調達ノ口約ナリ[34]」

座間の小宮に対する負債額が総額でどのくらいになるのか明らかでないが、示談成立の際の内金、四〇円の金額から推しても、個人としてはかなりの大金を想像させる。

私はかねてからこの負債が、かれ個人のものでなく、かれの名義による困民党関係—会計責任者という役職からいっても—の負債ではないかという疑問を捨てきれないでいる。同じようなことが、先述の渋谷元右衛門についてもいえるからである。渋谷は自分の名義で銀行会社から借りた金を、同村の幾人かの困窮者に融通している形跡がある（渋谷家文書）。

座間もまた、その居村、下溝村にあっては、れっきとした豪農であった。かつては「大山から家が見えた」程の広大な屋敷（九〇〇〇坪）に住み、その所有地は他村の海老名にまで広がっていたといわれる（孫の治次氏談）。しかしこの豪農も、やがて「七〇円の借金にせまられて家ごと売り払う」

零落の悲運に陥る。

④渋谷雅治郎（安政五年—明治二十六年　三十五歳）

渋谷家は屋号を綿屋といい、上鶴間村でかなりの資産家であったようだ。かれが福田島吉と共に、困民党の最高指導部に抜擢されているのは、そのすぐれた理論的能力と抜群の指導力を買われたためであろう。われわれはその事実を、かれが起草した「哀願書」に見てきた。またかれの弁舌は、困民党下の武相地方になりひびいていたといわれ、当時の『朝野新聞』（明治十八年三月四日）でも次のように報道されている。「同党中一方の領袖ともいうべき鶴間村の渋谷某兄弟は、可なりの身代なるが頗る弁舌に長じ、八王子三十余の銀行諸会社の人々は、この二人の弁論に圧倒せられ中にも共有商社の社員某は舌戦の余、竟に二人に説きふせられ」たと。文中二人の兄弟とあって、もう一人は渋谷喜代太郎と思われるが確認できない。

困民党事件のあと、渋谷は横浜へ移住し、そのまま彼地で死没している。享年三十五歳の若さであった。その間横浜で鉄道に勤務していることからみても、かれこそプロレタリア化の途を辿った没落豪農の典型といえよう（実子のヒデ氏談）。

⑤福田島吉（安政五年—昭和八年　七十四歳）

下溝村出身の監督であった福田については、後年のことしかわからない。村会議員や助役などを歴任したこと、冬の内職に相模川のソダ工事をしていたこと、隠居後は屋敷内でたばこ屋をやっていたことなどである。但しかれの生家では、祖父島吉が、活動に没頭して家業を捨て、家産を使い果たして残された家族たちがどんなに困窮したかをヴィヴィッドに伺うことが出来た。御殿峠騒擾の際、家の庭でたき出しをしたというのも、福田の生家であった。

⑥座間八三郎（嘉永二年―大正十二年　七十四歳）

かれについても福田と同様、後年のことしか明らかでない。酒が好きで家に食客が絶えず、他人の世話はどんなことでも気軽に引き受ける義侠に富んだ人だったという。家業は揚屋より糸を主業としていたが、実業家肌のところがあって、清流を利用して水車工場を建てたり、相模野で一〇〇町歩の開墾事業を企て、桑田計画に手出ししたりしたという語り草もある。

⑦井上登一（安政二年―　？　）

井上はただ一人、相模原北部の小山村の出身である。父兵七は明治十年代まで村用掛[35]に就任しており、経済的にも小山村で第三位の資産家であった。困民党事件のあと、登一は父から勘当され、以後横浜に永住している。長男で家督を継ぐべきかれが、突如家から放逐された事情については、継母との不和など家庭内の複雑な事情も考えられるが、やはり困民党事件が決定的理由であろう。この事件が直接家庭の悲劇を生んだ例としては、下溝村の小山万吉のケースがある。小山も明治十七年五月、妻子と離婚して家出している。こうして村を捨てた井上は横浜で消防署に勤務し、井上家の家督はかれの異母妹によって受け継がれた。

村三位の豪家の長男として、経済的に何不自由ないはずの井上が、どのような動機で困民党幹部への途を選んだのか、その辺の事情はもはや知るべくもない。勘当処分まで受けたかれの数奇な境涯に出会うとき、三十歳の青年の客気と義憤にたよるだけでは、余りにも単純な説明だろう。

なお、表8・21に掲げた人物のほかに、上鶴間出身の困民党指導者として、渋谷彦右衛門と渋谷彦兵衛がいる。この二人は、八月十日の御殿峠騒擾の際「巨魁」として逮捕、投獄されたため、十一月十九日の武相困民党結成時には姿を見せていない。そのため、表8・21の指導者一覧には載せなかった[36]。

**その思想**

以上、相模原地域の困民党指導者の中から数人の横顔を紹介してきたが、終わりに当たって簡単な総括をしておきたい。

すでにくり返し指摘してきたように、これらの指導者に共通していえることは、かれらが旧幕時代からの村役人の系譜をもち、明治期に入っても村落末端の指導的地位にあったことである。

明治十五年にはじまる大不況は、これら小豪農を含めて没落の危険にさらしたことはすでに述べた通りであるが、その経済危機の具体的過程を指導者個々について具体的に検討してゆくと、一村の窮状を放置できず、困窮者の負債や租税の支払い、果ては生活扶助のために、返済のあてもない資金の融通を重ねたところに主要な原因があるように思える。その累積された貸倒れの結果が、やがてかれら自身の資産の喪失を招いたのであった。こうして、かれら自身も、銀行会社の苛酷な追求を受ける負債農民の側に身をおくことになる。

幕末から維新にかけての未曾有の社会的激動を体験してきたかれらには、一村の利害を社会的な立場で受けとめる義民的思想の伝統が、根強く生きていた。このような義民的思想は、おくれた農民共同体が存続する社会では、人民の最良の伝統として生きつづけ、社会的、経済的危機に臨んで歴史の地表に噴出する。養蚕業を先頭とした急激な商品経済の農村滲透も、この地域では、そのような意識と伝統を風化するには至らなかったのである。

**注**

(1)下山三郎「明治十七年における自由党の動向と農民騒擾の景況」―『自由民権期の研究　3』有斐閣
(2)色川大吉「困民党と自由党」―『歴史学研究』247　歴史学研究会
(3)拙稿「高座の豪農民権家たち」―『青芝』
(4)(5)土屋喬雄・小野道雄編『明治初年農民騒擾録』勁草書房
(6)(7)『相模原市史　6』
(8)(9)(10)(11)(12)(13)色川大吉責任編集『三多摩自由民権史料集(下)』大和書房
(14)色川大吉「困民党と自由党」―『歴史学研究』247　歴史学研究会
(15)古島敏雄『資本制生産の発展と地主制』御茶の水書房
(16)(17)「上溝市場改正開設願、明治三年」―『相模原市史　6』
(18)(19)『相模原市史　3』
(20)丹羽邦夫「明治十年代における土地取引の地域的性格」―『自由民権期の研究　4』有斐閣
(21)(22)色川大吉責任編集『三多摩自由民権史料集(下)』大和書房
(23)明治十八年橋本村「窮民並ニ明治元年よりの職工手間賃等取調書」―『相模原市史　6』
(24)丹羽邦夫「明治十年代における土地取引の地域的性格」―『自由民権期の研究　4』
(25)『相模原市史　6』

(26)本書1章「神奈川県における自由党の成立過程」参照

(27)その後の資料発掘で次のことが判明した。

左表は困民党の債権者である武相銀行の高座郡内各村の貸付額を記した資料である。高座郡の農民は武相銀行から最大の負債を背負っていた。その総額は郡内二八カ村で一万七千四百余円に上るが、このうち困民党幹部を多数出している上鶴間、下溝両村の負債額がとび抜けて大きく、二村だけで郡全体の四八%を占めている。これによって最も多額の負債をかかえる村から、困民党幹部が選ばれていることがわかる。

**明治十七年(一八八四)十一月　武相銀行高座郡村別貸付帳**

相模国高座郡

| 村名 | 木店 | 久保沢出張所 | 原町田出張所 | 計 |
|---|---|---|---|---|
| 相原村 | 三百十五円 | 八十円 | | 三百九十五円 |
| 橋本村 | 三百八十円 | | | 三百八十円 |
| 小山村 | 四百四十円 | | | 四百四十円 |
| 清兵衛新田 | 六百六十八円 | | | 六百六十八円 |
| 上矢部村 | 九十三円 | | | 九十三円 |
| 矢部新田 | 百四円二十銭 | | | 百四円二十銭 |
| 下九沢村 | 千二百四十円 | 十円 | | 千二百五十円 |
| 上九沢村 | | 二百八十五円 | | 二百八十五円 |
| 大島村 | 三十円 | 百四十五円 | | 百七十五円 |
| 上溝村 | 百三十五円 | 六十円 | | 百九十五円 |
| 下溝村 | 六十円 | 四千二百七十二円二銭四厘 | 百十四円 | 四千四百四十六円二銭四厘 |

| | | | | |
|---|---|---|---|---|
| 田名村 | 四百四十二円 | 二百九十九円三十八銭 | | 七百四十一円三十八銭 |
| 磯部村 | 二百四円 | | | 二百四円 |
| 新田宿村 | 一百円 | 三十円 | | 百三十円 |
| 中新田 | 五百六十円 | | 六十五円 | 六百二十五円 |
| 上鶴間村 | | | 四千二十八円三十銭 | 四千二十八円三十銭 |
| 下鶴間村 | | | 四百六十五円 | 四百六十五円 |
| 鵜之森村 | | | 三百七十三円八十銭 | 三百七十三円八十銭 |
| 淵野辺村 | | 六十五円 | 千二十四円八十銭 | 千八十九円八十銭 |
| 深谷村 | | | 百四十円 | 百四十円 |
| 蓼川村 | | | 百二十円 | 百二十円 |
| 下今泉村 | | | 二百円 | 二百円 |
| 深見村 | | | 五十五円 | 五十五円 |
| 当麻村 | | 三百七十円 | | 三百七十円 |
| 座間四ツ谷村 | | 二百七十円九十一銭五厘 | | 二百七十円九十一銭五厘 |
| 上今泉村 | | 三十円 | | 三十円 |
| 河原口村 | | 一百円 | | 百円 |
| 座間村 | | 三十五円 | | 三十五円 |
| 総計二八カ村 | 四千七百七十一円二十銭 | 六千五十二円三十一銭九厘 | 六千五百八十五円九十銭 | 一万七千四百九円四十一銭九厘 |

（「青木正太郎文書」相原町・青木貢氏蔵）

(28)明治五年小山村戸籍表―『相模原市史　6』
(29)色川大吉「困民党と自由党」―『歴史学研究』247　歴史学研究会
(30)井上幸治『秩父事件』中公新書

(31)明治八年『神奈川県職員録』
(32)(33)『相模原市史　6』
(34)小宮日誌（小宮家蔵）。本書5章「『小宮日誌』と相州自由民権運動」参照
(35)明治八年『神奈川県職員録』
(36)この二人については、拙著『よみがえる群像—神奈川の民権家列伝』（神奈川新聞社）を参照されたい。

# 9　相州西部の農民騒擾
## ――秦野市域を中心に

### (1)　農民騒擾の社会的基盤

**山麓の村と盆地の村**

幕末から明治初年にかけての秦野の経済構造は、南北二つの地域に区分されよう。北部は丹沢山塊のふもとに発達した山麓（山地）の村からなり、僅かの耕地と広大な山林原野を生活の基盤にしている。もう一つの南部地域は、丹沢山塊から発するいくつかの河川―水無川、葛葉川、金目川、四十八瀬川など―によって開けた盆地（平場）の村で、畑作中心の農業が生産基盤をなしている。その盆地の中央部に、矢倉沢街道に沿って曽屋村十日市場が形成され、農産物の集荷と農業用品や日用雑貨の取引が行われていた。農産物の一つに、秦野の名産として古くから知られている秦野た

表9・1　神奈川県郡別農産物の地位（明治11年）　（単位：

| | | 全県生産高 | 三浦 | 鎌倉 | 高座 | 津久井 | 愛甲 | 大住 | 淘綾 | 足柄上 | 足柄下 | 久良岐 | 都筑 | 橘 |
|---|---|---|---|---|---|---|---|---|---|---|---|---|---|---|
| 人口 | | 568,605人 | 11.6 | 7.1 | 13.1 | 3.9 | 4.9 | 10.7 | 2.5 | 6.1 | 8.7 | 12.9 | 5.3 | 1 |
| 普通農産物 | 米 | 270,609石 | 7.3 | 9.2 | 12.9 | 0.7 | 5.6 | 13.4 | 1.9 | 9.4 | 8.0 | 4.7 | 6.7 | 2 |
| | 麦 | 282,797石 | 8.5 | 8.6 | 22.8 | 3.5 | 6.61 | 5.4 | 2.9 | 5.0 | 4.6 | 3.2 | 7.7 | 1 |
| | 大豆 | 43,990石 | 12.9 | 8.9 | 19.0 | 2.4 | 48.8 | 22.7 | 3.8 | 5.3 | 2.8 | 1.9 | 5.8 | 1 |
| | 雑穀 | 153,170石 | 5.6 | 8.3 | 28.5 | 6.8 | 9.2 | 10.5 | 2.3 | 4.6 | 3.4 | 2.2 | 9.1 | [illegible] |
| | 芋 | 25,210,923斤 | 10.1 | 8.3 | 30.8 | 2.7 | 4.5 | 20.5 | 3.1 | 3.7 | 2.8 | 2.5 | 4.3 | [illegible] |
| 特有農産物 | 実綿 | 609,668斤 | 5.9 | 16.2 | 20.8 | | 2.4 | 21.7 | 4.3 | 5.0 | 4.8 | 3.2 | 3.3 | 1 |
| | 麻 | 139斤 | | | | | | 18.0 | | 82.0 | | | | |
| | 繭 | 317,310斤 | | 5.8 | 34.2 | 2.9 | 25.6 | 21.5 | 0.1 | 0.9 | 0.1 | | 6.6 | [illegible] |
| | 生糸 | 21,707斤 | | 2.5 | 35.7 | 9.8 | 30.9 | 0.5 | 0.4 | | 0.4 | | 16.2 | [illegible] |
| | 茶 | 41,369斤 | | 3.2 | 38.4 | 12.0 | 15.1 | 4.2 | 0.8 | | 2.5 | 0.4 | 3.3 | 2 |
| | 葉煙草 | 904,394斤 | 1.8 | | | 0.1 | 0.1 | 71.7 | 0.5 | 23.1 | 2.7 | | | |
| | 菜種 | 17,464石 | 7.4 | 6.6 | 15.3 | 0.1 | 1.8 | 33.5 | 1.6 | 10.8 | 4.0 | 1.3 | 4.3 | 1 |
| | 甘藷 | 280,146斤 | 41.7 | 55.3 | 0.2 | | | 2.8 | | | | | | |
| | 蜜柑 | 1,257,611斤 | 27.4 | | | | | | 0.2 | 7.5 | 64.9 | | | |
| | 藍葉 | 10,004斤 | | 20.0 | | | | 63.9 | | 3.1 | 8.0 | | | [illegible] |
| | 蚕卵紙 | 3,829枚 | | | | 28.5 | 10.6 | | | | | | 16.5 | 4 |

山本弘文「神奈川県経済の発展と地域的特色」－『神奈川県史研究』18号から作成。三多摩は除く。

ばこがある。葉たばこの栽培は、山地平場を問わず殆どの村で行われていた。

　表9・1は神奈川県内の農産物を、明治十一年（一八七八）の「全国農産表」によって見たものであるが、葉たばこについては大住郡が県生産額の七六％を占めて圧倒的に高く、しかもその大部分が秦野地域に集中している。秦野を中心とする大住郡の葉たばこは、愛甲、高座郡の繭、生糸と並ぶ県央の代表的な商品作物であった。大住郡はこの外に菜種、実綿についても高い生産額を誇っており、この地域が県内における主要な商業的農業地帯を形成していることがわかる。しかし、穀物については、畑作地帯のため米麦とも自家消

表9・2　秦野市域の村の概況(明治3年)

| | 曽　屋　村 | 今　泉　村 | 蓑　毛　村 |
|---|---|---|---|
| 村　高　(石) | 1431 | 492 | 200 |
| 戸　数　(戸) | 379 | 124 | 82 |
| 人　口　(人) | 1542 | 666 | 416 |
| 田反別　(町) | 20(10%) | 11(11.6%) | 9(23.7%) |
| 畑反別　(町) | 182(90%) | 84(88.4%) | 29(76.3%) |
| 持山・秣場(町) | 持山7町<br>秣場1カ所 | — | 持山4町<br>秣場26カ所 |
| 物産<br>(農業) | 大麦・菜種・小麦<br>煙草 | 麦・粟・稗・そば<br>菜種・煙草 | 大麦・小麦・小豆<br>稗・粟・そば |
| 物産<br>(商工業) | 種粕、油絞、干鰯<br>酒造、醤油造、大工<br>呉服、荒物、煙草<br>菓子など | 莚取、薪取 | 杣木挽、大工<br>炭焼、狩人<br>薪売捌など |

村高は石以下、田畑反別は町以下は四捨五入した。明治3年「村明細帳」―『秦野市史2　近世史料1』『同市史3　近世史料2』から作成

費が主で、その分たばこ、菜種などの商品化に依存せざるを得ず、農産物価格の変動による不安定さをまぬがれなかった。

以上、明治十一年の全国農産表にもとづいて、秦野地域の産業構成を概観したが、次にそれを個々の村に即して今少し具体的にとらえて見よう。表9・2は秦野市域の三つの村の「村明細帳」からとった統計表である。いずれも明治三年の「村明細帳」である。最初に述べた地域区分にしたがえば、蓑毛村は山麓の村を、今泉村は盆地の村を、さいごの曽屋村は盆地中心部の商業地をそれぞれあらわしている。

さてこの三村を比較すると、さすが商業中心地の曽屋村が、村高、戸数、人口、田畑反別とも最も大きく、今泉村がそれに次ぎ、山麓の蓑毛村が最も小さい。田

表9・3　秦野市域の村の石高構成

| | 曽屋村 | |
|---|---|---|
| 30石以上 | 8 戸 | 2 % |
| 10石以上 | 12 | 3 |
| 5石以上 | 44 | 12 |
| 5石以下 | 315 | 83 |

| | 今泉村 | | 蓑毛村 | |
|---|---|---|---|---|
| 高持 | 85戸 | 69% | 51戸 | 62% |
| 無高 | 39 | 31 | 31 | 38 |

明治３年「村明細帳」－『秦野市史２　近世史料１』『同市史３　近世史料２』から作成

畑の比率では三村とも畑が圧倒的に多く、山地の蓑毛村は百姓林と五カ村入会を含む二六カ所の秣場をもっている。曽屋村にも秣場一カ所があるが、これは幕末（慶応三年）に開墾したものである。物産については、曽屋村の油絞、酒、醤油などの農産加工品と蓑毛村の薪炭がきわだった特色を示しており、また蓑毛村には前二カ村に共通する葉たばこと菜種がなく、生業面で山稼ぎや出稼ぎに依存している点が注目される。こう見てくると、村の中では今泉村が秦野の最も標準的な村と言えそうだ。

次にこの「村明細帳」を用いて、当時の村の階層構成をあらわすことができる。表9・3は農家の石高と土地所有状況から得た階層区分をあらわすものであるが、明治初年に曽屋村で石高五石以下の零細農が八割を占め、また今泉、蓑毛の両村で無高の貧農が三～四割を占めていることは、すでにこの段階で農村の階級分化が大きく進行していることを示している。あとで、明治十年代後半の松方財政下におけるこの地域の階級分解にふれるが、すでに明治初年において農民諸階層に大きな格差が存在していることを、この不十分な資料からもうかがうことができる。

ともあれ、山麓の村と盆地の村、それらを結ぶ曽屋の商業集積地――このような経済構造を土台にして、秦野の近代史は展開するのである。

## 地租改正

周知のように地租改正は、明治政府が国家の財政的基礎を確立するため、旧来の封建的土地所有を解体して私的土地所有権を認め、旧貢租に代えて地租を中心とする租税制度の確立をめざした大事業であった。改正に当たって政府は、地租について「旧来ノ歳入ヲ減ゼザル」高額の貢租を課したため、全国的な農民の反対運動をひき起こし、各地で激しい地租改正反対一揆に出会った。神奈川県でもこの時期、鎌倉郡瀬谷村外六カ村の改正反対運動と、大住郡真土村の松木騒動が起きている。

松木騒動は、明治六年地券交付の際、質地を騙しとられたとして、同十一年十月二十六日の夜、冠弥右衛門ら二六名の農民が、債主の松木長右衛門一家を襲い惨殺した事件である。にもかかわらず、世間の同情は加害者である冠らに集まり、県令・野村靖を動かして首謀者四名の死刑を減刑させるという異例の「寛典」をかち取ることができた。この時、大住・淘綾・愛甲三郡の人民一万五〇〇〇名の助命嘆願運動が行われ、減刑実現に大きく貢献したが、秦野市域からもこの運動に二六カ村が加わっている[1]。秦野市域ではこのような騒動こそ起きていないが、地租改正に対する農民の不満には、ほぼ共通したものがあったと思われる。

ここで、二つの事件に関連して、神奈川県の地租改正事業の問題点を指摘しておきたい。一つは松木騒動にかかわることであるが、神奈川県下の農村には、旧幕時代からこの地方特有の質地慣行があった。それは、農民が質入れした土地は質入主の意志によらない限り所有権の移動は認められず、負債を返済すれば質入地はいつでも質取主から請け戻すことができるという、負債者(質入主)

に有利な慣行であった。しかしこうした慣行も、明治六年に交付された「地所質入書入規則」によって否定され、質入地の所有権の移動と質取主への地券の交付を認めていた。松木は区長兼戸長の地位を利用して、この新規則に基づいてこれまでの質地慣行を破り、農民側の怒りを買ったのであった。松木にすればこれは当然の合法的措置であり、事実、裁判においても初審にこそ敗れたものの、上級審においては勝訴していたのである。しかしこの新しい制度は、負債をかかえる農民にとっては、既得の所有権の剝奪であり経営と生活の破綻を意味した。この問題はやがて、松方財政下の農村不況の中で、金融会社と負債農民の争点として再び浮上する。

もう一つは、瀬谷村外六カ村の地租改正反対運動にかかわる問題である。ここでは、地租額を決める田畑の地位等級表の一方的押しつけに、事件の発端があったが、それと同時に次のような問題も伏在していた。すなわち神奈川県では、畑が耕地の七割を占めたため、田よりも畑に貢租の重点が置かれ、旧貢租に比べると、地租は田が一四%の減租なのに対して畑は約二倍の増租となり、全体として二六%の増租となったのである。そのため畑が九割近い瀬谷村は、地租が旧貢租の三・八倍にのぼるという異常さであった[2]。このことが地租改正反対運動の火に油をそそぐこととなった。

ところで、畑作地帯が圧倒的に多い秦野市域でも、同じことが言えるであろう。地元に地租改正関係の資料がないため、これ以上立ち入らないが、十七年不況期にはこの地方でも地租の重圧が大きくのしかかっている。

以上は田畑のような耕地についての地租改正の問題であるが、ついでに山林原野の改正についてもひと言ふれておこう。これは秦野地域にも関係する問題だからである。林野の地租改正は、耕地の改正が一段落した明治九年からスタートした。

林野はもともと、耕地とちがって一人一作主義が通用せず、領主直営林（御林）、村持林、「部落有林」、百姓林など保有形態もさまざまであった。しかし林野は薪炭、用材、肥料、飼料などの豊かな供給源をなしており、耕地にめぐまれない山村農民にとっては、不可欠の生存条件を意味していた。

明治政府は当初、官有の林野について殖産興業の立場から、積極的な払下げ政策を推進した。しかしその結果、山林の乱伐と荒廃によって山林資源の枯渇を招くと、一転して保護政策に転じ、官林はもちろん村持や「部落有林」など農民の入会地まで公有地として囲い込み、農民を林野から締め出した。その政策の総仕上げが、いわゆる官民有区分である。これによって政府は、軍需・建設用材の確保と資源の育成を図ったのである。こうして、林野の地租改正に対する農民の抵抗は、耕地のように地租額の軽重をめぐる紛争ではなく、林野の所有権や入会権をめぐる闘争となったのであった。これが林野の地租改正の特徴であるが、では神奈川県ではどうであろうか。

県内では、官民有区分によって国有林に編入された林野は、「御林」（丹沢御料林）が主で、大部分は従来の入会権、所有権が認められた[3]。そのため本県では他県のような官収反対の闘争は起きていないが、その代わり入会地をめぐる村や地区の間の争論が絶えず、後述するように秦野地域でも入会権をめぐって種々の紛争が発生している。

**松方財政と十七年不況**

さて、以上のような経済的土壌と歴史的環境の下で、明治十四年以降、松方財政が展開される。

表9・4　小田原における葉たばこの価格変動

| 年　　次 | 価格（100斤当り） |
|---|---|
| 明治14年 | 10円70銭0厘 |
| 18年（前半） | 6．70．8 |
| 18年（平均） | 9．03．8 |
| 19年 | 9．31．3 |
| 20年 | 10．91．3 |

『神奈川県統計書』から作成

周知のように松方財政は、通貨の安定と財政の立て直しを至上課題とした極端なデフレ政策であった。そのため流通界では、十五年以降諸物価が激しく下落し、農村ではわずか四、五年の間に、農産物価格が半減するという未曾有の不景気を招来した。県下の農産物の価格は、十三年から十七年の五年間に、米麦については四〇～五〇％、生糸についても四〇％近くの暴落ぶりを示している（表8・19参照）。秦野地方の特産物である葉たばこについては、統計資料が不完全なため推測にとどまるが、これもほぼ同様の値下りがあったものと思われる（表9・4）。

十七年十一月、隣の愛甲郡では、郡民をあげて地租軽減運動に取り組んだが、その請願書に次のような一節がある。

「我郡民ハ従来、米麦ノ一半ヲ以テ貢租ニ充テ、他ノ一半ヲ食糧トナシ、而シテ日常必需ノ品物ヲ購入スル資ニ至リテハ、余之ヲ桑蚕ノ所得ニ取リテ、辛ジテ其生活ヲ営ム[4]」

これは、愛甲郡の経済構造をその物産について述べたものだが、この文中の「桑蚕」を「葉たばこ」に置き換えれば、これはそのまま秦野市域の経済構造に当てはまるであろう。松方財政はこのような農村に大打撃を与え、農家「歳入ノ三分ノ二ヲ失ヒタル」思いに陥らせたのであった。

農産物価格の下落に加えて、租税負担もこの不況下では深刻な悩みであった。租税（地租）負担の重圧について、秦野市域を含む大住・淘綾両郡八一カ村の戸長らによる「地租延納上申書」は、こう訴えている。

「茲ニ地租金五円ヲ納ムルモノアラン、昨年ニ於テハ凡米六斗内外ヲ以テ充足致シ候ヲ、今年ニ至リテハ米壱石二、三斗ヲ要セサルヲ得ズ……是即チ昨年米拾石ノ収穫アリタルモノ、今年減ジテ五石ノ収穫ヲ得タルト毫モ異ナルコト無之(5)」

地租については明治十年以来、地価の二分五厘に固定したままであったが、米価の暴落と貨幣価値の上昇は、実質的な大増税となることを上申書は訴えている。農民の租税負担はこの他にも、明治十五年の酒、たばこの増税や、地方税の増徴によって強まっていた。地方税については、地方税規則を改正して、これまでの地租割の課税限度を地租の五分の一から三分の一に引き上げている。

松方財政がもたらした以上のような農村不況に関連して、ここでもう一つ、銀行類似会社の問題に言及しておかねばならない。銀行類似会社とは、十四年以降の金融閉塞下に簇生した民間の金融機関のことで、その実態は農民の金融難につけこんで暴利をむさぼる高利貸資本であった。これらの金融会社は、機業地・八王子をはじめ県下の各地に出現したが、この地方でも曽屋村の共伸社、馬入村の江陽銀行、小田原の積小社があり、また個人でも一色村の露木卯三郎、戸田村の小塩八郎右衛門などがいた。それは、村内で農民相手に小口金融を営む在来型の地主金融とは異なる、新しいタイプの高利貸資本であった。すなわち、多くの株主と巨額の資本金を有し、明文化された定款規則と事務所を備えた本格的な金融機関であった。しかしその「債法」は、しばしば世の識者を歎かせたほどの「苛酷」なものであった。

ここに一つの文書がある。これは明治十八年四月、大住郡内の七カ村（公所、根坂間、纏、河内、広川、片岡、南金目）二二名の人民総代が、県令宛に負債者からの銀行利子取立の猶予を哀願したものであるが、その中で次のように述べている。

「明治十六年ヨリ物価非常ノ激変ニ際シ、遽ニ困難ヲ極メ利子計算モ難立候処、明治十七年九月中、暴風雨ノ為尚一層困弊ニ陥リ候処、各債主ニ於而者返済ヲ経過シタルヨリ、督責雲ノ如ク苛酷ノ処置致サレ候者不尠、此際負債者ニ於而ハ、汲々乎トシテ返済之義務ニ尽力致シ候得共、金融ノ道切絶シ、不得止抵当品其他所有物品ニ至迄、悉皆買却致サントスレドモ、買求スルモノ更ニ無之……為ニ返済之目途ヲ失シ、抵当公売ハ勿論身代限ノ処分ヲ請候モノモ不尠（中略）此儘生民ノ塗炭ヲ救助スルモ無之候ヘハ、自然十ノ五、六ハ流離散亡ニ立至ル可クト存候⑥」

表9・5　神奈川県郡別小作地率・農家構成（%）

| | 小作地率 | 農家自小作別構成 | | |
|---|---|---|---|---|
| | | 自　作 | 自小作 | 小　作 |
| 久良岐 | 44.4 | 57.0 | 37.6 | 5.4 |
| 橘　樹 | 29.9 | 22.3 | 42.0 | 35.7 |
| 都　筑 | 27.3 | 71.3 | 18.2 | 10.5 |
| 三　浦 | 18.0 | 36.0 | 49.7 | 14.3 |
| 鎌　倉 | 34.4 | 18.4 | 63.8 | 17.8 |
| 高　座 | 85.6 | 39.8 | 12.1 | 48.1 |
| 足柄上 | 17.2 | 19.6 | 54.9 | 25.5 |
| 足柄下 | 26.0 | 41.7 | 35.8 | 22.5 |
| 愛　甲 | 60.1 | 29.7 | 50.0 | 20.3 |
| 津久井 | 27.7 | 21.5 | 57.5 | 21.0 |
| 大　住 | 63.1 | 21.6 | 52.0 | 26.4 |
| 淘　綾 | 62.4 | 33.8 | 45.4 | 20.8 |
| 平　均 | 42.7 | 35.7 | 43.9 | 20.4 |

『神奈川県統計書』から作成。三多摩は除く

金融会社の債法は、しばしば「切金」「月しばり」と言って、一年足らずで負債の元利合計が二倍になるという苛酷なもので、返済不能に陥った者に対しては、裁判所を通じて容赦なく身代限りの処分を発動するというものであった。その際、公売に付された質地の価格は、地券面の地価の二、三割という捨値同然の値段で取引された。こうして前述の哀願

書は、「依リテ負債者ヨリ管内銀行、金貸会社へ元利取立之儀、本年ヨリ向フ三ケ年据置相成欤、左ナクバ抵当地所田地価壱倍畑地価弐倍、山林地価四倍ノ価格ニ御購求相成度」と述べて、「御救助」を哀願しているのである。

これが、秦野市域と境を接する大住郡七カ村の状況であった。表9・5は不況が最も深刻化した十七年の神奈川県下の郡別小作地率をあらわすものであるが、葉たばこ主産地の大住郡が、高座・愛甲の養蚕地域と並んで、小作地率の最も高い地域であることを示している。この統計数字から直ちに、松方財政下の農村の階級分解を推論することはできないが、このような貧困化の土壌の上に、後述する農民騒擾の嵐が吹きすさぶのである。

## (2)　激化する農民騒擾

### 堀山下村の入会地騒擾

明治十七年は不況と農民騒擾に明けくれた年であった。未曾有の不況の中で、農民騒擾は全国に広まり、自由党左派の激化事件とも重なって、騒然たる景況を呈した。その最大の事件が秩父困民党事件であった。この年神奈川県でも騒擾が激発し、その発生件数は全国最高と言われている。騒擾は県西部からはじまり、十六年末から十七年前半にかけて、大住・淘綾郡一帯に吹き荒れた。その最もラジカルな事件が露木事件であった。その後騒擾は県の東部へと移動するが、十七年後半には武相七郡にまたがる一大困民党組織が結成され、最後のそして最大の運動へと発展していった。

以上が県下の農民騒擾の趨勢であるが、秦野市域の騒擾は十七年前期に集中しており、表9・6にあげた騒擾事件のうち、堀山下騒擾、露木事件、弘法山騒擾の三件が市域に関係したものである。まずこの中で、最も早く起きている明治十六年四月の堀山下騒擾から述べていこう。官憲側の資料によれば、この事件は次のように報じられている。

表9・6　相州西部における明治16年末から17年前期の農民騒擾

| 債　　主 | 所　在　地 | 騒擾と年月日 |
|---|---|---|
| 山口太平 | 大住郡堀山下村 | 堀山下騒擾(16.4.29) |
| 露木卯三郎 | 淘綾郡一色村 | 子易村騒擾(16.10.14)<br>土屋村騒擾(17.3.16)<br>吉岡村騒擾(17.4.7)<br>露木殺害事件(17.5.15) |
| 小塩八郎右衛門 | 大住郡戸田村 | 吉際村騒擾(17.3.29) |
| 共伸社 | 大住郡曽屋村 | 弘法山騒擾(17.5.27)<br>愛甲郡も加わる(5月中) |
| 江陽銀行 | 大住郡馬入村 | 馬入村騒動(17.6.11) |

土屋喬雄・小野道雄編『明治初年農民騒擾録』から作成

「明治十六年四月二十九日、相模国大住郡堀山下村人民六拾壱名の総代として、同村平民南条繁次郎外五名のもの、同志者数名を随え、同村豪農山口太平の家宅へ襲来し、山林反別八反余の立木を受取らんと強迫に及び、而して南条は自身の膝を斫り、又同行者は山口の為め負傷せし抔無限の難事を申掛け、既に暴挙に及ばんとするの勢あり。依て即時同処に出張し、種々懇諭を加へ漸く一時は鎮定に帰するも云々」[7]。

この事件の発端は、それより十数年前の明治初年にさかのぼる。堀山下村はもと旧六浦藩米倉丹後守の支配地であったが、明治二年九月、同藩は藩財政の窮乏から、同村字大久保山の藩林一六町三反余を当時の戸長山口太平に一六五円で払い下げた。しかしこの山は、堀山下村の村民が長年落葉採集と下草苅を行ってきた入会地であり、村民の生活に欠かすことのできない林野であった。そこで入会権を奪われた村民一同は、山口に対して代金と利子をそろえて買戻しを求めたが拒否されたため、明治六年、山口久八、北村伝平、北村秀五郎ら三名が、村民一一三名の総代として足柄裁判所へ訴えて出た。しかし、村民側の入会権を裏付ける証拠もなく、逆に山口の所有権が認められて裁判では敗訴となった。その後、明治十四年八月、同村にある城入院の住職（法印）南条繁次郎の指導下に、再び横浜裁判所へ提訴したが、これも却下されてしまった。こうして万策尽きた村民六一名は、十五年一月二十三日、竹槍を用意して山口を襲う動きを見せはじめた。これを知った警察は、戸長山田伊太郎に仲裁を依頼し、次のような条件で漸く和解にこぎつけることができた。それは、山口が旧領主から買収した山林一六町三反余のうちから、五町五反を無償で村民に譲渡するというもので、村民にしてみれば漸く宿願を達したかに見えた。

ところが、その後村民が入会地の立木を買い請けた際、買収地の面積を測量したところ八反余の不足があることがわかり、南条ら数名の総代がその不足分の代価を要求して、再び山口宅に押し掛けるという事件が起きた。これが冒頭に紹介した十六年四月の堀山下騒擾である。結局ここでも警察側が間に入り、山口から六一名に対して六一円の補償金を出すことで決着したのであった(8)。

ところで、この堀山下村騒擾は入会地をめぐる紛争で、同時期に起きた他の一連の騒擾とは性格を異にしている。他の騒擾が負債返弁騒擾という共通性をもっているのに対して、これは旧領主の所有する林野の一方的な払下げによって、入会権を奪われた村民が、その権利を回復した運動である。このような林野の払下げをめぐる紛争は、明治初年以来全国的に発生しており、神奈川県でも町田地域に起きた木曽・由木村二カ村の秣場騒動が、最近注目を浴びている(9)。

秦野市域の最初の農民騒擾は、入会地騒擾として、この山麓の村からはじまったのである。なお、堀山下村では慶応二年（一八六六）に、小作料の値上げをめぐって、村の名主と小前農民が激しく衝突するという事件が起きており(10)、村民たちはすでに幕末期から、このような村方騒動の体験を共有していたのである。このことは、幕末から明治にかけての農民闘争の伝統を考える上で重要である。

**露木事件**

大住・淘綾両郡に起きたこの時期の農民騒擾は、堀山下騒擾をのぞけば、すべて負債返弁騒擾である。負債返弁騒擾とは、負債を負った農民が債主である金融会社を相手どり、不況を理由に元金の据置きや年賦払い、利子の減免などを要求した運動である。表9・6の騒擾一覧によれば、この騒擾は両郡下で六件起きており、そのうち子易村を含めると三件が露木卯三郎関係のものである。そこで順序として露木関係の騒擾から述べることにしよう。

露木にかかわる事件のうち、最初に出てくるのが子易村騒擾である。この事件は同村の大森義太郎・大津定右衛門・飯田三右衛門・鈴木三右衛門の四人が、村民の地券状を抵当にして露木卯三郎から借金したが、期限を過ぎても返済しなかったため、債主の露木から「厳重督促に及び、強いて公裁を仰ぐに至り、終に地所公売又は身代限りの処分を受けるに至」った。こうして進退きわまった村民四十余名は、十六年十月十四日丹沢山に集合し、竹槍を用意して大森ら四人の家宅に押し寄せようとした事件である。この事件は事前に押えられたが、これが露木にかかわる最初の事件である[11]。この子易村騒擾では露木はまだ事件の前面には出てこない。しかし次の騒擾になると、かれは負債者の前に直接の当事者として登場する。三月十六日夜、大住郡数カ村、足柄上郡井ノ口村、赤田村外数カ村の人民約一〇〇名が、土屋村の十国峠に集合し、露木の負債の件で評議し、「終に同人に暴行を加えん」としていた。次いで四月七日には、今度は高座郡吉岡村の人民約一〇〇名が、同村蟹ケ谷に同じく露木の負債の件で集合している。この二つの事件は、いずれも当局側のすばやい措置で未遂に終わったが、しかし、これは次にくる大事件の前哨戦であった。

五月十五日、露木は大磯の旅館・宮代屋で、手代の露木幸助と共に、八名の負債者たちに襲われて殺害された。この事件の衝撃は巨大であった。「此等の負債事件は紛紜久しきに渉るを以て、殺害の事直に遠近に伝聞し村民の動揺一方ならず」、とりわけ被害者の居村である一色村では、「村民処々に集合するあり、家具を負担逃亡するあり、且つ暴徒起るべし、放火あるべしとの風評甚しく、実に其の騒擾言ふべからず[12]」と『騒擾録』は述べている。

ここで露木本人のことにふれておく。露木卯三郎は淘綾郡一色村（現二宮町）の出身で、同村戸長・露木平七の長男に生まれ、維新前は大磯で遊女屋を営んでいたが、事業に失敗して東京に出た。ところが東京でたまたま米相場に手を出して大当りし、その金を持ち帰って明治七、八年ごろから郷里で金貸業をはじめた[13]。

ところで、露木の金貸業は「貪婪《どんらん》」かつ「残忍」で、その悪名は天下になりひびいていた。かれは返済期限がくれば「鍋釜でも外して行き兼ぬ勢」で、容赦なく取り立てた。そのため公売処分を

表9·7　村別貸付状況

| 村名 | 借用人名 | 借入年次 | 借用金 | 抵当反別 | 地価金 | 種別 | 明治17年時の借用金額 |
|---|---|---|---|---|---|---|---|
| 北矢名村 | 平井　喜三郎 | 明治17年2月 | 20. | 1.0.28 | 28.69.6 | | 20. |
| | 今井伊三郎外1名 | 17. 4 | 300. | 1.9.9.18 | 562.88.9 | | 300. |
| | 思並　兼吉 | 15. 10 | 25. | 5.24 | 14.4.7 | 年賦 | 25. |
| | 思蔵　久貢 | 16. 11 | 25. | 2.8.00 | 24.28.8 | | 25. |
| | 高橋　由五郎 | 15. 10 | 29. | 1.3.18 | 26.82.2 | | 29. |
| | 総計　6名 | | 399. | 2.5.7.38 | 656.74.2 | 1件 | 399. |
| 蓑毛村 | {高橋　亀三郎<br>西村　権左衛門}<br>（東田原村） | 16. 5 | 100. | 7.2.05 | 110.73.3 | | 100. |
| | 高橋　惣左衛門<br>相原弥五右衛門 | 16. 9 | 150. | 8.9.14 | 209.76.9 | 年賦 | 150. |
| | 相原　惣助 | 16. 10 | 60. | 3.7.00 | 3.7.0 | 年賦 | 60. |
| | {相原　惣助<br>相原　清七} | 16. 12 | 60. | 1.8.2.27 | 111.14.3 | 年賦 | 60. |
| | {湯山　清蔵<br>安藤　次左衛門<br>相原　長吉<br>相生　佐五郎} | 16. 12 | 80. | 4.1.24 | 112.63.0 | 年賦 | 80. |
| | {相原　伝左衛門<br>高橋　五郎兵衛<br>高橋　善右衛門<br>江原　好右衛門} | 16. 12 | 50. | 3.8.28 | 74.3.7 | 年賦 | 50. |
| | 相原　源四郎<br>向原治郎左衛門<br>鈴木　重吉 | 12. 10 | 110. | 1.6.2.11 | 69.77.4 | | 110. |
| | 総計　17名 | | 610. | 6.2.4.18 | 691.15.6 | 5件 | 610. |
| 名古木村 | 小泉　谷五郎 | 16. 3 | 120. | 1.2.20 | 23.74.1 | | 35. |
| | 総計　1名 | | 120. | 1.2.20 | 23.74.1 | | 35. |

{　} は連借。土井浩「明治十年代・神奈川県下の土地金融活動について－露木卯三郎の負債圏を中心に」－『神奈川県史研究』27号から

受け、身代限りに陥った負債者からは非常な恨みを買い、いつかは襲われるという風評が絶えなかった。ちなみに、事件当時の露木は一五万円の巨富を蓄え、相州六郡に五〇〇名の負債者をかかえていたと言われる。露木の加害者が八名にのぼり（無罪となった者を含めると一一名）、しかもその出身地域が三郡六カ村に及んでいるのも、その負債圏の広さと怨恨の深さとを物語っていよう。

露木の金融業の全容についてはわかっていないが、大住郡の負債額の一部が土井浩氏によって明らかにされている(14)。それによれば、同郡下の負債件数一二四件、負債者一三五名、負債総額一万九千余円、質入反別六三町五反歩にのぼっている。この中から秦野市域の諸村を抜き出して見ると、北矢名、蓑毛、名古木の三村で一三件、二五人を数え、負債総額一一二九円、質入反別八町九反五畝六歩となっている。表9・7はこれら三村の負債額と負債者一覧であるが、一人当たりの借用金額と質入反別を見てもかなりの額で、露木の負債者が相当の経営規模をもつ農民であることがわかる。また、明治十七年時の借用状況を見ると、名古木村の一人を除き、それまでの借金が全く返済されておらず、負債者の困窮ぶりを示している。

**弘法山騒擾（その一）**

露木事件の昂奮からようやくさめようとしていた五月二十七日、今度は秦野の弘法山で一大騒擾が勃発した。このニュースを伝えた『自由新聞』はこう報じている。引用が長くなるが、重要な記事なので思い切って全文を紹介する。

「〇類似社会党　神奈川県相模国大住郡なる落畑、串橋、笠久保、善波、坪之内、神戸、白根、

石倉、子安、真田、矢崎、長持、馬渡、平間、城所、田中、粕谷、入野、寺田、縄入、山瀬、大畑、丸島、板戸、池端、沼目、小稲葉、下谷、上谷、上落合、田村、大神、公所、吉沢、片岡、大槻、井の口、西大竹、土屋、南金目、今泉、平沢、境、縄村、山下等四十四ヶ村の人民凡そ三百余名には、不景気の余り同郡矢名村なる弘法山に楯籠り相議して曰ふ、各自の負債は益す嵩み来つて到底返弁の目途なし、然る時には抵当として差入れ置きし祖先伝来の田畑は全く他人の有となり、我々は小作をなすも為さざるも一切所有人の権内にあれば、祖先へ対し申訳之れなし、さりとて金円の弁償すべきなければ、此上は債主へ迫りて飽迄年賦返済の儀を照会し、全く帳消し同様の談判に取懸るべし、若し肯かざる時には暴行に及ばんと衆議一決して、去月廿七日より、或は十名或は十五名宛連れ立ちて、第一番に同郡曽屋村即ち十日市場の共伸社へ押懸け、本年より年利息三十五ヶ年賦返済の儀を申入れたり。同社員は其の余りに法外なる談判に豈一驚を吃せざらんや、暫くは答弁をもなし能わざりしが、さりとて打捨置く訳にも行かざれば、本社は有志の募金に成立たるものなれば、一同協議の上来る五日迄に何分返答をなすべしと答へたるにぞ。暴民等は彼れ是れ暴論を吐き、是非とも即答を承らんと迫りたりしも、到底社員一己の承諾すべきことに非れば、切諭して遂に数名の暴民は弘法山へ退去したり。夫れよりは又同郡馬入村の杉山某を始め、大山村目黒某、戸田村門倉某、小田原駅積小社等へも、自分勝手の期限を定めて返済方の強談に及び、今猶ほ孰れも決着の所に至らざれば、幾んど蓆旗を翻へし竹槍を提げ、手に唾して起たんとするの勢あり。其筋に於ては何卒事の爰に到らざるの前、早く穏当の所置を施され度きものなりと同地よりの通信(15)」

この記事は、いわゆる農民騒擾なるものの実態を実にリアルに報じている。筆者が事件に対して批判的立場にあることは一読して明らかだが、それにしても役所の公文書とちがって、負債農民の動向をまことに生なましく伝えている。

農民が立て籠った弘法山は、秦野盆地の東端にある標高二四〇メートルの小山だが、昔からの景勝地としてこの地方のランドマークをなしていた。騒擾農民が此処を集結地点として選んだのも不思議ではない。

さて、前掲の『自由新聞』によれば、大住郡四四カ村の負債農民三〇〇名（『騒擾録』では百余名）が、五月二十七日以来、弘法山に立て籠り、債主に対して無利息三五年賦を要求し、「若し肯かざる時には暴行に及ばんと衆議一決して、……或は十名或は十五名宛連れ立ちて」周辺の債主に「強談」をくり返している。その有様は「幾んど蓆旗を翻へし竹槍を提げ、手に唾して起たんとするの勢あり」と述べている。

この弘法山事件は、続いて次のような事件を誘発する。今度は『騒擾録』からとってみよう。

「大住郡笠久保村添田団右衛門外九名、同じく負債一件にて負債者百余名を同郡善波峠又は弘法山に聚集し、頗る穏かならず、直に巡査を出張せしめ鎮撫解散せしめ、且巨魁等を曽屋分署に召集審案の上、小田原警察署に送致せり。

此際大住郡愛甲郡各村負債者沈静ならず、処々に集合するのみならず、大住郡尾尻村共伸社々長梅原修平居宅へ左の張紙をなしたるものあり。

願の筋聞届呉れ候はずば、如何程堅固防禦をなすと雖も屹度焼打候間其段承知せよ。

つつがなき命はきのふ共伸社あすは露木の友となる身ぞ
此張紙あるや梅原修平は勿論家族雇人に至るまで狼狽一方ならず、加之近隣に於ては専ら彼の露木の評をなし、且つ放火等の恐れあるを以て人心恟々たり。巡査を処々に派出し説諭をなすと雖も恐怖甚だしきを以て容易に安心せず、故に巡査をして毎戸説諭を加へしめ、漸く保護の篤きを感じ安堵を覚えたり、其他近村中密に暴行を企てるものあるの風評甚しきを以て、厳重探知巨魁岩崎久右衛門、佐藤市兵衛外四名を捕獲し、小田原警察署に送致せり。[16]」

ここで判明したことは、弘法山騒擾の「巨魁」（指導者）が、笠久保村（現伊勢原市）の添田団右衛門だということである。更に添田らが逮捕されるや、隣郡・愛甲郡の負債者が、大挙して大住郡の仲間に合流していることである。露木卯三郎の負債圏も愛甲郡にまで及んでいたが、その負債者集団の動きが、このように具体的にわかるのははじめてである。そして、添田ら大住郡の指導者が弾圧されたあと、代わって愛甲郡の岩崎久右衛門や佐藤市兵衛らが騒擾の指揮をとっている。

その渦中で起きたのが、共伸社社長・梅原修平宅の「張り紙」事件であった。そして、「放火」や「暴行」の噂の乱れ飛ぶ大混乱の中で、岩崎や佐藤らもまた、張り紙事件の「巨魁」として小田原警察署へ送致されている。またこれらの被逮捕者の中に、大住郡の近藤鎌太郎、愛甲郡の小沢善吉がいたことが別の文書で明らかになった。[17]

**弘法山騒擾（その二）**

さて、前掲の二つの資料から次のことが確認できよう。一つは弘法山騒擾では、債主が共伸社をはじめ積小社、江陽銀行（杉山泰助）、目黒某、門倉某など数社にのぼっていることである。負債圏の拡大に応じて、農民側も同一の債主に対して負債者集団を形成したことは、露木事件でも見られたが、ここではさらに個々の債主の枠を越えて、債主ら全体に対して負債者集団が連合するという形態をとっている。この負債者集団の組織形態と行動様式は、武相困民党に酷似している。

第二には、これらの負債者が三五年賦という統一要求を掲げて、統一した組織と指導の下で、各債主に対して一斉に集団交渉を行っていることである。それと同時にこの二つの事件では、これまで余り姿を見せなかった指導者が公然と姿を現している。大住郡の添田団右衛門、愛甲郡下依知村の岩崎久右衛門、同中依知村の佐藤市兵衛、同三田村の小沢善吉、大住郡坪之内村（現伊勢原市）の近藤鎌太郎らがそれである。これらの人物についてはまだほとんどわかっていないが、比較的よく知られている添田団右衛門を紹介しておこう。

添田は笠久保村の旧名主の出身で、かれ自身も十年代には民選戸長を務めたことがあった。十五年当時は五町余の田畑を所有し、養蚕と葉たばこを経営する小豪農であったが、たまたま出資していた小田原の魚会社が倒産するに及んで家産が傾き、負債を増していった。添田の負債は肝心の共伸社についてはわからないが、露木卯三郎については明らかになっている[18]。それによると、明治十四年から十六年まで件数にして八件、借用金額一二八〇円、質入反別四町七反となっており、十七年現在でほぼその全額が未返済のままである。笠久保村ではかれを含めて露木の負債者が七人いるが、かれの負債額は約その半分を占めている。このように、添田自身が多額の負債を負い、また元戸長という経歴から、弘法山騒擾の「主魁」に推されたのであろう。

第三には、『自由新聞』の冒頭の一句である「類似社会党」という言葉に注目したい。『自由新聞』といえば、自由党の機関紙として創刊以来、自由民権運動に指導的役割を演じた新聞である。その機関紙が騒擾農民を「暴民」とよび、「類似社会党」と名ざしで非難していることは、この時期の自由党の農民騒擾観を表すものとして興味深い。『自由新聞』がこの事件を、露木事件と同類のものとみなしていることは十分想像できるが、記者の目には極めてラジカルな騒擾として映じたのであろう。あるいは記者はこのなかに、困民党の原型を感じとったのかもしれない。困民党を暴徒暴民扱いする『自由新聞』の主張は、やがて半年後に勃発する秩父事件に至って頂点に達する。

共伸社をめぐる騒擾が最高潮に達していた頃、大住郡南部の江陽銀行（須賀村）も激しい騒擾の波に包まれた。六月十一日、ここでも社長・杉山泰助宅に放火を予告する脅迫状が投げ込まれ、驚いた杉山は一時自宅から緊急避難するほどであった。

債主たちは、「あすは露木の友となる身」という恐怖感から、負債者側との交渉を強いられた。こうして大住郡一帯を震撼させた農民騒擾は、露木・弘法山の両事件を契機に、負債者側を優位に立たせ、債主を示談に追い込んでいった。とりわけ、露木事件については遺族が負債の大半を放棄したため、交渉に拍車がかけられた。官側の資料でも、「爾後共伸社其他に於ては、利子を引下げ或は年賦を承諾改約なしたるを以て先づ沈静に帰したり」と述べている[19]。その和解内容がどんなものであるか、ここに江陽銀行が負債者と取り極めた約定があるので紹介しておこう[20]。

一、公証面は明治十七年六月より向三ケ年にして一割二分の利を付する事

一、仲裁人債主負債者の和解約定証は、証書面三ケ年に至り更に三ケ年の延期を許し、此金額

に限り八分の利を付する事
一、元利払込は一ケ年二回の事

こうして、十六年後半から約半年にわたって大住郡内に吹き荒れた農民騒擾の嵐はひとまず収まり、十七年半ばから県下の東部へと移動していった。

## (3)　自由党と農民騒擾―共仲社をめぐって

### 共仲社（その一）

ここで、弘法山騒擾の最大の攻撃目標となった共仲社について、検討しておこう。共仲社は、明治十四年三月、秦野地方を中心とする大住郡内の有志によって設立された。創立当初は株主五五人、資本金九万円であったが、間もなく増資が行われ株主六三人、資本金一〇万円となっている（伊勢原市所蔵資料）。初代の経営陣は表9・8のとおり、トップクラスの株主で構成されており、地方きっての名望家揃いであった。本社の所在地は曽屋村十日市場二七三番地で、佐野仲次郎宅を仮借していた。

金融会社としての共仲社の運営は、同社の「申合規則」に定めてある。[21]この申合規則は全文一〇条四三則の詳細な規定からなっており、これを見る限り共仲社は一応、近代的金融機関としての体裁を備えていると言ってよい。以下この規則に沿ってその運営方法をみていこう。まず目につくことは、規則第五条の「貸金高預り金高及ヒ利息等ノ事」である。その第五条第二則で、「貸金ハ必ズ金額ニ応ジタル抵当ヲ取置ベシ、尤地所抵当ナル時ハ地券金高ヲ目的トス」として、抵当貸付を原則としている。その際、地所の抵当は質入でなく、書入形式を採用している点が注目される。

規則第五条にかかわるもう一つの問題点は、第三則の「貸付金利足」の規定である。それにはこう定めてある。「総テ貸付金利足ハ時機ニヨリ取締役以上ノ決議ヲ以テ之ヲ定ムト雖ドモ現今取扱フ所ハ利足公布ノ制限ニヨル」。この中の「利足公布ノ制限」とは、明治十年に公布された利息制限法のことであり、それには利息の上限を年二割と定めてある。つまり共伸社は、利息は一応法定利率に従うということであり、悪名高い月しばり、切金貸という高利貸付はこの規則の文面にはない。

次に共伸社の株主の考察に移ろう。ここで六三名の株主全員を紹介したいところであるが、紙数の都合から役員及び秦野市域の株主に限ったことをお断りしたい（表9・8）。まずこの表から六三名の株主の所属村を仕分けてみると表9・9のようになる。見られるとおり三名を除いて全員が大住郡であり、そのうち秦野市域が最も多く、なかでも本社のある曽屋村に集中している。次にこれらの株主を出資額に応じて五つのランク（A～E）に区分したのが表9・10である。この中で経歴がわかるのは上位三クラス（A～C）までであり、下位の二クラス（D～E）については一部しかわからない。ちなみにAクラス四名と役員についてそれぞれの経歴を略記すると、筆頭株主であり社長である梅原修平は、県下でも屈指の大地主であり、明治二十三年の帝国議会開設時には貴族院の多額納税議員におされている。副社長の大沢市左衛門は、片岡村の旧名主で早くから二宮尊徳に帰依し、自村に克譲社を設立して報徳運動の先駆をなした人である。取締役の福井直吉は在地自由党のリーダーとして、自由民権運動で活躍、県会議長、のちに国会議員としても活躍している。同

表9·9　株主の村別分布

| 市域 | 村　名 | 人員 |
|---|---|---|
| 秦野市（32人） | 曽　屋 | 14人 |
| | 今　泉 | 4 |
| | 尾　尻 | 3 |
| | 堀山下 | 2 |
| | 堀斎藤 | 2 |
| | 千　村 | 2 |
| | 堀沼城 | 1 |
| | 上大槻 | 1 |
| | 名古木 | 1 |
| | 南矢名 | 1 |
| | 西田原 | 1 |
| 平塚市（16人） | 片　岡 | 2 |
| | 小　嶺 | 2 |
| | 南金目 | 2 |
| | 馬　入 | 1 |
| | 宮　下 | 1 |
| | 小鍋島 | 1 |
| | 真　田 | 2 |
| | 広　川 | 1 |
| | 公　所 | 1 |
| | 土　屋 | 2 |
| | 北金目 | 1 |
| 伊勢原市（13人） | 伊勢原 | 3 |
| | 上粕屋 | 2 |
| | 三ノ宮 | 1 |
| | 神　戸 | 1 |
| | 石　田 | 1 |
| | 坪ノ内 | 1 |
| | 東大竹 | 1 |
| | 下粕屋 | 1 |
| | 大　山 | 1 |
| 淘綾郡大磯駅 | | 1 |
| 足柄上郡柳川村 | | 1 |
| 足柄下郡湯本村 | | 1 |

表9·8　共伸社役員および秦野市域の株主一覧

| 氏　名 | 居　村 | 株金(円) | 役職または経歴 |
|---|---|---|---|
| 梅原修平 | 尾　尻 | 11,000 | 社長　後、貴族院議員 |
| 佐野仲次郎 | 曽　屋 | 8,000 | 取締役兼支配人 |
| 大沢市左衛門 | 片　岡 | 5,000 | 副社長　戸長 |
| 山口左七郎 | 上柏屋 | 4,000 | 初代郡長　県会議員 |
| 福井直吉 | 小　嶺 | 3,000 | 取締役　県会議員 |
| 山口太平 | 堀山下 | 3,000 | 取締役　戸長 |
| 村上長兵衛 | 曽　屋 | 3,000 | 戸長　初代町長 |
| 佐藤政吉 | 〃 | 3,000 | 後、県会議員　町長 |
| 小泉市五郎 | 名古木 | 2,500 | 戸長 |
| 梅原良 | 尾　尻 | 1,500 | 後、県会議員 |
| 金井半三郎 | 曽　屋 | 1,000 | |
| 川口村吉 | 〃 | 1,000 | |
| 富山藤吉 | 〃 | 1,000 | |
| 梶山仁左衛門 | 〃 | 1,000 | |
| 梶山良助 | 〃 | 1,000 | |
| 普川太郎 | 〃 | 1,000 | |
| 飯田弥十郎 | 堀斎藤 | 1,000 | 村議 |
| 岩田伊太郎 | 〃 | 1,000 | 村用掛　戸長 |
| 大森豊八 | 堀沼城 | 1,000 | 村議 |
| 北村縫治 | 堀山下 | 1,000 | |
| 小島兵太郎 | 上大槻 | 1,000 | 村議 |
| 小泉保太郎 | 今　泉 | 1,000 | 筆生 |
| 牧島庄五郎 | 西田原 | 1,000 | |
| 高橋勝武 | 尾　尻 | 1,000 | 村議 |
| 佐野延太郎 | 曽　屋 | 500 | |
| 栗原孝右衛門 | 〃 | 500 | |
| 関野卯之助 | 〃 | 500 | |
| 高橋大三郎 | 〃 | 500 | 筆生 |
| 高橋四郎兵衛 | 西大竹 | 500 | |
| 清水重右衛門 | 今　泉 | 500 | 村議 |
| 栗原元広 | 〃 | 500 | |
| 清水百蔵 | 〃 | 500 | |
| 谷田折次郎 | 千 | 500 | |
| 安部儀白 | 〃 | 500 | |
| 前田代治郎 | 南矢名 | 500 | 村用掛　戸長 |

「申合規則」－『神奈川県史　資料編16　近代・現代(6)』から作成。社員の役職、経歴等は『秦野市史　4』、伊勢原市所蔵資料を参照

表9・10　株主の出資額分布

| ランク | 出資額 | 人　数 |
|---|---|---|
| A | 11,000円<br>8,000<br>5,000<br>4,000 | 1<br>1<br>1<br>1 } 4人 |
| B | 3,000 | 7 |
| C | 2,500<br>2,000<br>1,500 | 1<br>5<br>6 } 12 |
| D | 1,000 | 25 |
| E | 500 | 15 |

じく取締役の山口太平は前項の堀山下騒擾ですでに述べてきた。最後の佐野仲次郎であるが、かれは取締役兼支配人として自宅を提供し、共伸社の管理運営を任されている事実上の最高責任者だ。なお役職にはないが、出資額第四位の山口左七郎についても一言ふれる必要があろう。かれは大住・淘綾両郡の初代郡長であり、民権結社・湘南社社長、県会議員を歴任して、二十三年には大住郡から初の衆議院議員となった人である。これらの人物は郡を代表する名望家であるが、それ以下のクラスでも出資額にかかわりなく、村政や実業面で主要な地位を占め、地方有力者として活躍している人物が多い。

以上のような共伸社の株主構成の分析から、さし当たって次のような総括が可能であろう。

(1)株主の多くは大住郡内の諸村で郡長、県議、戸長、村議などの要職を占めており、政治的にも大きな発言力をもっている。

(2)経済的にはこれらの株主は、上は一万円（一〇〇株）から下は五〇〇円（五株）の出資者からなっており、一人平均一六三四円（一六・四株）の出資額である。これを明治二十三年に行われる衆議院議員選挙の選挙資格（直接国税一五円以上、地価換算で六〇〇円に相当）を基準においた場合、全員が有権者となれる資産家たちである。

(3)曽屋村の出身者は一四名（二二％）と多いが、これは恐らく十日市場の商人層であろう。佐藤政吉や村上長兵衛は曽屋を代表する豪商であった。明治二十年の秦野の陶管水道は、これら商人の手で設置されたが、株主の中に水道の創立委員が多いことでもわかる。

(4)また、株主中に湘南社や自由党の幹部が五人いる。山口左七郎、福井直吉、杉山泰助、宮田寅治、中川良知で、これら自由民権運動の指導者と農民騒擾とのかかわりが重要なテーマとなるが、これについては次文で詳しく検討したい。

**共伸社（その二）**

つづいて、共伸社の営業内容を、最近発見された営業報告書（伊勢原市所蔵資料）に基づいて検討しておこう。

この報告書は第一期から第五期までの五年間（明治十四年～十八年）のものだが、まずそのうちから、十七年二月の第五期の報告書を参考までに掲げておこう（表9・11）。

資本金総額は一〇万円で、創立時と変わっていない。株主についても同様である。この表の中から「借入方」の部についてでは「貸付金利息収入総額」と「借入方合計」の項目を、「貸出方」の部からは「抵当有ル貸付金総額」「社員等へ貸付金総額」「貸出方合計」の諸項目を抽出し、この六項目について五年間の変動を追ってみたのが表9・12である。これをみると共伸社の活動が軌道に乗るのは第三期からである。更にこれを項目別にみると、第三期には貸付金が資本金を上回り、第五期には一二万余円となっている。また、最初かなりの割合を占めていた社員への貸付金が、第四期五期にはゼロとなり、社員外への貸付だけになっている。それに応じて貸付金利息も一万円台に迫り、第五期には一万二〇〇〇円となっている。

この利息額を貸付総額で除せば全体の貸付利率が割り出せるが、それは九～一〇%で余り高くない。この率は、利息制限法の限度額の半分であり、共伸社の規定の利息（一割五分）よりも低い。少なくとも明治十七年までの同社の営業報告を見る限り、決して高利とは言えない。しかしこの報告書も、当然記入されるべき「一ケ月以上の滞り貸付金」欄の記載がなく、余り正確とは言えない。

表9・11　共伸社　第5期営業報告書(17年2月計表)

| 借入方即裏之部 | |
|---|---|
| 株金即資本金総額 | 100,000円 |
| 積金総額 | 763円78銭5厘 |
| 定期預り金総額 | 13,125円34銭 |
| 当座預り金総額 | 3,888円25銭 |
| 別途預り金総額 | |
| 貸付金利息収入総額 | 12,184円44銭 |
| 雑益手数料等収入総額 | |
| 第4期繰越金額 | 2,353円97銭4厘 |
| 第　期増株歩合金総額 | |
| 借入金総額 | 2,136円80銭 |
| 借入方合計 | 134,452円58銭9厘 |
| 貸出方即表之部 | |
| 抵当有ル貸付金総額 | 121,326円96銭5厘 |
| 抵当無キ貸付金総額 | |
| 社員等へ貸付金総額 | |
| 期限過一ケ月以上滞り貸付金総額 | |
| 当座貸付金総額 | 2,500円 |
| 預り金利息仕払総額 | 1,045円31銭7厘 |
| 社員給金仕払総額 | 392円70銭 |
| 諸経費仕払総額 | 76円06銭5厘 |
| 第一積金ヨリ仕払総額 | |
| 当分買置之財産総額 | 143円56銭 |
| 現在金銀総額 | 2,516円55銭7厘 |
| 営業税 | 151円42銭5厘 |
| 配当金内渡 | 6,000円 |
| 保険内渡 | 300円 |
| 貸出方合計 | 134,452円58銭9厘 |

表9・12　共伸社の営業内容の変動

| | | 第1期（14年6月） | 第2期（14年12月） | 第3期（15年11月） | 第4期日（16年5月） | 第5期（17年2月） |
|---|---|---|---|---|---|---|
| 借入方 | 株金即資本金総額 | 100,000円 | 100,000円 | 100,000円 | 100,000円 | 100,000円 |
| | 貸付金利息収入 | 21円11銭5厘 | 451円10銭 | 9,934円85銭4厘 | 9,558円76銭1厘 | 12,184円44銭 |
| | 借入方合計 | 101,078円15銭9厘 | 106,953円04銭4厘 | 114,333円27銭4厘 | 117,205円76銭7厘 | 134,452円58銭9厘 |
| 貸出方 | 抵当有ル貸付金 | 37,296円 | 67,321円 | 100,731円04銭2厘 | 113,227円50銭 | 121,326円96銭5厘 |
| | 抵当無キ貸付金 | | | | | |
| | 社員等ヘ貸付金 | 63,006円 | 38,548円 | 11,675円25銭 | | |
| | 貸出方合計 | 101,078円15銭9厘 | 106,953円04銭4厘 | 114,333円27銭4厘 | 117,205円76銭7厘 | 134,452円58銭9厘 |

ただし、第五期の報告書は、前掲のそれとは別にもう一つあり、こちらの方はこれまでのような半年ごとの報告ではなく、十六年六月から十八年二月までの一年八カ月のものである。これには抵当貸付の外に「無抵当貸付」の項目にも記載があり、また社員への貸付も復活している。そして抵当貸付が大きく減って、これまでの約半分になっているのが注目される。この時期はちょうど、農民騒擾と重なり、それが大きく営業面にも影響しているものと思われる。

共伸社の貸付総額は、十七年二月現在で一二万一三二六円（表9・12）であるから、負債者の数も負債額も相当な規模に上ると考えられる。しかし、その貸借関係を示す個々の証書類は意外に少なく、秦野市域でもわずか一、二点を数えるに過ぎない。いまその一つを紹介しよう（表9・13）。

負債者の沼田織蔵は共伸社のほかに、小田原の積小社と露木卯三郎からも抵当貸付を受けており、その負債総額は六二〇円、抵当反別三町二反六畝二〇歩、地価額一

表9・13　沼田織蔵借用金内訳（明治16年6月現在）

| 債　主 | 借入年次 | 借用金 | 抵当反別 | 地価金額 |
|---|---|---|---|---|
| 共伸社 | 明治15年8月 | 140円 | 6反9畝2歩 | 170円48銭6厘 |
| 積小社 | 15. 7 | 350 | 1町8. 8. 9 | 794. 28. 8 |
| 露木卯三郎 | 10. 9 | 100 | 9. 7.15 | 100. 75. |
| 〃 | 16.12 | 130 | 6. 9. 9 | 189. 46. 2 |

伊勢原市所蔵文書から作成

一五四円に上る。このうち露木の負債については、露木事件のあと遺族との間で再契約が取り交わされ、未済の部分について「特別ノ御勘弁ヲ以テ……本年ヨリ向拾ケ年」の年賦契約を認められた。これが、露木事件のあと遺族がとった特別の措置であった。

既に述べたように、共伸社等の金融会社の貸付対象は、その日の生活に追われる零細農民ではなく、かなりの経営規模をもつ中農層が主な相手であった。このことは沼田織蔵の場合を見ても言えることであり、抵当反別から言っても、かれは中農層どころか小豪農と言えよう。事実沼田は明治初年まで落幡村の組頭であった[22]。

明治十四年から開始された松方デフレ政策は、近代史上未曾有の不景気をひき起こし、直接生産者である農民諸階層の分化を推し進めた。こうして多数の勤労農民からの土地収奪と、少数の豪農地主への土地集積が、やがて、都市における資本主義の創出と農村における寄生地主制の形成を促すことになる。この日本型原蓄過程で先兵の役割を担ったのが、ほかならぬこれら金融会社であった。

## 自由党と農民騒擾

最後に、自由党と農民騒擾（困民党）の関係について若干の検討を加えて

表9・14　大住・淘綾郡自由党員名簿

| 氏　　名 | 住　　所 | 入党時期 | 経歴その他 | 共伸社出資金 |
|---|---|---|---|---|
| 山口左七郎 | 上粕屋村 | 15.10. 4 | 明治19県議　代議士 | 4,000円 |
| 福井直吉 | 小嶺村 | 15.10. 4 | 〃 12県議　代議士 | 3,000円 |
| 細川　瀏 | 南金目村寄留 | 15.11. 9 | 記　者 | |
| 宮田寅治 | 南金目村 | 16. 3. 2 | 〃 17県議 | 3,000円 |
| 猪俣道之輔 | 〃 | 16. 6.27 | 〃 15県議 | |
| 森　鍒三郎 | 〃 | 16. 6.27 | 〃 24県議 | |
| 前田久治 | 矢名村 | 16. 3. 2 | 〃 23県議 | 父代治郎 500円 |
| 水島鐸次郎 | 早田村 | 16. 6.27 | | |
| 近藤彦三郎 | 坪之内村 | 16.10.27 | | |
| 水島保太郎 | 中里村 | 15.10. 4 | 〃 13県議　代議士 | |
| 伊達　時 | 二宮村 | 15.10. 4 | 〃 14県議　代議士 | |
| 中川良知 | 大磯宿 | 15.10. 4 | 〃 12県議 | 1,500円 |

『平塚市史　資料編　近代(1)』から作成

おきたい。この問題は古くは秩父事件、近くは武相困民党事件にいたる、いわゆる激化事件のテーマとして、くり返し論じられてきた課題である。かつて色川大吉氏は、名著『困民党と自由党』（揺藍社）の中で、武相困民党事件における自由党と困民党の関係を、秩父事件の指導同盟型に対比して分離雁行型と規定されたことがあった。この提起は、激化事件の二つの型をまことに適切に定式化したものであった。

　では相州大住郡の場合はどうか。ここでもちょうど同時期に、露木事件や弘法山騒擾のようなラジカルな農民騒擾があったことは、既に述べたとおりである。この時、相州自由党はどのような反応と行動を示したであろうか。

　この問題に入るまえに、しばらく当地方の自由民権運動の歴史を辿る必要があろう。相州の自由民権運動が、明治十三年の国会開設運動としてスタートしたことはよく知られている。国会開設運動はわずか三カ月という短期間に、相州九郡五五九町村から、二万三五五五名の請願署名を集めるという画期的なものであった。この時、大住・淘綾両郡で二八九九名、秦野市域からは二四カ村五六四名の署名を集めている。この運動を指導したのは、両郡選出の県会議員たち—杉山泰助、福井直吉、今井栄次郎、中川良知—であった。

国会開設運動の成功に自信を得た民権家たちは、翌十四年八月、大磯で相州初の民権結社・湘南社を結成し、運動の恒常化を図った。湘南社には両郡の民権家一五〇名が参加し、演説会、懇親会、学習会などの活発な活動を展開した。これらの運動は、大磯、伊勢原、南金目、曽屋の郡内四カ所に置かれた湘南社の支社を通じて行われたが、伊勢原にはその活動を伝える貴重な資料が残されている。すなわちここでは十四年暮から講学会という学習会がつくられ、東京から招いた講師を中心に政府論、主権論、自由論、代議政体論などの政治学習が行われており、その知的レベルの高さには現代のわれわれも瞠目するほどである。この学習会には秦野市域から前田久治（矢名村）、今井国三郎（北矢名村）、小林正昌（東田原村）、飯塚新太郎（善波村）の四人が参加しており、前田は前記のテーマについてのレポートを残している。[23]

表9・15　騒擾参加村の分布

| | |
|---|---|
| 秦野市 | 落幡、東落合、大槻、今泉、平沢、西大竹（計6村） |
| 平塚市 | 真田、矢崎、長持、馬渡、城所、入野、寺田縄、入山瀬、大畑、丸島、田村、大神、公所、吉沢、片岡、土屋、南金目、山下（計18村） |
| 伊勢原市 | 串橋、笠久保、善波、坪之内、神戸、白根、石倉、子安、平馬、馬渡、田中、粕屋、板戸、池端、沼目、小稲葉、下谷、上谷（計18村） |
| 中井町 | 井ノ口、境、縄村（不明）（計2村） |

明治十五年に入ると、湘南社の幹部たちは自由党に加盟し、それ以後、民権運動の指導権は自由党に移る（表9・14）。自

由党加盟者には秦野から前田久治が出ている。

さて、この辺で自由党と農民騒擾という最初の課題に戻ろう。十七年不況を前にして、大住・淘綾両郡八一カ村の戸長たちが、連名で地租延納上申書を県令に提出したことは既に述べた。これとほぼ同じ時期に、両郡一三三カ村の納税者が「地租徴収期限延期願」の運動に取り組んでいる。この二つの運動は、在地自由党の指導によるものであり、その運動の担い手は湘南社に組織された豪農層であった。

ところで、自由党と湘南社にはもう一つの顔があった。それは前文で詳論した共伸社の株主としての顔である。共伸社の株主六三名の大半が、恐らく湘南社の会員であろう。またその株主には自由党幹部が五人おり、中には福井直吉や山口左七郎のように、取締役又は大株主として共伸社の運営に深く介入している人物もいる（表9・8）。また社長の梅原修平や江陽銀行の社長・杉山泰助は、党籍こそないが古くからの自由党の党友として協同してきた人物である。

こう見てくると、相州の自由党と騒擾農民との間には、金融会社・共伸社を介して、のっぴきならない対立関係にあることがわかる。このような対立関係は、武相困民党と三多摩の金融会社との間にも見られるが、相州にあっては主要な幹部がすべて共伸社の株主となっており、より直接的な対立関係にあると言えよう。三多摩にあっては一部の有力な自由党員が、金融会社の頭取等の地位にあり、困民党の攻撃目標となったが、自由党の主流は紛争の圏外にあって、県会議員あるいは戸長として両者の仲裁役を演ずることができた。しかし、相州の農民騒擾には、そのような仲裁活動の余地はなく、両者の対立はより厳しい敵対関係に直面していた。そこに、相州の農民騒擾の特徴があり、またそれゆえに一層の深刻さがあったのである。

**事件のあとで**

最後に、農民騒擾のその後の動向と事件後の村の状況を一瞥しておこう。既に述べたように、大住郡一帯に吹き荒れた農民騒擾は、十七年七月以降県東部に移動し、その年の後半には武相七郡一五〇カ村にまたがる一大困民党組織に成長した。そして八王子を中心とする銀行・金融会社に対して、多様な集団交渉を組織し、ねばり強い運動をすすめた。そして十八年一月には、事件の大詰めを迎えて困民党総代が横浜の県庁へ出頭し、沖県令に調停を依頼することとなった。しかし県令は困民党の要求を拒否し、逆に総代の辞任と困民党の解散を強要してきた。これに対して総代は、総代辞任は呑んだものの困民党の解散は拒否したため、間もなく幹部は兇徒聚集罪で罪に問われ、困民党は潰滅した。以上が武相困民党事件の顚末であるが、沖県令はその直後の一月二十日、大住・淘綾郡長の飯岡頼重を通じて、管下の戸長宛に次のような困民党対策を内達している。[24]

「一、各村負債者総代人ヲ解クコト
一、各負債者ハ、各自ニ銀行ヘ談判之事
一、各負債者集合談判ハ厳禁之事
一、各負債者銀行ヘ頼談ニ及ビ、過酷ノ取扱アル節ハ郡長戸長ニ於而厚ク尽力ノ事
一、私立銀行、金貸会社ノ貸借間ニ前項ノ場合アルトモ、郡長充分尽力致スヘキ事
一、負債者ハ物価ノ激変ニ際遇セシ事故、非常ノ取扱ヲ為シ、可成懇切ニ処分致スベキ事」

この内達を読むと、最初の三項目は沖県令が困民党総代に示した「説諭」の内容と同じものであり、これが県当局の困民党対策の基本となっていることがわかる。要するに負債問題については、困民党は厳禁され、負債者各自で債主と交渉せよということである。あとの三項目は、銀行側に「苛酷ノ取扱」があった場合、郡長、戸長は懇切に取り扱うよう指示しているが、それはこれまでもいわれてきたことであり、何ら実効性はなかった。こう見てくると、県令がどちらの利害を代弁しているか、もはや明らかであろう。

ともあれ、十七年不況の後遺症は深刻であった。これも近隣の子易村の文書であるが、十九年二月、子易村ほか二カ村戸長の名で沖県令に宛てて、「凶荒貯蓄物品ノ儀ニ付上申」という文書を提出している。その趣旨は、今般県から不時の災害に備えて穀物を備蓄するよう指示があったが、部内の人民に図ったところ、「目下一方ナラザル疲弊ニシテ地租及地方税ニ関ル未納者多ク、悉ク困難ノ場合迚モ実行無覚束ト考」えられるから、暫くご猶予を願いたいといって、同村人民総代七名の願書を添えて上申している。[24]

凶荒貯蓄と言えば、十三年の県会で県民に過重負担を強いるものとして猛反対にあい、二度までも廃案に追い込まれたいわく付きの法案であった。それを内務卿の指揮による原案執行権を発動して強行成立させたのがこの制度であった。予期したとおり、地租や営業税の滞納で公売処分や営業停止に陥りかねない困難の中では、とても凶荒貯蓄どころではなかったのである。これが、大住郡における農民騒擾後の村の姿であった。秦野市域が同様の状況にあったとしても決して不思議ではない。

## 注

(1)「明治十一年十一月大住郡真土村騒擾」―土屋喬雄・小野道雄編『明治初年農民騒擾録』勁草書房(以下『騒擾録』と略)
(2)「地租改正不服一件綴」―『神奈川県史　資料編13　近代・現代(3)』
(3)神奈川県『神奈川の林政史』
(4)(5)「減租軽減哀願書」―『神奈川県史　資料編11　近代・現代(1)』
(6)『平塚市史　資料編　近代(1)』
(7)「明治十六年四月大住郡堀山下騒擾」―『騒擾録』
(8)南条家文書、『騒擾録』、『東京横浜毎日新聞』明治十五年二月四日など
(9)『町田市史　史料集8』
(10)『秦野市史　通史2　近世』
(11)「明治十六年十月大住郡子易村騒擾」―『騒擾録』
(12)「明治十七年五月淘綾郡一色村及近村騒擾」―『騒擾録』
(13)『二宮町近代史話』二宮町教育委員会
(14)土井浩「明治十年代・神奈川県下の土地金融活動について―露木卯三郎の負債圏を中心に」―『神奈川県史研究』27
(15)『自由新聞』明治十七年六月四日
(16)「明治十七年五月大住郡愛甲郡騒擾」―『騒擾録』
(17)伊勢原市所蔵文書
(18)土井浩「明治十年代・神奈川県下の土地金融活動について―露木卯三郎の負債圏を中心に」―『神奈

川県史研究』27
(19)(20)「明治十七年六月大住郡馬入村及近村騒擾」―『騒擾録』
(21)『神奈川県史　資料編16　近代・現代(6)』
(22)『秦野市史2　近世史料1』
(23)山口左七郎文書（山口匡一氏蔵）
(24)「負債者徒党取締に関する大住淘綾両郡長の内達」―『神奈川県史　資料編11　近代・現代(1)』

# 10 露木事件の歴史的意義
## ——神奈川県における困民党の形成過程

一九七一年の夏、わたしは、明治前期における神奈川県下の代表的農民騒擾の一つである、露木事件（一色事件、あるいは一色騒動ともいう）の調査のため、事件参加者の生家を訪ね歩いたことがあった。露木事件は、明治十年代、県下に発生した一連の農民騒擾のなかでも、真土事件（十一年）、武相困民党事件（十八年）とならぶ歴史的事件の一つである。しかしこの事件は、明治十七年の大不況下に頻発した多くの騒擾のなかで—武相困民党事件を別にすれば—その規模において最も広く、その先鋭さにおいて最もラジカルな性格をもった事件であるにも拘らず、史料の不足等でその実態は今日まで殆ど明らかにされていない。

当時、わたしは武相困民党の研究に傾倒していたが、その研究の過程でこの事件が、神奈川における困民党結成の先駆となった事件であるとの印象を得るに至った。そのようなことから、わたしは夏休みを利用して、大学在学中の二人の教え子と一緒に、大磯、二宮、秦野、大井、中井町などの山間に点在する事件関係者の生家を探訪したのであった。そして現地での聞き取り調査を通じて、今までの史実に加えて、さらにいくつかの新しい事実を発見したのであった（この時の調査結果を含めて一緒に調査に参加した安藤建二君が、『明治十七年の相模国淘綾郡「一色騒動」覚え書』を発表している）[1]。

わたしは本稿で、この調査によって得たいくつかの史実を紹介しながら、明治十年代の県下の農民騒擾における露木事件の歴史的意義を考察してみたい。

## (1)　事件の概要

まず、露木事件のアウト・ラインをつかむために、当時の諸新聞のなかでこの事件を最もくわしく報道した『東京横浜毎日新聞』（明治十七年五月十八日）の記事を引用しよう。

「相州淘綾郡一色村にて金貸を営業とせる露木卯三郎（相卯）は豫てより非常の高利を貪り借主を責むること頗る残忍なりければ諸方の借主は余りの事に憤懣を抱き遂に去る三月中大住郡土屋村字八沢と云える芝地に集合しイザヤ竹鎗蓆旗を打たてて卯三郎の家へ攻めこみ家族残らずを鏖にして腹癒せんとの談議ありしにぞ小田原警察署よりは早くも警部巡査が出張あり又た郡吏も中に入りて説諭を一同に加へたりければ当時は其儘にて解散したりき去れど尚ほ卯三郎は悟りもせで借主を待つこと益々甚しければ借主ハ（中略）本月十五日卯三郎が大磯駅の親類の家にあるを窺ひ知り足柄郡境村相原文次郎、井ノ口村大原儀三郎、尾上比佐太郎、赤田村夏苅広吉、大住郡吉沢村増尾幾次郎、関野伊右衛門、小林浅五郎、淘綾郡生沢村加藤民五郎、小島直次郎、黒岩村守屋滝蔵、山下村近藤甚蔵の十一人が抜刀にて押入りしにぞ卯三郎の驚き大方ならず逃げんとするを逃がさじとて先ず両足を薙ぎ払へばドット其儘倒れたる卯三郎に乗しかかつて十一人が思ひ思ひに弄り殺しをするのみならず剰さえ同時に居合せたる卯三郎の養子幸助をも切殺し首尾よしと一先づ引揚げし上相原文次郎、大原儀三郎、夏苅広吉の三人は大磯警察分署へ自首し他の者どもは小田原警察署へ自首したりとのこと、又た聞く右の連累は二、三百人ある由にて実は同日同時に一手は卯三郎の居宅を焼打にし一手は即ち大磯にて同人を殺す手筈なりしが大磯の方が刻限を早く発し為に早くも警察官の数多駆け来りて卯三郎の居宅をも守る様なりしかば居宅の方は遂に発するを得ざりしなりと。」（文中の氏名の誤りは訂正した。）

この事件の被害者である露木卯三郎は、相州淘綾郡一色村で、「金貸を営業」し「非常の高利を貪」る当時の高利貸資本の典型的人物であった。かれは天保十四年（一八四三）、一色村の戸長露木平七の三男に生まれ、維新前は大磯駅で遊女屋を営んでいたが、事業に失敗して後東京に出て米相場に手を出した。ところが思いがけなくそれが当たり、その金を持ち帰って郷里の一色村で、農民相手に金貸しを営む金融業をはじめた。それがやがて露木をして、明治十五年以降の農村不況に乗じて、農民を餌食に莫大な資産を集積する契機となったのである。

その頃の金融会社＝高利貸資本の過酷さについては、本書8章「武相困民党」、9章「相州西部の農民騒擾」でも触れた。農民の金融難につけこんで、地券状を抵当に「残忍な」高利貸をくり返し、返済期限が過ぎれば「鍋釜でも外して行き兼ぬ勢(2)」で、裁判に訴えて地所の公売、身代限りの処分を強行した。こうして露木は事件当時、一五万円の資産を築き―当時の米相場一石五円―大住、淘綾、足柄上・下、愛甲、高座など相州六郡にまたがる広大な地域に、五〇〇名にのぼる負債者を有し、「相卯」（相模屋卯三郎）の名を天下にはせていた。

以上のような露木の「貪婪」且つ「残忍」な「債法」に対して、負債農民の側からの反撥も早くからあった。『明治初年農民騒擾録』には、殺害事件まで起きた露木をめぐる次のような騒擾を収録してあるが、このほかにも記録にのらない小規模なトラブルが相当数あったと思われる。

①明治十六年十月、大住郡子易村騒擾（現伊勢原市）質入地取戻し要求、紛争、参加者四十余名。

②十七年三月、大住郡数村足柄上郡数村騒擾（現中井町）負債返済方法議定、屯集、参加者百名。

③十七年四月、高座郡吉岡村騒擾（現綾瀬市）負債返済議定、屯集、参加者百名。

このうち、②の場合は、大住郡数カ村、足柄上郡井ノ口村、赤田村など、すでに露木事件の参加者の諸村を含む「凡そ百名」の農民が、露木の負債一件で土屋村字七国峠に集合している。集まった農民達は、「豫てより非常の高利を貪り借主を責むること頗る残忍なりければ（中略）イザヤ竹鎗蓆旗を打たてて卯三郎の家へ攻めこみ家族残らずを鏖にして腹癒せん[3]」との評議を凝らしていたといわれる。

これらの騒擾事件は、いずれも小田原、平塚など管内の警察署に探知され、官警の説諭を受けて未然に押えられたが、農民側の負債条件の緩和の要求が満たされず、また債主露木の高姿勢がつづく限り、露木襲撃はすでに時間の問題であったといえよう。

果たしてそれから二カ月後、殺害事件が発生したのであった。

わたしの推定によれば、②の大住郡騒擾を契機に、大住郡の負債者と淘綾郡、足柄上郡など関係諸村の負債者が合流し、その代表者によって露木殺害の計画が秘密裡にすすめられたものと思う。

残された関係史料や聞き取り調査によれば、露木事件の参加者十数名は、七国峠の甘酒屋、石黒長兵衛宅にしばしば集まって謀議を重ね、四日前の五月十一日には、大磯駅の川崎吉兵衛方で血盟の連判状をつくっている。そして、決行当日は、各自脇差、出刃包丁を携えて大磯愛宕山の麓に集まり、酒をくみかわして決行に及んだという。

しかも前掲の『東京横浜毎日新聞』が伝えているように、「同日同時に一手は卯三郎の居宅を焼打にし一手は即ち大磯にて同人を殺す手筈」であった。

このような殺害計画の全容を知れば、露木事件が従来世上に伝えられているように、決して一部の暴発分子のはねあがりによるものでなく、「右の連累は二、三百人ある由」といわれるような、かなりの規模の計画性、組織性を有していたことがわかる。また、謀議の「首謀者」といわれた甘酒屋の主人・石黒長兵衛や、一旦逮捕されながら証拠不十分で無罪ないし免訴となった近藤甚蔵、尾上比佐太郎、増尾幾次郎などが、決行直前に「脱落」ないし「裏切った」という通説もその殺害計画全体のなかで、どんな役割を帯びていたか（例えば居宅の焼打など）を再検討しない限り、その真実は発見できないであろう。

一方、露木の側も農民の不穏な動きを予測してか、二年前から護身用と思われるピストルを買い入れたり、事件前夜には「近頃の農民達の険悪な状態を用心して」、妹の嫁ぎ先である大磯の宮代屋旅館に「潜んでいた」のであった。(4)

## (2)　事件関係者の生家をたずねて

　さて、次に露木事件に連坐して処刑された事件参加者の紹介に移ろう（表10・1）。

　前節のはじめに述べたように、この人物ルポは、その生家を直接現地に訪ね、関係者からの聞き取り調査をもとにまとめたものである。そしてこの調査によってわたしは、後述するように露木事件のある種の計画性と組織性を認めることができたのである。

　①関野伊右衛門

　関野の生家は、現平塚市の内陸、そこだけとれば今でも、明治の山村そのままの風景である。ここでわたしは伊右衛門の孫にあたる関野勇氏から色々のことを伺った。事件当時のこの地区（上吉沢村入山）は、戸数二三戸で地区の共有地はすべて伊右衛門の所有名義になっていたといわれる。一方、小田原の市立図書館に保存されている明治十三年の国会開設請願書の原本「相模国大住淘綾両郡有志人民国会請願締盟連署」を見ると、上吉沢村で二〇名の署名者がいるが、その中に伊右衛門の名も見える。このことから伊右衛門の経済階層と社会的地位がほぼ推定できる。恐らくかれは当時、地区の総代格の地位にあり、経済的には中農上層の範疇に所属していたのであろう。

　伊右衛門と露木との貸借関係は明らかでないが、当時かれを含む地区全体が露木の負債に苦しめられていたものと思われる。大原や夏苅の場合もそうであった。こう見てくると、伊右衛門の事件への参加の動機は、個人的な「私怨」といった単純なものではなく、滅亡の岐路にたたされた一村全体の「公怨」によるものであったという想像も可能である。「義俠心に富んだ人」（勇氏談）という、子孫に伝えられた故人の追憶が、それを物語っているようである。

伊右衛門が処刑された当時、子どもは十八歳の長男文治郎を筆頭に、男女合わせて六人、妻のマツは事件のショックで精神異常をきたしたという。露木関係の負債は帳消しとなったが、一家の主柱を失った関野家は、困窮のあまり家屋敷を抵当にとられ、その後も長くけわしい労苦を背負って歩かなければならなかったといわれる。畑仕事をしながら祖父の思い出を訥々と語る勇氏の姿は、昔日の悪夢に耽るかのように暗く沈んで見えた。

表10・1　露木事件に連坐して処刑された参加者

| 人　名 | 年齢 | 職業 | 住　所 | 備考（戒名） |
|---|---|---|---|---|
| 小島直次郎 | 27 | 農業 | 淘綾郡生沢村 | 直心法伝信士 |
| 加藤民五郎 | 28 | 〃 | 同郡同村 | 得法道安信士 |
| 守谷滝蔵 | 27 | 〃 | 同郡黒岩村 | 露道清月居士 |
| 大原儀三郎 | 25 | 〃 | 足柄上郡井ノ口村 | 儀三刃性上座 |
| 夏苅広吉 | 37 | 〃 | 同郡赤田村 | 広誉同顕居士 |
| 相原文次郎 | 34 | 〃 | 同郡境村 | 大勇鉄心上座 |
| 関野伊右衛門 | 40 | 〃 | 大住郡上吉沢村 | 精進勇猛信士 |
| 小林浅五郎 | 49 | 〃 | 同郡同村 | 受法得忍信士 |

戒名は大磯町小磯の西長院に立てられた供養塔にある

②大原儀三郎

儀三郎の生家は、現中井町井ノ口、街並をはずれた平場の農村といったところにある。ここも開発からとり残された僻村であることには変わりはない。同家も当時かなりの規模（中農）の農家を構えていたようである。だが事件当時は、その地区（砂口）のすべての田畑が露木ら高利貸の抵当に入り、惨憺たる有様だったという。

同家を訪ねたときわたしは、儀三郎の分家の曾孫にあたる大原泰造氏から話を伺い、そのとき、「建物書入之証」と書いた一通の文書を見せられた。それは儀三郎が当時の戸長である加藤嘉右衛門から一七〇円を借金し、その抵当に、居宅、牛家灰小屋、物置各一棟ずつを担保に入れ、明治十七年五月から十八年四月限りで利息月一〇〇円につき、一円二〇銭を支払うという内容のものであった。この一件の史料にも、当時の苛烈な不況の一端と、大原家の貧苦のさまをしのぶことができる。泰造氏の話では、「儀三郎は若かったから（当時二十五歳）地区の代表に選ばれ、先に立ってやった」ということである。口の重い泰造氏がポツリと洩らしたこの言葉は、「地区の代表」として儀三郎を選んだ負債者集団（困民党）の存在を暗示しているようであった。そしてこの暗示は、次の夏苅家に至って、はっきりと明示されるのである。

事件のあと、大原家にも不幸は重なった。儀三郎の実弟で分家した常吉の養父にあたる儀四郎が、儀三郎なきあとの同家の親がわり（後見役）をしていたが、事件を苦にして二年後には首つり自殺をしている。この話を語る泰造氏の口調と表情には、あたかも、きのうのことを語るかのような苦渋とためらいとが交錯していた。一〇〇年前の事件とはいえ、その陰惨な過去の記憶が、それ程強烈に、子孫たちを重く深く把えていたのである。わたし自身にしても、これ程気の重いそして厳粛な調査ははじめてであった。

③夏苅広吉

夏苅の生家は現大井町赤田、ここも開発にとり残された山村の一画であった。そこでわたしは、広吉の直系の孫にあたるムメ子さんからお話を聞いた。夏苅家も赤田では旧家に属する。同家は代々女系家族で、広吉も露木と同村の、それもすぐ近くの一色村からムコ養子にきたという。事件当時残された家族は、広吉の妻セイと四歳の長女イチ（ムメ子さんの母）と次女の三人だけであった。

母親のイチは、ムメ子さんが成人するまで、この事件を慎重に隠していたという。その母親がのちに語ったところによれば、広吉自身は露木に何らの負債もなかったが、俠客肌の広吉は周囲の困窮を見るにしのびず、地区の代表として他人のために身を犠牲にしたといわれる。事件のあと、露木の負債が帳消しになったという事情もあって、今でも地区の古老から、「あのときのお陰で助かった」という感謝の声を聞くとのことである。

わたしは、ここにくるまで、六戸の事件関係者の生家を訪ねたが、その子孫から、このような話をきいたのは初めてであった。他の生家を訪ねて一様に出会ったのは、過去の傷に触れたくないという血縁者たちの負い目と戸惑いであった。「殺人犯」「無法者」といわれ、三代にわたって非情な歴史の重みに耐えてきた子孫たちの顔と言葉がそこにはあった。その点、夏苅家の人びとには、他とちがって周囲の同情と感謝に支えられているという、ひそかな誇りと矜恃すら感じられた。そして、わたしもまたここに来て漸く、露木殺害の実行者たちの背後に、村落を基礎に形成され行動していた負債者集団（困民党）の存在を探りあてたというある種の確信を得たのである。

ともあれ、夏苅一家の場合も、残された家族の辿った境涯は凄惨であった。広吉のあとにムコ養子となった継祖父若三郎は、日露戦争に従軍して片足を失い、露木事件の関係者ということで娘の縁談が破談したり、さらに不慮の火災で居宅を全焼するという数々の不幸と不運が続いた。しかし、事件の真実を知っているムメ子さんの表情には、やすらぎとゆとりすら感じられた。そしてこのことは、わたし自身にとっても一つの救いであった。

このほかにわたしは、小島直次郎、加藤民五郎、相原文次郎、小林浅五郎の生家を訪ねまわったが、いずれも（このうち小林の生家は現在欠所となっている）記録にとどめる程の話は聞けなかったので省略する。

最後に、今回の調査を通じてわたしが得たものは、人民運動の伝統は、たとえそれが政治的、経済的敗北に終わったとしても、最後に道徳的敗北を喫しないかぎり、生きつづけるものであるという、人民運動における「伝統継承の論理」（色川大吉）であった。露木事件はこの意味でも、われわれの前に、一つの歴史的教訓を提示しているといえよう。

## (3)　露木事件と武相困民党

はじめに述べたように、わたしが露木事件の計画性、組織性に注目したのは、それから半年後に結成された武相困民党との関連が念頭にあったからである。

武相困民党は、明治十六年後半から十七年にかけて、武相の農村一帯をおおった多くの農民騒擾の激化の過程で、十七年十一月十九日、武相七郡一五〇カ村の負債農民を結集したものである。露木事件はこの困民党結成にいたる騒擾過程で起きた、典型的な激化事件であるが、その中に、困民党の原型があったことは、すでに見てきた通りである。この事件の母胎であった負債者集団の実態は、今日なお明らかでないが、今度の調査を通じてわたしは、事件の主役たちが地区または村落の負債者集団から選び出され、その代表として行動したことが判明し、すでにこの時点で困民党の原型ないし先駆形態が形成されていることを確認することができた。

また、この事件参加者の郡村別の分布をみると、淘綾郡三人、足柄上郡三人、大住郡二人となっており、その人的構成から言っても―参加地域の広大さ（相州九郡のうち三郡）にも拘らず―計画的に配置している跡がうかがえる。恐らく、これら八人の事件の主役たちは、それぞれの郡村を母胎とする負債者集団の代表者として、行動し、協議し、決断したのであろう。

露木事件はしばしば、相州で起きた明治十一年の真土事件と対比される。真土事件は、地租改正事業の施行の過程で発生した質地の所有権をめぐる騒擾で、質取主、松木長右衛門一家を、二十余人の質入農民が襲って殺害するという大事件であったが、相州三郡一万五〇〇〇名の減刑歎願運動と野村県令の尽力で、主謀者は死罪を免かれ、他にも大幅な減刑をかちとったのであった。露木事件の参加者たちが、この真土の先例に、甘い期待をかけたことは十分に理解できる。しかし、二つの事件の間に挟まれた六年間の日本社会の歩みは、事態を決定的に変えていた。

自由民権運動史上において、激化事件が集中したこの年（明治十七年）は、日本の農民大衆にとっても、最も苛烈な「反動の暴圧」期であった。未曾有の農村不況をテコにして、資本の原始的蓄積を強行し、天皇制絶対主義の仕上げに専念していた明治政府は、それに反抗する人民の運動を徹底的に弾圧した。露木事件の関係者は、真土の先例にならって、権力の恩情に一筋の期待をかけてきたが、かれらが得たものは、無惨にも全員死刑の判決であった。事実かれらは、一審判決を不服として全員が上告したが、十八年六月二十七日、大審院はその上告を破棄し、死刑を確定した。そして同年八月十五日、横浜戸部監獄において死刑が執行されたのである。

ともあれ、露木事件の結末は、相州西部の騒擾地域に強烈な影響をあたえた。露木の負債圏内で、騒擾の対象にされていた、大住郡戸田村の大地主・小塩八郎右衛門、同郡尾尻村の金融会社・共伸社（社長・梅原修平）、同郡馬入村の江陽銀行（社長・杉山泰助）は、この事件にショックを受け、負債条件（年賦の改約、利子の引下げなど）を緩和し、示談または譲歩に出た(5)。就中、露木の場合はその死によって、負債の大幅な帳消しが行われ、多数の負債者が救われたことは、すでに述べた通りである。

こうして、十七年前半期に熾烈をきわめた相州西部の騒擾は、急速に「沈静」に帰し、騒擾圏は東部へ―相州東部と武州へ―と移動していった。事件から半年後に結成された武相困民党の組織圏が、かつての露木の負債圏でなく、武相地帯に限られたことは、以上のような事情によって説明できよう。

ところで、露木事件を先例にした武相困民党は、この事件から多くの教訓を学びとったようである。その詳細は、本書8章「武相困民党」にゆずるが、困民党が終始、金融会社や地方権力（県令及び郡長）への請願行動という合法的な戦術形態をとったこと、指導者だけの独走をいましめ、つねに大衆的な討議と委任にもとづいて行動したこと、などの点には露木事件の歴史的教訓が、まざまざと読みとれるのである。そして、ここにまた、武相困民党の脆弱性―秩父困民党と対比して―があったのである。

（本稿をまとめるにあたって、調査中事件関係者の生家の方々に種々お世話になったことを付記しておきたい）

**補注**

＊　下山三郎氏は、困民党、借金党の呼称が一般化し、その実態をそなえた時期を明治十七年七月〜九月においている（「明治十七年における自由党の動向と農民騒擾の景況」―『自由民権期の研究3』）。

なお、露木事件について植木枝盛の「東海北陸紀行」（『自由新聞』掲載）がよく引き合いに出されるので、引用しておこう。「初め東海道を行き大磯を歴、車夫語りて曰く先日以来此辺の小民頗に此処彼処集会し、金主某に迫らんとするの趣あり、今日も亦現に某処に会合せり、〃嗚呼夫の負債党の顕るる已に此に至る乎後日必ず事あらん〃と果して遂に金貸業（露木のこと）を掩殺するの一大事を演出するに至れり、呼負債党の蜂起する已に爾り矣、豈に独り此等の一時一事のみならんや今にして基本を正さずんば炎烟益々熾んならんと炳々たり、要路者豈に猶顧るに足らずとする乎。」

＊＊　露木事件はまた、当時識者のがわからも次のように評された。

「若強弱ノ軋轢（武相困民党の騒擾のこと―筆者）ヲシテ官放棄シオカンニハ如何ノ結果ヲ来スモ難計之ヲ少ニスレバ相州一色村真土村ノ如ク是ヲ大ニスレバ国家ノ患害ヲナスベシ。」

「国民カ苦悩極ツテ活路ヲ失ナヒ死地ニ至ラントキハ無知無分別数千ノ困民等真土村ノ松木ニ於ケル一色村ノ露木ニ於ケル暴挙及ハサルモ云カタシ。」

（『明治史料　5』明治史料連絡会刊）

＊＊＊　露木事件の負債については、従来遺族側の大幅な譲歩によって解決を見たと言われてきた。しかしそれを証明する資料がなかったため確認できなかったが、最近次のような文書の発見によってその詳細が判明した。長文だが大変貴重な資料なので、ここに全文を紹介する。

「明治十七年（一八八四）五月　露木卯三郎関係負債返済方法

守矢滝蔵

加藤民五郎
大原儀三郎
相原文治郎
小島直次郎
増尾幾治郎
近藤甚蔵
関野伊右衛門
小林浅五郎
尾上比佐五郎
夏苅広吉
〆十壱名

借用金年賦契約証
右者私共陶(淘)綾郡一色村露木故卯三郎父子同たかヨリ多分借用金有之、目下返済之目途無之当惑之折柄、貴君ヨリ前書法方ヲ以テ済方可仕様御取極被成候処、承認仕候、依テハ前書之法方ヲ以テ年賦済方可申候、且返済方ノ儀者、本年ヨリ年々十一月三十日限リ、年賦割合無利足ニテ相済シ致度者ハ、前記之割合ヲ以テ返済可致候、依之契約証、如件
相模国
明治十七年五月廿三日　各　足柄上郡
同　下郡
陶(淘)綾郡

愛　甲　郡
高　座　郡
右六郡村々例(連)印仕
国府本郷　近　藤　銀　蔵　殿
高　麗　村　曾根金兵衛殿
大　磯　駅　鈴木佐兵衛殿
田　　村　福　島　治　平　殿
寺田縄村　吉川長五郎殿
一　色　村　関山清兵衛殿

仮約定書

陶(淘)綾郡一色村露木卯三郎・同幸助及同郡同村露木たかナル者ヨリ大住郡・陶(淘)綾郡・足柄上下郡・高座郡・愛甲郡六郡人民中江貸附金之儀、今般返済協議約定スル左ノ如シ

明治十三年ヨリ取引ノ分本年ヨリ二十五ケ年賦
元金百円ニ付壱時済方金拾三円也
同十四年ヨリ取引ノ分本年ヨリ向二十ケ年賦
同　　壱時済方金二十円也
同十五年ヨリ取引ノ分本年ヨリ向十五ケ年賦
同　　壱時済方金三十円也
同十六年ヨリ取引ノ分本年ヨリ向十ケ年賦
同　　壱時済方金五十円也

同十七年ヨリ取引ノ分本年ヨリ向五ケ年賦
同　　　壱時済方金六拾五円也
前記年賦返済期限ハ本年ヨリ年々十一月三十日トス
但、壱時返済ハ本年十一月三十日トス
猶、前差入有之抵当物品、譬負債ノ名儀有之ト雖モ其原因ニ付云々有之、所轄戸長鑑定ヲ乞、然ル上者実地借用金額ヲ支用シタル者ノ所有之品以抵当引直スベキ事
前記之通拙者共立入取極候上ハ、後日聊異儀無之、尤モ新旧証文ハ来ル六月十五日迄ヲ以テ交換可致、依之仮約証相渡置候処、如件

近　藤　銀　蔵
曾根金兵衛
鈴木佐兵衛
福　島　治　平
吉川長五郎
関山清兵衛

右負債者
惣代御中
」

（綾瀬市寺尾台・近藤亘氏蔵―『綾瀬市史3　資料編　近代』）

露木事件のあと、卯三郎の遺族と六郡の負債者との間で取り交わした負債返済に関する仮約定書である。見られる通り、債権者側が負債返済について大幅な譲歩をしていることがわかる。この事件の解決によって、大住・淘綾郡内の農民騒擾は急速に沈静化した。なお、資料冒頭の人名は露木事件の

被告で、このうち八名が死刑、二名が予審中免訴、一名が無罪となっている。また、近藤銀蔵ら六名の仲裁人は、各村の戸長ないしそれに相当する村の有力者である。

＊＊＊＊　前掲補注の資料につづいて、ごく最近次のような資料も発見されたので紹介しておく。これまで露木事件については、この種の「歎願書」はないものと考えられてきたが、奇しくもその存在が証明された。大変貴重な資料なので今後の研究のために敢て収録した。

「　歎願書

大住・淘綾・足柄上下・愛甲・高座六郡各村人民惣代一同、恐懼謹テ足柄上郡赤田村夏苅広吉外九名ノ為メニ歎願ス。右広吉等犯罪自首シテ目下拘留セラル、ヤ広吉等如何ナル怨恨アルヤ知ラズト雖トモ、今回淘綾郡一色村農露木卯三郎父子ヲ殺害シテ自首セシト云フ。私共等此凶説ヲ聞イテ大ニ恐愕ス。果シテ然ラバ怨恨ノ如何犯情何タルヲ問ハズ、頗ル重罪ニシテ社会ノ罪人法律ノ最モ赦サル、所ナリ。然レトモ私共等窃カニ之ヲ視察セバ、幾《ホトン》ト其所為ノ暴漫ナルヲ疑フ。何トナレバ彼ニ罪アレバ法律以之ヲ罰暴スレバ官之ヲ制ス。何ソ私ニ人ヲ誅シ悪ヲ除クコトヲ得ンヤ。終ニ其身法ヲ犯シ、甘ンジテ罪ニ伏スルハ之教育ノナキ蛮夫ト云フ可カ。然レトモ彼等十余名ノ者ト雖モ、一般ノ人民ト異ナルナケレバ、父母ヲ慕ヒ妻子ヲ愛スルノ情ニ於テモ又異ナルナカルベシ。然ルニ今回ノ者等ハ父母妻子ノ愛情ヲ棄テ、之ヲ顧ミズ、罪ヲ犯シ法ニ触レ妻子一族ノ悲境ニ至ラント、其身貴重ノ命ヲ拗テ、人ヲ謀殺セシハ思フニ久々刑曲ノ策ニ陥リ、怨悪ノ深《(ママ)》キ、恨恐ノ極リ、必シモ言語尽ス可キ者ナラ（ザラ）ン。世説ヲ開クニ被害セラレシ者露木父子ハ生質強欲不仁ニシテ頗ル奸悪ナリ。養子幸助ノ如キハ父ニ幾層シテ狡猾《(ママ)》極マルト云フ。平素貸付金ヲ業トシ、其法方《ママ》タル表面ハ制限ニ基キ、種々ノ名目ヲ以テ非利ヲ貪リ、殆ンド三割ヨリ五割ニ及ブ様、実ニ言フ可カラザル過分ノ利ヲ得、利金ノ嵩ムヲ待ツテ、抵当ノ動不動産ヲ己レガ所有ニ帰セシメント欲シ、既ニ他人ヨリ得タル所ノ田畑・山林百町余、段別ノ多キニ至ルト。而シテ去年来米価ノ下落シテ、農夫一般ニ窮ス之ヲ奇貸トシテ、抵当地ヲ公売シテ尚身代等ヲ取ラル、者尠ナカラス。依テ困窮ノ余リ、春来冬自ニ証書換ヲ願ヒ、或ハ年賦等ヲ難クモ毫モ容サズ。大喝一散シテ擯斥（ママ）シ、倍々負債者ノ不動産ヲ搬フ者贖フアルヲ以テ、多人数集会シテ示談ヲ申シ入レタルモ肯カサルヨリ、糊口ニ迫リ各家滅亡ニ際シ、憤怒ニ不堪乎。衆人ノ為メニ十名ノ者等身命ヲ棄テ暴挙ヲ起シタルハ其内情憫ムニ至ル。夫レ如斯衆人ノ怨恨ヨリ、党ヲ結ヒ類ヲ集メ、凶器ヲ持テ人ヲ殺害スト雖モ他人ニ損害ヲ及ボスヲ恐レ、力《ツト》メテ白昼ニ事ヲ謀リタル等ハ又悪徒衆集シテ良民ヲ害シ、財ヲ奪等ノ比ニアラズ。又一方ヨリ視察スレハ、豈宇三郎ノ身ニ於テモ自カラ招クノ怨悪ヲ云フベシ。且私共等各村遺族ノ景況ヲ熟視スルニ、広吉等就縛以来父ハ子ヲ失ヒ、妻ハ夫ニ離レ、老幼婦女朝夕相集リテ唯父子兄弟ノ安否如何ヲ憂慮シ、且ツ飢餓旦暮ニ迫リ、農業手ニ付《ツカ》ス。親戚等救護ヲ受ケテ飢ヲ忍フノ場合、隣郡隣村ノ情之ヲ傍観スルニ忍ヒズ。伏シテ願クハ我至仁至公ノ官庁ニ於テ、遺族等ノ悲況惨状、犯者ノ情状ヲ御憫察セラレ、広吉等ヲ以テ特典ノ御沙汰アランコト、是仰望ニ堪エザルナリ。右六郡各村民惣代恐懼恐惶歎願仕候也。」（大井町山田・了義寺蔵―『大井町史　資料編Ⅲ―1（近代）』）

**注**

（1）安藤建二『明治十七年の相模国淘綾郡「一色騒動」覚え書』―『神奈川県史研究』14
（2）『読売新聞』明治十七年五月二十一日
（3）『東京横浜毎日新聞』明治十七年五月十八日
（4）安藤建二『明治十七年の相模国淘綾郡「一色騒動」覚え書』―『神奈川県史研究』14
（5）土屋喬雄・小野道雄編『明治初年農民騒擾録』勁草書房

# V　大阪事件とその後の自由党

# 11　景山英子と相州の女性民権運動

ここに二つの史料がある。一つは明治の女流民権家・景山英子が、朝鮮改革運動（大阪事件）のなかで資金募集のため持ち歩いた「不恤緯《ふじゅつい》会社設立趣意書」、他の一つは、同じ頃英子の訪問先、神奈川県愛甲郡で組織されていた「愛甲婦女協会創立趣意書」という文書である（章末参照）。この二つの文書は、先頃発見された当地方の民権運動の指導者・難波惣平文書(1)の中にあったものであるが、明治女性史に関するこの新史料が、たまたま同じ場所から見出されことに、私は少なからず興味を覚えていた。以下この二つの文書について、若干の解説を加えながら紹介していきたい。

## (1)　景山英子の「不恤緯会社設立趣意書」

景山英子の自伝『妾の半生涯』によれば、彼女は明治十八年の春、富井於菟《おと》と共に大阪事件の資金募集のため、相州愛甲郡荻野村を訪れている。それより少し前、同郷の民権家で婚約者でもあった小林樟雄から、朝鮮改革の計画を聞き出した英子は、「大に感奮する所あり、如何にもして、幾分の金を調へ、彼等の意志を貫徹せしめんと、即ち不恤緯会社を設立するを名とし、相州地方に遊説」（『妾の半生涯』）を思い立ったのである。こうして、英子は友人の富井於菟を誘って、愛甲郡荻野村の自由党員・難波惣平の宅を訪れたのであるが、そのとき持参したのが、この「不恤緯会社設立趣意書」である。「不恤緯会社」というのは、英子の説明によれば、「婦人に独立自営の道を教え、男子の奴隷たらしめずして、自由に婦人の天職を尽さしめる」（『妾の半生涯』）ことを目的とした女子教育の学校のことである。いわばこうした女子教育の学校設立を名目につかって、朝鮮改革運動の募金を訴えようとしたのであった。

しかし、英子にとって女子教育の学校設立は単なる思いつきではなかった。その前年、上京するまでの彼女は、郷里岡山にあって「蒸紅学舎」という女子むけの私塾を経営していたし—蒸紅学舎は明治十七年九月、岡山県令の忌諱にふれて閉鎖され、その事件を契機に英子は上京する—、上京後も「不恤緯会社」のような女子教育機関をつくろうと考えていたことは、自伝でも明らかである。つまり、当初の目的であった学校設立が、大井憲太郎、小林樟雄、磯山清兵衛らの朝鮮改革計画を知るにおよんで、この運動の資金カンパにあてるための手段に用いられたのである。

なお、「不恤緯」とは、機織を仕事とする寡婦が、その緯《よこいと》の少ないのを憂えないで、宗周の亡びることを憂えたという中国の故事から転じて、自分の職を捨てておいて国事を憂えるという意味で、この名称は英子の心意気を示したものだという。[2]

さて、英子が富井と一緒に、この「趣意書」をたずさえて荻野を訪れたのは、明治十八年の四月（恐らく下旬）であった。「三多摩政戦史料」によれば、この時、訪問先の主である難波惣平は留守で、弟の難波春吉が応対に出たが、要領を得ないので、春吉は二人を近くの旅館松坂屋に案内して、同志の山川市郎、佐伯十三郎、黒田黙耳、天野政立(3)に紹介した。そして、「其の語るところを聞くと携ふる趣意書は裏面を飾る手段であって、実は小林、磯山等の意を受けて、朝鮮事件の応援を求むるものであることが知られた。事甚だ重大な事件なので、軽々には相談にのれない。其処で天野は両女と共に上京して芝口の旅館虎屋に小林を訪ひ、又押上村の有一館に磯山を尋ねて計画の梗概を聞いて帰郷した」と。この書物は、事件後四十年を経た大正十三年に出版されたものであるが、個々の部分を除けば、かなり正確に史実を伝えているように思える。

さらに、この時の場面をより正確に再現したものに、天野政立の大阪事件に関する裁判記録（「国事犯公判傍聴筆記」）があるので、それを検討してみよう。天野は裁判長の訊問に答えてその時の模様をこう述べている。

「（裁）被告は朝鮮計画のことを承知し居るか。

（天野）最初景山より聞きたり。併し朝鮮に事を起すとのみにて、詳細の事は聞かざりし故、誰々がやるかと問ひしに、大井、小林、磯山なりと申し、如何なる目的かと問えば、婦人の事故充分別からず、只欠点と云ふは資金の一事なるが、君も憂国の人なれば朝鮮計画はつまり内地改良の一手段なり云々申せしも、自身に一定の論もなく分かり兼ねますから、遂に出京して磯山に面会し詳細の事を聞く」と。

ところで、この天野であるが、かれは十七年の暮から十八年のはじめにかけて、愛甲郡の減租請願総代として再三上京しており、東京に滞在する機会も多かった。その間かれは、細川瀏《きよし》、坂崎斌《さかん》、大井憲太郎らと往来したが、その時かれは坂崎のところに寄寓していた景山英子と知り合うのである（「天野政立文書」）。

また、最近村田静子氏が発表した「景山英子の警察調書と予審調書について」（『歴史評論』一九五号）という論文によれば、英子は、十八年四月頃、神奈川県有志総代として、減租請願のため上京した天野政立、山川市郎らと会って以来、「互ニ時事ヲ慷慨ノ末内地改良ヲ謀ルハ実ニ今日カ某機会ニテ既ニ小林、大井等モ奔走尽力致居レバ君等平素ノ志ニ背カス国事ニ尽サルヽナラハ充分発奮アル可シ且亦事ヲ挙クルニハ」金が必要だと説いてカンパさせたという。

以上の諸史料を検討して言えることは、英子は荻野に来る前から、天野、山川とは既知の間柄であり、来訪前から二人を通じて愛甲地方の自由党の状況を、ある程度までつかんでいたということである。英子が訪問した難波惣平は、天野とは義兄弟（天野の妻、八重は難波の妹）であり、愛甲自由党の幹部の一人であった。また、当地の自由党組織は、党員数こそ少ないが（明治十七年四月に一三名）相愛協会、愛甲婦女協会、講学会などの大衆組織や学習組織を通じて地元に強固な地盤をもち、自由党本部・寧静館の資金カンパのよびかけにも再三応ずる資金力を有していた[4]。英子は遊説先のこのような状況を、天野から前もって聞いていたからこそ、真直ぐ難波のもとを訪れたのであろう。

次に言えることは、愛甲郡の党員たちが、英子の遊説によってはじめて、朝鮮改造計画を知ったということである。むろんそれは前述の天野の陳述にもあるように、内容的にはかなり漠《ばく》然としたものであったが。また、英子にとってもここに至って「不恤緯会社設立」に名をかりたカモフラージュは不用になったわけである。なお、英子は帰京後、難波惣平にあてて、先の訪問の謝礼をかねた次のような手紙を出しているが、その日付が「五月八日」とあるのは、彼女のさきの遊説の時期を判断する上で重要である。私はこの日付から判断して、その遊説を四月下旬と見ている。

「前略御免　陳者過日来御地滞在中ハ百事不残御周旋ニ預リ為ニ御地へ罷出候目的モ達シ得深ク奉感謝候、尚ホ其儀ニ付テ帰京之節呉々モ御依申上置候残務即チ三増津久井両村之拠金募集ハ其後如何様ニ運ビ居候哉御纏メ之上可成神速ニ御回送被下度先ハ御礼旁催促マデ早々不滞

二伸　先便転宿云々申上候得共予暫クハ当旅宿ニ滞在可致都合相成候間左様御承知置被下度候

三伸　乍末筆御内君始メ御一同様へ宜敷御鳳声奉願候

八日午前

東京芝区柴井町廿番地
和泉屋健蔵方
景山
拝
富井

難波大人
玉下」

さて、英子の荻野遊説を機に、まず天野政立が彼女の紹介で上京して磯山を尋ねる。そこで、磯山の口から直接、朝鮮改造計画の詳細を知り協力を誓う。そして、これ以後、英子と天野コンビによる資金調達が、相州地方で展開されていく。先の村田論文によれば、英子が天野から受けとった金額の内訳は、次のようになるといわれる。

「一　金二十円　山川より、神奈川県下荻野村旅店にて
二　金五十円　山川より、芝口三丁目紀伊国屋にて
三　金三十円　天野の使より、同所にて
四　金五十円　天野より、木挽町一丁目美濃屋にて
五　金八円　　天野より、神奈川県中荻野村三浦方にて」

そして、一、二、四は小林へ、三の内二五円は磯山へ、三の内五円と、五の八円は英子の奔走費として手許に置いたという。

ついでに、この内訳の内容についてもう少し説明を加えておこう。一の二十円は山川とあるが、これは英子の最初の荻野遊説の際の金であろう。史料「不恤緯会社設立趣意書」の拠金簿に、難波惣平ら九人の名前と金額が記入されているが、その額を合計すると二十円になる。二の五十円も山川よりとあるが、これは実は天野が、出京の山川に托した金である。また三の三十円も、「天野の使」佐伯十三郎に天野が托したものである。四の五十円は、天野が直接上京して景山に届けている（「国事犯公判傍聴筆記」）。以上、二、三、四を合計すると、天野は全部で百三十円を拠金していることになるが、かれはその金を自己の田畑を売って工面したと自伝（「所世録」）で書いている。即ち、

「余ハ郷里ニ帰リ所有ノ田畑若干ヲ売却シテ弐百円ヲ得タリ。（反金三十円均シ）其内五十円ヲ封金トシ、山川ヲシテ小林ニ届ケシメタリ。残リ百五十円ハ自身持参シ、小林ニ渡シタリ」と。(5)

最後の八円は、英子が再度荻野を訪問した際受け取ったものであるが、これは同村の資産家、岸十郎兵衛宅に押し入り、強奪した金であった。しかし彼女はそのことを知らないで受け取っている。それは十八年七月六日のことであった。

　その頃から相州では、資金募集の困難から、事を焦った大井、磯山らの指示もあって、非常手段（強盗）による資金の獲得が計画され、実行に移されていた。すなわち、愛甲・高座両郡の党員有志がグループを組んで、両郡内の資産家、郡役所、村役場をおそい、資金の強奪に狂奔した。しかしその成功も一回だけで、大矢正夫、山本与七、菊田粂三郎、長坂喜作による、高座郡座間入谷役場の公金強奪事件だけであった。

　ところで、英子はこの非常手段についても、大井、磯山らの中央指導部と在地リーダーである天野政立との連絡役として活動している。法廷での天野陳述がこの事実を裏づけている。

「（裁判長）被告は他の被告人と共に愛甲郡役所に非常手段を試みし事はなきか。

（天野）自分に於ては試みたる事なし。併し金が出来ざれば朝鮮計画の費用にも差支えるとの事故、愛甲郡役所の租税金を奪はんと考へたりしも自分には之を果す事能はざるべしと思ひ、之れを果す人あれば差越し呉れよと景山に言ひしかば、同人より更に磯山に告げしか直ちに内藤外一名を差越せり。」（「国事犯公判傍聴筆記」）

英子の斡旋で東京から派遣された「内藤外一名」とは、磯山の主宰する有一館生の内藤六四郎と大矢正夫あるいは山崎重五郎のことであろう。この天野の陳述には、英子が「強奪教唆」したかの如き部分があるが、この点の有無がのちに法廷でも争われることになる。

ともあれ、英子はもえに燃えていた。

「今回の行は、実に大任にして、内は政府の改良を図るの手段に当り、外は以て外交政略に関し、身命を抛擲するの栄を受く。嗚呼何ぞ万死を惜まんや」という「獄中述懐」（『妾の半生涯』）が、よくその間の心情を吐白している。そして例の非常手段についても、「大功ハ細瑾ヲ顧ミスト云フ事アリ、現ニ維新ノ際ニモ金ヲ得ン為メ薩長土ノ人モ非常ノ手段ヲ用ヒタリト聞ケリ」（前掲村田論文）と述べて、愛甲の同志たちの説得に当たっている。

このように、大阪事件における景山英子の行動をたぐっていくと、彼女の役割は、大井、小林らの指導部と相州グループとの単なる仲介役にとどまらず、資金募集の面でも、さらに非常手段実行の面でも、堂々たるオルガナイザーとして活動していることがわかる。こうした英子の役割は、大阪事件において彼女が爆発物の輸送に当たったとか、朝鮮での実行隊に加わって報道記者としての任務を受け持つはずであったとか言うような周知の事実以上に、大きなものであったのである。

英子を含む実行隊の一行が、大阪に滞在中、有名な隊長磯山の遁走事件があったとき、「彼が持逃げせる金の内には……神奈川県の志士が、郡役所の徴税を掠めんとして失敗し、更に財産家に押入りて大義のために其良心を欺きつつ、強ひて工面せる金も混りしぞや。然るに彼は此の志士が血と涙の金を私費して淫楽に耽り、公道正義を無視して、一遊妓の甘心を買ふ。何たる烏滸の白徒ぞ」と痛憤するのであるが、その時の彼女の胸中には、相州のオルガナイザーとしての、はげしい自責の念があったにちがいない。

ともあれ、英子が自己の青春をかけて活動した大阪事件について、きびしい自己点検を加えることができるまでには、長い歳月が必要であった。後年英子はその回想の中で「是につけても思想も変れば変るものなり。もう帝国主義とか膨張策とか真に罪悪を感じた今日、大阪事件を思いだしても慄淋（ぞっと）する」（雑誌『世界婦人』）と語っているが、これは彼女が、長い苦闘ののちにゆきついたキリスト教社会主義の立場からのべた大阪事件に関する自己批判でもあった。

以上、景山英子に関する新史料の紹介が、当初の予定をこえて、大阪事件における英子と相州の関係にまで及んでしまった。

さいごに、この「趣意書」に盛られた英子の思想、殊にその女性観をとりあげたいところであるが、今はその余力もないので、この辺でもう一つの新史料の紹介に移りたい。

## (2)　「愛甲婦女協会創立趣意書」

この文書が、英子の遊説先にあたる難波惣平文書の中から発見されたことは、はじめに述べた通りである。この趣意書には、日付も署名もないので、婦女協会がいつ、だれによって創立されたものであるのか確証できない。しかし、私の推定では、これが執筆されたのは、明治十七年の前半、それも四～五月頃ではないかと思う。難波文書の中には、この外に、愛甲郡の自由党に関する規約や、その支持団体である「相愛協会」の規則などが収められており、それには、その制定の日付や役員が記載されている。私の推定は、この類似の文書から類推したものである。

ちょうどこの時期に、愛甲郡自由党は、内外の事情から党組織及びその支持団体の整備の必要に迫られていた。この点については、以前別稿[6]で論じたことがあるので、ここでは繰り返さないが、要するに、それまで成文化された党規約を持たないできた郡党は、十七年四月にはじめて正式の規約を決定している。また郡党は「相愛協会」という支持団体を組織していたが、この協会の規則もほぼ同じ時期にできている。このような事情から判断して、愛甲婦女協会の「趣意書」も、恐らくこの時期に執筆されたものと推定できるわけである。

なお、ここで留意しておかねばならないことは、前二者に関する文書が、それぞれ「愛甲郡自由党員内規」「相愛協会申合規則」とあって、まえからあった組織を明文化したものであるのに対して、婦女協会の方はこの時点（十七年四～五月）で新たに創立される団体の趣意書としてつくられたことである。

愛甲郡を含む相州で、女性が民権運動に参加した事例は、今までのところあまり見当たらないが、活動家の妻として夫の活動を理解し、支えた女性たちは何人かいる。例えば、難波惣平の妹で天野政立の妻であった八重《やえ》や、山川市郎の妻えん[7]などがそうである。愛甲婦女協会もむろん、このような党員活動家の妻たちを中心に創立されたものであろう。

ところで、民権期におけるこの種の婦人組織の史料の実在について、わたしの知る限りでは、景山英子の郷里、岡山の「岡山女子懇親会規約」と「豊橋婦女協会」[8]の二つだけであるが、このうち、愛甲婦女協会は豊橋のそれとよく似た性格をもっている。

豊橋婦女協会は、『日本立憲政党新聞』に紹介されたものであるが、発起人として四人の婦人名が記載されており、その設立年月日も明らかにされている(同紙、明治十六年十月三十日)。参考までに、ここでその規約全文を掲げて両者を比較してみよう。

「　　豊橋婦女協会

此の会の皇御国の人の母たる人々の有様をあらためす丶めて人の人たる道を学び世の大丈夫が御国の為に力を尽す赤心を助けん為め設くるものなりされば此の会に入りて此の道に身を委ねんと思ひ玉ふ貴女たちは左に記す約束を堅く守ってかりそめにも忘れ怠りなし玉ひそ

　約束

一、此の会員たらん人は操を守り志を固くして国の為め家の為めに専ら力を尽すべき事。

一、此の会員たらん人は学びの道に心を潜めて諸〻の知識を求むべき事。

一、此の会員たらん人は能々家政を整へす外に勉むる良人内顧の煩なからしめ俊男淑女を養ひ育てて御国の柱となるべき程の良き材を造り出し且は世界の大丈夫と広き交りを結び得て世の頑男子たちを愧ぢて志を立てしむべき事。　」

見られるとおり、この二つの規約は内容的に大変よく似ているが、愛甲婦女協会の方がより詳しくなっており、また女性の演説会参加を強調している点が注意をひこう。この点は愛甲の場合、在地自由党との関係がより緊密であり、むしろ自由党の婦人後援団体としての性格を持つためではなかろうか。ともあれ、両者は民権期における婦人の地位とその役割、またその使命感などの把握において、共通した立場、思想を有している点に注目しておきたい。

さて、愛甲婦女協会の趣意書は、西洋諸国と比較して我が国の婦人の地位の低さをなげき、その不幸の根源を婦人の無智と封建的因襲においている。そして、それからの解放の道を、「智徳の修得」＝「学の道」に求め、男子の「朋友、相談相手」となって、共に国家社会に貢献すべきだとしている。このような発想は、「豊橋婦女協会」のそれとも、また景山の「不恤緯会社設立趣意書」とも共通しているが、それに続く「申合規則」では、婦人会員としての五つの実践項目を掲げている。それを整理すれば二つの分野に大別できよう。

一つは、婦人として固有の使命や職分に関する部分で、自尊、自重といった婦徳の大切さや、家政の整頓、育児の重要性をうたっている。いま一つは、国家、社会への関心を高め、男子と共に国家の進歩に貢献すべきだという政治的自覚を強調している部分である。そして、これらの目的を達成するために、学問を重視し、その「捷径」として、男子の演説会や懇親会への参加をすすめているのである。

周知のように、自由民権運動は、男子主体の運動であり、少数の女性が運動に参加したとしても、それは男の側の民権熱が一部のインテリ婦人たちを運動に引き込んだものであると言われてきた(9)。そしてその代表的な事例として、楠瀬喜多、岸田俊子、景山英子、清水豊子らの名があげられてきた。

確かに、当時の自由民権思想が、男女同権や婦人解放論を含んでいたにしても、それはあくまで理念としてであり、「抑圧された性」としての独自の婦人運動を形成するには至らなかった。たとえば、この時期の景山英子の思想をみても、運動の主体を性の差別をぬきにした「人民」ないし「国民」という観念でとらえ、人民の政治的自由の獲得が第一義的課題であり、婦人の日常をとりまく封建的家族制度や社会的不平等の問題は、置きざりにされていたのである。[10]この史料でも、女性たちが、自分をよぶのに「吾人」とか「吾曹」という表現を用いて、わざと性の区別を否定しているところにも、当時の風潮がうかがえよう。後者の問題が、女子教育や廃娼運動を通じて、一部の政治家や都市知識人の間に、重要な社会問題として登場してくるのは、民権運動が解体した明治二十年代になってからである。

このような時代的背景と制約もあって、この婦女協会の趣意書も、運動のよびかけとしては、甚だ素朴な且つ政治主義的な域を脱していない。「申合規則」の前半の部分で強調している、女性の徳目、家政、育児の心構えなどは、民権家の妻という立場を度外視すれば、旧来の女の通俗道徳とかわりないし、また後半の部分で、婦人の学問と使命とを、ストレートに国家と政治に結びつけている点では、素朴な政治主義にとどまっている。

しかし見方をかえれば、近代の民衆運動が、その初期においてはつねに色濃い宗教的禁欲主義（ここでは通俗道徳）をまとっており、[11]またその活動方法も、その時代の大衆的文化水準に見合った啓蒙方法を採用していることは、明治の労働運動の歴史に徴しても明らかである。その意味では、ここで言う通俗的婦徳の強調や、男子民権家の演説会や懇親会の場を、文字に疎い婦人の学習と啓蒙に活用しようとしたことは、なかなか巧妙な方法であると言えるであろう。

ともあれ、ここには、自由民権運動の国民的広がりと滲透のなかで、ようやく芽生え出した婦人解放運動の先駆を見出すことができる。民権運動は一部の史家が言うように、男子主体の運動であっても、決して男子だけの運動ではなかった[12]。よしその芽生えがどんなに小さくても、近代日本女性史における、最初の組織された運動であった。そのことを、この二つの史料は語っていると言えるのではなかろうか。

**注**

(1)『難波家・自由民権関係文書』(神奈川県史編集資料集)
(2)村田静子『福田英子』岩波書店
(3)拙著「天野政立と相州自由民権運動」―『明治の群像5　自由と民権』三一書房
(4)『難波家・自由民権関係文書』解説(神奈川県史編集資料集)
(5)天野政立文書「所世録」(国立国会図書館憲政史料室蔵)
(6)拙稿「自由民権期における在地自由党の組織形態」―神奈川県高等学校社会科研究部会紀要『倫社・政経研究』7
(7)「大矢正夫自叙伝」草稿(大矢家蔵)
(8)これらについては大木基子さんから御教示いただいた。
(9)家永三郎『植木枝盛研究』岩波書店
(10)大木基子「福田英子における婦人観の軌跡」―『歴史学研究』326　青木書店
(11)安丸良夫『日本の近代化と民衆思想』青木書店
(12)村上信彦『明治女性史　中巻前篇』理論社

「不恤緯会社設立趣意書

凡ソ人トシテ四支五官ヲ具フル以上ハ縦令ヒ其ノ性男子タルモ女子タルモ其ノ天賦ノ権利ナルモノニ至リテハ豈ニ又毫末ノ差異アル理アランヤ然レドモ今日我邦ノ如キハ社会未ダ進歩セズ人智未ダ発達セザルガ為メ其ノ教育法ノ如キモ男女ノ間ニ大ナル径庭ヲ生ジ随テ女権ノ如キハ日一日ニ傾頽ニ赴キ遂ニ或ハ女子ヲ以テ男子ノ付属物ト做スアリ或ハ全ク奴隷ト做スアリ其ノ甚シキニ至リテハ殆ンド人類外ヲ以テ目視スルニ至ル東洋男子ノ女権ヲ蹂躙スルソレ誠ニ然カリ然カルニ因習ノ久シキ之レガ女子タルモノ尚ホ且ツ見テ以テ天理ノ常道トシ公義トナシ却テ男子ノ羈絏屈辱ヲ甘受スルヲ以テ婦徳ノ至リトナシ恬トシテ又其ノ怪ヲ知ラズ嗚呼儂等ハ若シ儂等ニ向ヒ我邦現時ノ口数ヲ問フモノアラバ之レヲ堂々三千七百万ト答フルヲ得ズシテ寧ロ飲泣千八百余万ト云ハンノミ儂等説テ玆ニ至ル少シク志アルノ同胞姉妹誰カ為ニ慷慨憤激ヲ起サザル者ゾ儂等熟々思フニ此レ全ク我邦千百年来女子ヲ軽蔑セシノ弊風漸ク隆ンニ随テ人心ニ感染スルノ深ク終ニ今日ニ至リテ或ハ遺伝トナリテ存シ或ハ習慣トナリテ去ラザルノ致ス所ナリト然レドモ此等ノ原因タル皆既往ノ事ニシテ今日又如何トモ痛治スル能ハズサレバトテ今日尚ホ之ヲ放棄シテ等閑ニ付シ去ランカ即チ今日ノ風習ハ又他日ノ結果トナリテ現ハルルモノナレバ儂等ガ今日ニ於テ尚ホ且ツ蛇蝎視スル所ノ彼ノ暴悪ナル習慣遺伝ノ両害物ハ他日正ニ如何ナル勢力ヲ占メテ現出スルヤ儂等予想ノ能ク及ブ所ニアラズ是レ所謂蔓草除ク可カラズ深根愈々抜キ難キ所以ナリ之レヲ以テ今日ニ於テ予メ他日ノ謀ヲナシ兼テ従来ノ弊風ヲ洗濯セント欲スルニハ必ズ女子教育ノ改良ヲ図ラザル可カラズ

此レ儂等ガ今回ノ挙ヲ企テ大ニ従来ノ卑屈婦女ヲシテ活発有為ノ精神ヲ発揮セシメ漸次進ンデ同等自由ヲ拡張シ以テ天与ノ幸福ヲ自暴自棄スルナカラント欲ス請フ四方有志ノ諸君子若シ儂等ト感ヲ同フセバ多少ノ醵金ヲ投ジテ周旋尽力スル所アレ

但シ該社ノ細則ハ追テ之レヲ配布ス

首唱者
富井於菟 ㊞
景山英子 ㊞

明治十有八年四月

醵金名簿
一、金参円　　難波惣平
一、同　　　　井上篤太郎
一、同　　　　村上安次郎
一、金壱円　　大沢勝丸
一、金参円也　沼田初五郎
一、金　　　　鱸　透
一、金弐円　　野辺の舎　骸子
一、金壱円　　三橋吉十郎
一、同　　　　森　豊吉」

「愛甲婦女協会創立趣意書
伝へ聞く、西洋諸国の婦人女子ハ、能く男子と交ハリて、或ハ男子の朋友と成り、或ハ相談相手となりて、世の人の福祉をすすめ、国家の進歩を助くること、僅かばかりのことにハあらずと。それに引替へ、我国の、婦人女子のありさまを見れバ、さながら男子の玩弄物か、さなくバこれが奴隷にて、ほとほと人間の数にさへ、入れられざるハ何事ぞや。実に憂ハしく、また愧かはしき限りならずや。今われひとの、か丶る卑しき有様に、成果たる事のもとを推するに、悪き教のむかしより、伝ハり来りて、男子も女子を軽々しく、待遇することを憚からず。女子もまた此の無礼なる、もてなしを受くるをもて、理ハりに叶ひたるものと、思ひ定めたる、陋しき習ハ世の性となりたるに、基ひするとハ云ひながら、そもわれ人の学ばず、勉めず。因て男子の朋友となり、或ハ相談相手となるべき、智徳を欠しに依れること、また疑ふべくもあらず。去バ吾ひと力を尽して、学の道に心を潜め、只管ら智徳を養ひなば、男子の朋友相談相手と、成ハ物かは西洋諸国の、婦女子たちにも、恥ざる程に、成り行かんこと、難からざるべし。などて吾人此事に、力を尽さで済べきや。此頃吾曹うちつどいて、丈夫たちの催されたる、演説会てふものに罷出て、彼の人達のときしめされたる、憂れたき言葉を聞くにつけても、思ひ合ハすること多く、終に同志をかたらひて、此会を開くこととなりぬ。あわれ我皇御国の、人の母たる人々よ、慷慨き心を奮ひ起して、吾曹とともに、このくわいの、栄を謀り玉へかし。吾曹ハ婦女子の幸福の為に、また我国の進歩の為に、切にこれを祈るなり。切にこれを願ふなり。

愛甲婦女協会申合規則

一、此の会の会員たる貴女たちハ、身を謹み、行ひを正しくして、自ら尊み、自ら重ずべき事
一、此会の会員たる貴女たちハ、外に勉むる良人をして、内顧の煩ひなからしむる為めに、自ら家政を担当けて、巧にこれを理むべき事。
一、此の会の会員たる貴女たちハ、世の中の事に眼を注けて、或ハ自ら力を尽し、或ハ良人朋友に慫

漶て、国家の進歩に補ひあるべき、働きをなすべき事。
一、此の会の会員たる貴女たちハ、善男淑女を養ひ育て丶、国家の柱石財宝とも、なるべき程の人物を造り、誠に人の母たる者の、勉めを全たふすべき事。
一、此の会の会員たる貴女たちハ、右にしるせる、諸もろの目的を達する為に、学の道に身を委ねて、早く智徳を養ふべき事。但し学の道が一様ならねば、人々の随意たるべけれども、男子の演説会、或ハ懇親会などに往行て、その説く所を傍聴するこそ、学問の捷径なるべけれバ、此の会員たる貴女たちハ、なるべく打つどひて、是等の会にハ必ずつらなりたき事なりかし。」
（原文のふりがなは省略した）

# 12　大阪事件と北村透谷

## (1)　大阪事件と相州

明治十八年（一八八五）十一月の自由党大阪事件は、富山と共に神奈川県から最大の連座者を出し、逮捕者一五名、被告人一三名、うち一〇名が有罪となっている。とりわけ、そのうちの六名は強盗罪を適用され、最高一二年から六年の重刑に処せられた。大井憲太郎をはじめとする他の受刑者たちが、明治二十二年の憲法発布の大赦令によって、国事犯として釈放されたのに対して、かれらは強盗犯として、長期の厳しい鉄窓生活に呻吟しなければならなかった（表12・1、12・2）。

また、神奈川の参加者たちは、裁判の法廷において、一致して事件の目的を朝鮮改革よりも国内革命を優先すると主張して注目を浴びた。たとえば、神奈川組の弁護を担当した弁護人の小林幸二郎は、総括弁論においてこう述べている。

「右六名が外患に関する所為、即ち朝鮮計画に同意せしは、彼国の事大党を殪し独立党に政権を帰せしめ、以て自由の光輝を製出せんと決意せしに相異なきも、此被告六名に於ては、それのみを以て希望としたるにあらず。又目的とせしものにあらず。何れも内地の改良若くは内国革命の時機を造り出さんが為めの手段方法に供せんとせしものにて、若し内地の改良なかりせば、事を朝鮮に挙ぐるの必要なしとまで断言せり。」

（松尾章一・松尾貞子共編『大阪事件関係資料集』）

つまり、朝鮮改革を主眼とする大井ら幹部の主張に対して、朝鮮改革を「内国革命の時機を造り出さんが為めの手段方法」に過ぎない、と明言しているのである。このような主張が、強盗犯に処せられた神奈川の被告たちの一致した意見だった点に注目しておきたい。

表12・1　大阪事件連座者の府県別表

| 人数 | 府　県　名 |
|---|---|
| 11人 | 富山 |
| 10 | 神奈川 |
| 8 | 茨城 |
| 3 | 岡山、長野、高知、栃木 |
| 2 | 福島、群馬、石川、愛知、香川、熊本、兵庫 |
| 1 | 宮城、東京、埼玉、奈良、新潟、佐賀 |
| 2 | 未詳 |

『自由党史』（岩波文庫）から作成

第三に大阪事件は、神奈川において景山英子と北村透谷という異色の人物を、事件の舞台に登場させている点でも大変興味を惹く。景山英子が大阪事件の資金募集のために、富井於菟《おと》と一緒に、十八年四月、相州愛甲郡下荻野村（現厚木市）を訪れ、在地の自由党員に醵金を促して歩いたことは、英子の自伝『妾の半生涯』にも載っている。その時持ち歩いた募金帳が、「不恤《ふじゅつ》緯《い》会社設立趣意書」という文書であり、それは今でも彼女の訪問先の難波惣平宅に保存されている。

表12・2　大阪事件神奈川県関係者の判決結果

| 氏　　名 | 族籍 | 出　身　地 | 年齢 | 判決および罪名 |
|---|---|---|---|---|
| 山本與七 | 平民 | 高座郡栗原村 | 29 | 軽懲役8年　強盗罪 |
| 菊田粂三郎 | 〃 | 〃 | 26 | 軽懲役7年　強盗罪 |
| 大矢正夫 | 〃 | 〃 | 23 | 軽懲役6年　強盗罪 |
| 佐伯十三郎 | 士族 | 愛甲郡荻野村 | 32 | 軽懲役6年　強盗罪 |
| 難波春吉 | 平民 | 〃 | 23 | 軽懲役6年　強盗罪 |
| 天野政立 | 士族 | 〃 | 33 | 軽懲役1年半　外患罪 |
| 山川市郎 | 平民 | 愛甲郡飯山村 | 44 | 無罪 |
| 霜島幸次郎 | 〃 | 〃 | 19 | 無罪 |
| 武藤角之助 | 〃 | 高座郡本蓼川村 | 20 | 軽懲役2年　外患罪 |
| 長坂喜作 | 〃 | 西多摩郡五日市寄留 | 28 | 有期徒刑2年　強盗罪 |
| 久保田久米 | 〃 | 〃 | 22 | 無罪 |
| 村野常右衛門 | 〃 | 南多摩郡野津田村 | 27 | 軽懲役1年　外患罪 |

その他の逮捕者は免訴または証拠不十分で逮捕後釈放。『自由党史』など参照。このうち長坂は山梨県、久保田は愛知県が本籍だが、寄留地として神奈川県に入れた。

不恤緯会社というのは、景山が案出した女子教育の学校であるが、それを名目に大阪事件の資金募集を行ったのであった。これ以後景山は、荻野の自由党グループと接触を強め、四回にわたって資金の提供を受け、それを大井ら幹部に渡している。その中には景山から、「大功ハ細瑾《さいきん》ヲ顧ミスト云フ事アリ、現ニ維新ノ際ニモ金ヲ得ン為メ薩長土ノ人モ非常ノ手段ヲ用ヒタリト聞ケリ、此度ノ計画ハ非常ノ事ナレバ」と教唆されて、非常手段（強盗）によって強奪した金もあった。また、景山は資金募集だけでなく、こうして親しくなった相州の青年壮士たちを、朝鮮での実行隊の主力となった有一館に紹介したりしている。

景山英子が、神奈川における大阪事件の表舞台に登場するヒロインだとすれば、その裏舞台の影の役者は北村透谷であろう。透谷が、おりからの自由民権運動に触発されて、政治家たらんと志して運動に参加したが、大阪事件を転機として運動から離脱し、政治から文学へ転向したことはよく知られている。そして、その動機となったのが、「心の友」

大矢正夫の非常手段への誘いと言われる。

透谷については、没後一〇〇年にあたる一九九四年、生地の小田原をはじめ、かれの活動の舞台となった多摩の八王子や、母校の早稲田大学（当時の東京専門学校）等で盛大な記念祭が催された。また、この記念祭に前後して、色川大吉氏の待望の書『北村透谷』や平岡敏夫氏の『北村透谷研究評伝』が出版され、記念事業に花を添えた。このような透谷ブームの再来の中で、透谷研究も新たな活気を得ようとしているが、この小論も、こうした気運に刺激され、透谷と民権運動、とりわけ大阪事件との関わりを、わたしなりに再考しようとするものである。

ところで、この小論執筆のもう一つの動機は、透谷に関する最近の新資料の発見である。その一つは、後に透谷の義弟となる石坂公歴《まさつぐ》が、明治十八年（一八八五）六月、透谷と一緒に東海道旅行に向かった際、父親の石坂昌孝に宛てた書簡である。この旅行は公歴の手記である『天縦《てんしょう》私記』にも記されており、こちらは以前から知られていた。さて公歴の書簡であるが、ここでその一部を紹介しよう。

「再度即チ廿日出御書拝見仕候　当地近況左ニ御報道申上候
当地方ヘモ民情視察乃チ国事探偵者時ニ来リ候由
麦ハ余程不作之由米ハ目下ノ雨天ニテハ地下湿ヒ候故満足ノ結果無之候由
金森村作次郎ナル者金百三十三円ニテ杉及椹買取候由
金子ハ来ル三日悉皆納ル候由
其レニ付丸山ニテハ金子入用ノ由

村の氏へヤソノ事相談致候処追々盛ンニ致様且又目下ハ頗ル繁忙ナレバ除々ニ可致云々
北村ノ到リシ処ハタデ川村武藤角之助ニ御座候
篠原ニモ一寸面会致候　同氏ハ過日出京被致候
猪又剛猟ハ同行二人ト共ニ当村ニ至リ候由村の氏ノ話
坂倉奇人ハ余程よろしき由正寿氏ノ話
過日山崎村に失火有之候節小子一寸至リ候へ共奇人不出
小子旅行順序
本日廿四日出立藤沢平野へ至リ羽鳥村小笠原ニ至リ三觜ニ至リ鎌倉へ至リ泊
鎌倉滞在北村ハ小田原へ先発小子ハ暫時鎌倉ニ居リ候
其ヨリ小田原へ至り吉浜ニ至リ是レハ北村叔父ノ由其ヨリハ函嶺ヲ越へ三嶋ヨリ先キハ至ル処寺院ニ宿ヲ求ムベシ
其ヨリ順次名古やニ至リ或ハ加賀ニ廻リ北陸ヲ運リテ松浦孝(高)松ニ至ル或ハ山陰山陽を越ユル後九州ニ至ルヤモ不計何ニ致セ北村ハ途中ヨリ引退ク人物ナリト勘定致居候
旅費金三円持参　　　　津田ヨリ道中記借リ受候故御教示ノ寺院モ相尋可申候　　　　秋ト相成候
小子長城先生ノ番地失念仕候間尾州橋本三郎迄一寸御報願度此段願上候　　　　（以下略）」
（『北村透谷と多摩の人びと』民権ブックス7　町田市立自由民権資料館）

この手紙は明治十八年の六月二十四日、公歴が旅行先から同行者の透谷のことにふれながら、これからの旅行計画のスケジュールを述べたものだが、その中の次の一節がわたしの目に飛び込んできた。

「北村ノ到リシ処ハタデ川村武藤角之助ニ御座候」、書面はさらに「小子旅行順序」として、「本日廿四日出立藤沢平野へ至リ羽鳥村小笠原ニ至リ三觜ニ至リ鎌倉へ至リ泊」とある。ここに出てくる人物とは、平野友輔、小笠原東陽、三觜《みつはし》八郎右衛門のことで、三人とも藤沢を代表する当代の名士たちである。早くから多摩地方で民権家として活躍している平野はもちろんだが、東陽や三觜とも二人は以前より交流があったのかも知れない。

私事になるが、わたしは現在神奈川県綾瀬市の市史編纂を委嘱され、平成七年『綾瀬市史3　資料編　近代』を発刊した。その中に大阪事件関係の新資料として、「被告人武藤角之助第三回調書」という文書を採録した。偶然の一致とも言えようが、この被告人武藤とは、公歴の手紙に出てくるタデ川村（正確には本蓼川村、現綾瀬市）の武藤と同一人物である。その武藤を透谷が訪問した事実を知った時、わたしは自分の目を疑った程であった。それにもう一つ、武藤の所（現金子家）からは、この調書と一緒に明治の激化事件の三つの文書―大久保利通の「斬奸状」、加波山事件の「檄文」、飯田事件の「軍令職緒言」―が発見された。これも後で述べるように、大阪事件の関係資料の一つと見なすことができる。

さて、これらの新資料をつなぎ合わせてみるとき、大阪事件の中の透谷の動向が新たな姿で浮上してくるように思える。大阪事件と透谷とのかかわりについては、大矢正夫との関係が決定的だが、そこにいたる民権期（明治十七、八年）の透谷像について、これまでもさまざまに論じられてきた。たとえば、父快蔵宛の有名な「哀願書」の中で「世運傾頽《けいたい》」を嘆く透谷、『三日幻境』の中で「静かに白雲を趁《お》ふて千峰万峰を攀《よ》づるの思望」を抱く透谷、また石坂ミナ宛の書簡の中に「大政治家たらんとする従来の妄想の非なるを悟り」小説家を志そうとする透谷、このような透谷の書簡ないし作品を論拠に、民権運動離脱期の透谷像を構成しようとするのが、これまでの通説であった。そして、「心の友」大矢正夫の非常手段への誘いは、その離脱を決定的なものにしたと言われている。

確かに、一般論としてはその通りであろう。わたしもそれを認めるのにやぶさかではない。しかし、明治十七、八年の透谷像を、そのような一般論で塗りつぶすわけにはいかない。問題は透谷が、いつ、どのようにして運動から離脱したかという点である。つまり、大阪事件と透谷とのかかわりを、よりリアルに追求することによって、この時期の透谷像を今一度再考してみたいというのが、本稿のテーマである。先の二つの新資料は、そのための手掛かりを与えてくれるのではないかと思う。

## (2)　武藤、大矢と透谷

小田原生まれの透谷が、十三歳で東京へ移住したあと、その生活と活動の場は、殆ど東京と多摩など武州であると言われてきた。そして、小田原など相州へは、晩年の一時期を除き四、五回しか足を運んでいない。とりわけ明治十年代には、鎌倉方面への放浪と祖父の葬儀を除けば、まったく不明に等しい状況である。その意味で、新発見の資料にもとづく相州旅行の事実は貴重である。

しかし、相州方面へ出向くことが少なかったとはいえ、その交友関係を検討すると、武州に限らず相州にも相当多くの知友をもっていたことがわかる。たとえば、十七年当時、透谷が入館していた神奈川県出身者の静修館には、山田東次（自由党員）、小島仙亮、三木登明、原篤敬、安藤亀吉、大矢正夫らの在館学生がいた。また同十七年、石坂公歴をリーダーとする在京の読書会グループには、透谷と共に山田東次、水島丑之助（自由党員、保太郎の弟）、三木登明ら相州の出身者がいた。さらに大阪事件で有一館に入館し、朝鮮での実行隊に加わった大矢正夫、武藤角之助、霜島幸次郎も相州人で透谷の友人であった。これら相州出身の青年たちとの交流によって、透谷は居ながらにして相州地方の情報を手にしていたであろう。こう見てくると、かれが羇旅の途中で、相州の親しい友人宅に立ち寄ったとしても決して不思議ではない。

さてここで、十八年六月、透谷が立ち寄った武藤角之助を紹介しておこう。武藤は高座郡本蓼川村の出身で、慶応二年（一八六六）の生まれ。父・武藤卯左衛門の四男で、幼年時代は「子女多ク修学セシムルノ資ニ乏シ」かったという。深谷小学校卒業後、一旦家を出て公立の横浜中学に入学したが、一年で廃校となったため帰郷した。その後、明治十三年から高座・鎌倉両郡の教師を務め、同十七年から西多摩郡大久野村（現日出町）の小学校に転勤している。ここで、五日市を中心とする多摩の民権家グループと交流し、北村透谷とも知り合いになったのであろう。

武藤と大阪事件とのかかわりは、かれの予備審調書に出てくる。少々長くなるが引用しておこう。

「自分神奈川県西多摩郡大久野村大久野学校教員奉職中、昨年四月頃、霜島幸次郎ヨリ本年七月頃、大運動小運動アル趣キ談ヲ聞キ、其後大矢正夫ヨリ蹶然創業ノ任ヲ取ルト云フノ書簡ヲ受ケ、為メニ出京スルノ念ヲ生シ教員ヲ辞シ、郷里ニ帰リ親戚ニ暗ニ訣別ヲ表シ、昨十八年六月九日出京セント思ヒ道ヲ東南ニ取リ行ク途中、高座郡本蓼川村ニテ後ロヨリ武藤々々ト呼フモノアリ、顧ミレハ大矢正夫ニテ此度現政府ヲ顚覆スルニ就テハ金円不足ニ付、高座・愛甲郡地方ニ金策ニ来レリ、其次手ニ其許ノ家ニ立寄シニ今出発シタリトノコトニ付、跡ヲ追フテ来レリ、是ヨリ帰京スル旨申スニ付、自分モ出京有一館ニ入ルヘキ趣キヲ談シ同道出京、芝口三丁目紀伊国屋ニ居ル景山英ヲ尋ネタル処、英ハ自分ニ天野ヨリ其許カ有一館ニ入ルコトハ申来リアル趣ヲ談シタリ、其ヨリ大矢ト同行有一館ニ至リ、大矢カ磯山ニ紹介シ遂ニ入館セリ、（後略）」

（『綾瀬市史3　資料編　近代』）

この中で武藤は、十八年四月頃、霜島幸次郎と大矢正夫の勧誘を受けて、教員を辞め政治運動に加わったと言っている。その際、愛甲郡荻野の天野政立の推薦と、景山英子の紹介で有一館に入館している。景山は十八年の春の荻野訪問以来、天野とは旧知の仲であった。

もう一人の人物、大矢正夫については多くを語る必要もあるまい。透谷研究の第一人者であった勝本清一郎によって、長年探し求められてきた『大矢正夫自徐《ママ》伝』が発見されて以来、大阪事件を中心とする民権期の活動が一挙に明らかとなった。またその後発見された、教師時代の「履歴書」（大和市立大和小学校蔵）によって、自叙伝についても一段と正確さを加えることができた。

大矢は武藤の家郷・本蓼川の隣村にあたる高座郡栗原村（現座間市）の出身である。文久三年（一八六三）十一月の生まれで、透谷とは五歳、武藤とは三歳年長である。農家を継ぐべきかれは、生来の病弱と学業成績をかわれて教師となり、明治十一年から十七年まで、六年間に四つの学校に勤務している。その勤務校を一覧にすれば表12・3のとおりである。このうちで、大矢が自由民権思

表12・3　大矢正夫の教員履歴

| 学校名 | 所在地 | 在職期間 | 校長(首座教員) |
|---|---|---|---|
| 草柳学校 | 高座郡下草柳村 | 11年2月～14年4月 | 飛田由次郎 |
| 深谷学校 | 同　深谷村 | 14年5月～14年12月 | 比留川仁亮 |
| 山中学校 | 愛甲郡下荻野村 | 14年12月～15年11月 | 武藤貞二 |
| 下鶴間学校 | 高座郡下鶴間村 | 15年12月～17年1月 | 大矢保太郎 |

「大矢正夫履歴書」から作成。保太郎は正夫の幼名。ペンネームを蒼海と言った。

想に開眼したのは荻野の山中学校時代であった。

「明治十四年、北海道官有物払下問題の勃発するや、輿論は大に沸騰し、国会期成同盟会の運動と共に、一世を風靡するの概あり。終に十月十二日大詔渙発、北海道官有物払下取消と同時に、明治廿三年を以て国会を開くべしとの旨を宣け給ふ。

正夫も茲《ここ》に初めて、輿論の威力と、言論文章の権威とを感得し、大に省慮する所ありたり。蓋《けだ》し正夫の政治思想は端を茲に発したりと言ふべく、又愛国の熱情も源を茲に発したりと云べきなり。爾来小学校に教鞭を執りつゝ、余暇にハ青年と共に言論を練り、政治を研究するに努めしは、第一篇に述ふる所の如し。」（『大矢正夫自徐伝』）

なお、大矢が武藤と知り合ったのは深谷学校時代であろう。武藤の教師時代の履歴がはっきりしないため確定はできないが、深谷学校は武藤の母校である。同校には武藤の恩師である比留川仁亮がおり、大矢の在職当時は同校の校長であった。その頃、愛甲郡には厚木に本部を置く民権結社・相愛社が十五年二月結成され、翌年八月には高座郡南部にも下鶴間を中心とする真友会が結成されて、自由民権運動は最高潮に達していた。武藤、大矢らはこれらの民権結社に参加し、運動に情熱を燃やしていた。

ところで、大矢は自伝によれば、十七年一月、突如教職を辞して上京する。政治運動に本格的に入るためであった。もう一度自伝を引こう。

「明治十七年一月初頭、時勢に感激する所あり。深く決する所ありて、断然教職を辞し、父母の承認を待たずして、東京に遊学す。但此遊学たるや、尋常一様の学問修業の目的には非ず、他に大に志す所ありしなり。先づ知己佐藤貞幹氏の主鑑《ママ》せる、神田錦町の静修館に入る。館は神奈川県有志の協力にて、実費を以て県下学生を寄寓せしめ、之を監督すると云ふにあり。」

この静修館で、大矢は初めて透谷・北村門太郎と出会うのである。またここで、静修館監督の水島保太郎から、加波山事件の指導者・富松正安を紹介され、「相盟《ちか》ひし」仲となる。しかし富松との盟約は、大矢がたまたま重い脚気に罹り、病気療養中だったため、同年九月二十三日の加波山蜂起に加わることができなかった。この時の痛憤と負い目が、一年後大矢をして大阪事件に突入する直接の動機となるのである。

「明治十七年の一月《ママ》、陰に訂盟せし富松正安氏ハ、加波山に敗れて失脚せり。正夫は脚気病の為に転地せずば、其同志の一人として縛に就きしならん。免れて其志盟に背く。豈正夫の忍び得る所ならんや。富松氏に盟ひし一志ハ益堅確を加へたり。翌春に至り、大井、小林、磯山三氏の陰謀に参加して、有一館に入りしハ即ち之が為にして、又以て之を徴すべきなり。」

（『大矢正夫自徐伝』）

ここで話題をもとに戻そう。静修館に入館した大矢は、透谷と忽《たちま》ち親しくなったようだ。透谷から就職の世話や病気療養の援助を受けている。透谷は生活の糧に窮した大矢を、横浜の弁護士・大塚成吉の書生に斡旋したり、脚気の治療のため、南多摩郡上川口村（現八王子市）に転地療養させたりしている。上川口村では、大矢は秋山文太郎の世話で、数カ月間同村の学校の教壇に立つことができた。

　この上川口村時代に、二人が「老奇人」秋山国三郎の家で、十七年の秋から翌年の春にかけて、数カ月間起居を共にしたことは、後年の透谷の名作『三日幻境』に描かれているとおりだ。この時、透谷は加波山の挙に行きおくれた心友の苦悩を間近に実見したであろう。

「この時に我が為めにこの幻境を備へ、わが為にこの幻境の同住をなせしものは、相州の一孤客大矢蒼海なり。

　はじめてこの幻境に入りし時、蒼海は一田家に寄寓せり。再び往きし時に、彼は一畸人の家に寓せり、我を駐《とど》めて共に居らしめ、我を酔はしむるに濁酒あり、我を歌はしむるに破琴《やぶれごと》あり、縦《ほしいまま》に我を泣かしめ、縦に我を笑はしめ、我素性《そせい》を枉《ま》げしめず、我をして我疎狂を知るは独り彼のみ、との歎を発せしめぬ。おもむろに庭樹を瞰《なが》めて奇句を吐かんとするものは此家の老畸人、剣を撫し時事を慨《うれ》ふるものは蒼海、天を仰ぎ流星を数ふるものは我れ、この三箇《みたり》一室に同臥同起して、玉兎幾度《いくたび》か罅《か》け、幾度か満ちし。」

（『三日幻境』）

　有名な幻境生活の一場面である。大矢が幻境での生活を終えて、上川口村を去ったのは十八年の三月であった。数カ月の療養を経て、健康に自信を持ったのであろう。上京したかれは直ちに自由党の壮士養成所・有一館に入館している。有一館には間もなく、同郷の武藤角之助と霜島幸次郎も入ったが、ここで大矢がいつ頃、幹部の大井らから大阪事件の計画を打ち明けられ、参加を求められたかが問題となろう。

先に引用した武藤の調書によれば、十八年六月九日、大矢は資金募集のため、目下帰省中だと語っている。これが事実だとすれば、大井、小林、磯山の三幹部はすでに任務配置につき、計画の実行に着手していたことになる。よく言われるように、かれら三人の最初の「謀議」が、四月中旬だとすれば、それから間もなく朝鮮での実行隊の責任者となった磯山清兵衛から計画が示され、隊員の募集が行われたものと思われる。また、大井ら三人が資金募集の遅れから、有一館の大矢、山崎重五郎、内藤六四郎を自邸に呼んで、ひそかに非常手段による資金獲得を迫ったのが六月中旬（一説では二十日）と言われるが、それは調書にあるように、大矢が武藤を訪ねた数日後のことであり、さらにそれから数日後の六月二十四日、今度は透谷が同家を訪れることになる。このように透谷は、大阪事件の計画の進行途上という、極めて切迫した状況下に、事件グループの一人である武藤を訪問しているのである。

## (3)　透谷をめぐる青春群像

ところで、色川大吉氏は『北村透谷』の中で、さきの公歴書簡について、次のように言っている。

「私はこの父宛公歴書簡に二つの注目点を見出す。

一つは「北村ノ到リシ処ハタデ川村武藤角之助ニ御座候」と、わざわざ父昌孝宛に書いている所である。相州の民権家武藤角之助はこの年の秋、大井憲太郎らの陰謀に参加し、逮捕され、明治二十年、外患罪で軽禁錮二年、監視一年の判決を受けた。こうした急進派の壮士を、なぜ透谷が訪ねたのか。また、そのことをなぜ公歴が父昌孝に報告する必要があったのか、その意味が分からない。あるいは、透谷が今知られている以上に、実際にはもっと運動に深入りしていたのかもしれない。これは謎として残しておきたい。」

ここで色川氏は、透谷がなぜこの時期に武藤を訪ねたのか分からないとして、あるいは透谷がもっと深く運動にかかわっていたのだろうか、と自問しておられる。わたしはこの疑問に注目したい。たしかに、透谷が民権運動に参加したのは、運動の解体期であり、その時代状況がかれの目にも、「世運傾頽」と映じたのであろう。事実、明治十六年後半には、民権陣営と専制政府の天王山と言われた福島事件が勃発している。続いて翌十七年には、高田、群馬、加波山、秩父、名古屋、飯田事件等が相次いで発生し、この渦中で民権運動の指導政党であった自由党も解党する。そして十八年には、大阪事件を最後に民権運動はいよいよ終局を迎えるのである。また神奈川県内にも十七年後半から十八年初頭にかけて、武相困民党が結成され、透谷が滞在した上川口村でも、一村を巻き込む困民党事件が起きている。このように透谷の民権運動参加は、専制政府の激しい弾圧と深刻な不況による運動の解体期であった。

こうした時代背景のもとで、民権家としての透谷像には、初めから運動に対する悲観的な見方がつきまとうことになった。そして「哀願書」や『三日幻境』「石坂ミナ宛書簡」などが、それを検証するものとして引き合いに出されてきた。しかし果たして、そう断定できるであろうか。たとえば明治二十年八月十八日の石坂ミナ宛の書簡は、まったく逆の透谷像を見せている。

「翌十七年は余をして一度び怯懦なる畏懼心を脱却して、再びアンビションの少年火を燃え盛らしむるの歳にてありし、此時のアンビションは前日の其れとは全く別物にして、名利を貪らんとするの念慮は全く消え、憐む可き東洋の衰運を恢復す可き一個の大政治家となりて、已れの一身を苦しめ、万民の為めに大に計る所あらんと熱心に企て起しけり、已れの身を宗教上のキリストの如くに政治上に尽力せんと望めり、此目的を成し遂げんには一個の大哲学者となりて、欧州に流行する優勝劣敗の新哲派を破砕す可しと考へたり、其考へは実に殆んど一年の長き、一分時間も余の脳中を離れざりし、嗚呼何者の狂痴ぞ、斯かる妄想を斯かる長き月日の間、包有する者あらんや」

ここには、十七年の透谷が、民権運動の前途になお期待を寄せ、「第二のアンビション」の高鳴りを、「殆んど一年の長き」にわたって体験したと語っている。そして、「憐むべき東洋の衰運を恢復すべき大政治家」となって、万民のために尽くす覚悟や、あるいは大哲学者となって、御用学者・加藤弘之の提唱する新哲学＝社会進化論を論破すべしと、決意のほどを披瀝している。

大阪事件から二年を経た、恋人ミナ宛のこの書簡には、たしかに自己を美化しようとする心情はあるが、しかしそのすべてを否定できないであろう。このアンビションが、「哀願書」の時代認識や『三日幻境』の中の透谷の心象風景とどうつながるのか、再考を要するところであろう。

ここで、透谷をとりまく青年グループに目を転じてみよう。明治十七、八年頃の透谷は、県人会の静修館と読書会の二つのグループに所属していたことは最初にも述べた。静修館グループは、むろん全員が神奈川県人で、そのうち佐藤貞幹（自由党幹事・県議）、水島保太郎（県会議長）、山田東次（県選出第一回代議士）は自由党幹部であった。一方の読書会グループには、同県人では石坂公歴、若林美之助、佐藤貞幹、水島丑之助、山田東次、三木登明らがいた。この中で両方のグループに所属しているのは、北村透谷の外に佐藤貞幹、山田東次、三木登明の三人である。

「読書会雑記」の発見者である色川大吉氏によれば、透谷は十七年十月十八日から翌十八年一月十七日まで、九回開かれた読書会にたった一度しか出席せず、最も不熱心だったと言う。その原因は、その頃のかれの心境がリーダーの公歴から離れ始めていたからだと、色川氏は言っている。

一方の静修館グループには、入館後直ぐに親しくなった大矢正夫がいる。その大矢とは、幻境の共同生活を通じてその人間的魅力に魅せられ、「淡白洗ふが如き孤剣の快男子」と称賛している。このような二人の親密さから言って、静修館グループにより強い共感を抱いたように思える。つまり透谷は、学究肌の公歴よりも、行動派を以て任ずる大矢により強く惹かれていたのではあるまいか。後年の透谷の二人についての「人物評」を比較しても、このような推測が成り立つ。さらに大矢の同志には、武藤角之助や霜島幸次郎らの有一館グループがいた。大矢の有一館入館と共に、このグループとの交流もあったと見なければなるまい。

以上は明治十七、八年の透谷を取り巻く大阪事件前夜の人間模様であるが、ここでもう一つ、透谷の思想形成に深い影響を与えたと言われる困民党体験にふれておきたい。

透谷が明治十七年の農民騒擾と不況の谷間を歩いて、困民党体験を重ねたことは、同年五月の祖父玄快の死去に伴う小田原帰郷や七月の富士山遊び、九月の川口村困民党事件等で語られてきた。そして「透谷の終生を貫く民権思想の基盤が読書のみでなく、このようなトラヴェラー体験のなかに存在している」（平岡敏夫『北村透谷研究評伝』）と言われる。これらの困民党体験の中で、最大の事件は十七年五月十五日に起きた、大磯の高利貸・露木卯三郎殺害事件であろう。この事件そのものについては、ここではふれないが、その負債者が相州六郡（大住、淘綾、足柄上・下、愛甲、高座）にまたがり、空前の殺人事件にエスカレートしただけに、その衝撃は絶大であった。この事件の結末は、被害者の遺族がこれまでの負債について大幅な譲歩をしたため間もなく終わりをみたが、これが先例となって同時進行中の他の騒擾事件にも影響を及ぼし、相州西部の騒擾はひとまず解決することとなった。因みにこの事件は、祖父玄快の死去（五月十二日）の三日後に起きている。

このような困民党体験は、同時代の多くの民権活動家にあったようだ。大矢も自伝の「略歴」の中で、次のような言葉を残している。

「此歳朝野の政争ハ漸く激甚を極め、財界亦逼塞して、農民飢渇を叫ふ。会《たまたま》富松氏等の加波山事件あり、又秩父の暴動起るあり、人心洶々たり。右ハ孰《いずれ》も半途に圧伏せられしと雖も、社会人心を衝動せしめたることハ尠少《せんしょう》に非ざりし。」

## (4)　事件前夜の透谷

さて、十八年に入ってからの透谷の足どりをもう一度整理しておこう。十八年三月、大矢は幻境を出て有一館に入った。この時透谷も幻境を出て大矢と別れている。このあとの透谷の足跡はわからない。それがわかるのは、この年の六月、野津田の石坂家に逗留して、二十三日から公歴と一緒に関西、中国方面に向けて東海道旅行に旅立っていることである。この旅行の初日に、透谷が高座郡本蓼川村の武藤角之助を訪問したことは、すでに述べた通りだ。しかし、この遠大な旅行計画も途中大雨に遭って小田原辺で切り上げ、わずか五日間で早々に中止している。(『天縦私記』)続いて夏には、前年の夏に行った富士登山についての『富士山遊びの記憶』を執筆している。そして、この年の最後に登場するのが、第三回の幻境訪問である。

よく引用されるその一節を取り出してみよう。

「三たび我が行きし時に、蒼海は幾多の少年壮士を率ゐて朝鮮の挙に與《あずか》らんとし、老崎人も亦た各国の點取《てんしゅ》に雷名を轟かしたる秀逸の吟咏を廃して、自村の興廃に関るべき大事に眉をひそむるを見たり。この時に至りて我は既に政界の醜状を悪《に》くむの念漸く専らにして、利剣を把《と》って義友と事を共にするの志よりも、静かに白雲を趁《お》ふて千峰万峰を攀《よ》づるの談興に耽《ふけ》るの思望大《おおい》なりければ、義友を失ふの悲しみは胸に余りしかども、私《ひそ》かに我が去就を紛々たる政界の外《ほか》に置かんとは定めぬ。この第三回の行《こう》、われは髪を剃り笻《つえ》を曳きて古人の跡を踏み、自《みず》から意向を定めてありしかば義友も遂に迫らず、遂に大阪の義獄に與《あずか》らざりしも、我が懐疑の所見朋友を失ひしによりて大に増進し、この後幾多の苦獄を経歴したるは又た是非もなし。」

ところで、透谷の第三回の幻境訪問がいつなのか、それは当然、大矢が非常手段に誘った時期と関連する。色川大吉氏はその時期を、大矢が二回目の非常手段に失敗して、最後の十月二十一日に決行する座間入谷村の戸長役場襲撃の直前と推定している。つまり十月中と見るわけだ。私も、この色川説には賛成である。二度の決行に失敗して焦燥を深めた大矢が、どたん場で「義友」透谷にその秘密を打ち明け、協力を求めたとしても不思議はない。

透谷にとってこの大矢の誘いは、「目の前の大地が陥ちこむような驚きだったに違いない」と色川氏は書いている。しかし、大矢はそれを断った透谷にあえて迫らなかった。その大矢も同郷の同志である菊田粂三郎の場合には厳しかった。菊田は「一旦は大矢に断りを申したるも、大矢は顔色怒気を帯び、実に事極端に至り已むを得ず」参加したと、法廷で弁明している。だが、そのことがかえって透谷に、「この後幾多の苦獄」をなめさせることになるのであった。

さて、ここで生ずる疑問は、透谷は大矢の誘いを受けるまで、大阪事件の計画について果たして何も知らなかったのだろうかということである。わたしの推測では、それ以前から大矢や武藤等神奈川の青年グループの動きから、それを感知していたのではないかと思う。たとえば大阪事件でよく引合いに出される、後の小田急創立者の利光鶴松がいる。かれも事件仲間から参加を脅迫された経験を持つが、その手記の中でこう述べている。

「神奈川県ニハ大阪事件ニ参加セルモノ甚ダ多ク、表面事件ノ連類トシテ顕ハレザルモ、陰ニ之ニ賛成セシモノニ至リテハ、県下挙党然リト云フ状況ナリ」（『利光鶴松翁手記』）

つまり、かれらの仲間内では、大阪事件は公然の秘密になっていたと言うわけである。そして透谷もそれらの仲間の内にいたと考えても、決して不自然ではない。

第二の疑問は、透谷がいつこれらの仲間から離れ、民権運動から離脱したかという問題である。これも第一の疑問と関連している。

結論から言えば、わたしは透谷は大矢から非常手段の誘いを受けるまで、活動家仲間のうちにいたと考えたい。言いかえれば、大矢の誘いがこれらの仲間と別れ、運動から離れる最初の（最後ではない）引き金になったと思う。これまでの通説では、父快蔵宛の哀願書が書かれた時が、運動離脱の「最初の断念」があった時期であり、大矢の誘いが運動離脱の最後の決め手となったとされてきた。そして哀願書の書かれた時機をめぐって、それを十七年九月の加波山事件（色川説）か、同年十月二十九日の自由党解党大会（平岡説）と言われてきた。

しかし十八年夏書かれた『富士山遊びの記憶』では、「世運傾頽」といった悲観論は見られず、一年前の思い出とはいえ、「盟ひの友」（大矢）を尋ねる自己の心境を、「涼しき心」とまで言っている。そこには平岡氏の言うように、まだ運動離脱の暗い影は見られない（平岡敏夫『北村透谷研究評伝』）。透谷が「明治十八年に入りて、余は全く失望落胆した」というのは、むしろ大矢との訣別のあとではないか。

『富士山遊びの記憶』と並んで、透谷がまだ元気でいる証拠としてわたしが取り上げたいのは、再三言及した十八年六月の公歴との旅行である。公歴も大阪事件には直接かかわっていないが、その旅行の初め、透谷がわざわざ武藤の所を訪ねていることである。すでに述べたように、武藤は六月九日、大矢と一緒に上京して有一館に入り、事実上大阪事件のメンバーの一人となっていた。それはかれの調書にある大矢とのやりとりを見ても明らかであろう。

「大阪事件裁判傍聴記」によれば、武藤は七月二十八日、有一館々長の磯山清兵衛から、山本与七宛の大井の封書を托され、高座郡座間村（現座間市）へ行って山本に手渡したと述べている。その中身については公判廷で裁判長から追求されるが、かれは見ていないと答えている。手紙の趣旨は恐らく四囲の状況からして、非常手段にかかわる資金集めのことであろう。山本は愛甲郡の天野政立と並んで相州の責任者であり、大矢らの戸長役場襲撃もかれの指示によるものであった。その武藤が磯山から正式に朝鮮での実行隊に参加を要請されたのは、八月中旬と言っている。

　そんな武藤を透谷が、あえてその郷里に訪ねたことにわたしは注目する。同家を訪ねた透谷が直接武藤に会えたかどうか不明だが、訪ねるからには当然事前の連絡があり、迎える側の武藤は予め本蓼川の実家に帰っていたものと見なければなるまい。さらに透谷はそのあと、公歴と一緒に藤沢の平野友輔を訪問している。友輔は民権活動家として、東大在学時代から民権運動に参加し、八王子で医院を開業するかたわら、不屈の活動を行っていた。そして、翌十九年七月に八王子を離れて藤沢の郷里に戻っているので、当時はまだ八王子に在住していた。こう見てくると、透谷がこの時期「失望落胆」しているとはとても思えない。むしろ、大阪事件に結集する「悲憤慷慨の壮士と共に、我が血涙をしぼる」こともあったであろう。

　よく言われるように、透谷の民権運動にふれた手記や書簡は、後年のものが多い。たとえば、明治二十年八月十八日のミナ宛書簡、同年八月下旬の父快蔵宛の書簡は、大阪事件から二年後のものであり、『三日幻境』（二十五年七月）の記述にいたっては七年も後のものである。色川大吉氏は『三日幻境』の透谷像について、「三人の性格の書き分けは必ずしも適切ではない。『剣を撫し時事を慨ふるものは蒼海』というのはその通りであったとしても、『天を仰ぎ流星を数ふるものは我れ』とか自己を美化しすぎている。その頃の大矢の自伝の記録をおいて見るとき、志士の心情への共感は深かった。そして、透谷が運動離脱後にしばしば放つ壮士批判は、二、三年後にキリスト教を受容し、生命尊重の思想に服したときから始まる」と述べておられる（『北村透谷』）。

このような後年の潤色や自己合理化は、『三日幻境』に限らず、二年後の手記や書簡についても言えるであろう。こう見てくると、哀願書の書かれた時機を透谷の運動離脱への志向と見る従来の諸説については、再検討を迫られるわけである。特に大阪事件と透谷について、その感が深い。

## (5)　関連資料について

最初にも述べたように、武藤角之助関係資料の中に、明治十七年の激化事件に関する資料が二つ発見された。加波山事件の「檄文」と飯田事件の「軍令職緒言」である。それにもう一つ、明治十一年の大久保利通の「斬奸状」があり、この三つの文書がひと綴りになって保存されていた。最後の斬奸状はさておいて、ここでは最初の二つの文書について考察してみたい。

両文書は共に肉筆で書かれており、書体から見て両方とも武藤のものと思われる。恐らく別に原文書があって、それをかれが筆写したものであろう。内容については、「軍令職緒言」の方は「自由党史」のそれと変わりないが、加波山事件の「檄文」は表現にかなりの違いがある。二つの檄文を読みくらべてみると、前者は未定稿のままであり、後者は十分な推稿の跡がうかがえる。今参考までに、その全文を掲げておこう。

「　明治十七年檄文

抑モ建国ノ要ハ衆庶平等ノ理ヲ明ニシ各均シク天与ノ福利ヲ亨《うく》ルニアリ　而シテ政府ヲ置クノ趣旨ハ人民天与ノ自由ト幸福トヲ保護スルニアリ　決シテ苛法ヲ設ケ圧□《ママ》ヲ施スベキモノニ非

ラザルナリ　然リ而テ方今我国ノ形勢ヲ観察スルニ外ハ条約未ダ改マラズ　内ハ国会未ダ開ケズ　為メニ奸臣政柄ヲ弄シ上聖天子ヲ蔑如シ奉リ下人民ニ対シ収斂時ナク餓莩《がひょう》道ニ横ハルモ之レヲ撿スルヲ知ラズ　其惨情苟《いやし》クモ志士仁人タルモノ豈《あに》之レヲ黙視スルニ忍ビンヤ　夫レ大廈《たいか》ノ傾クハ一木ノ能ク支フベキ所ニ非ラズト雖モ奈何ゾ坐シテ其倒ル丶ヲ見ルニ忍ビンヤ　故ニ我党ハ玆ニ革命ノ軍ヲ茨城県真壁郡加波山上ニ挙ゲテ以テ自由ノ公敵タル専制政府ヲ顚覆シ而完全ナル自由ノ立憲政体ヲ造出セント欲ス

嗚呼三千七百有余万ノ同胞ヨ　奮フテ大義ニ応シ我党ト倶ニ志ヲ同《おなじく》シ万民ヲ塗炭ニ救ヒ自由ヲ万生(世)ニ伸ブルハ豈志士仁人ノ本分ニ非ラズヤ　玆ニ檄ヲ飛シテ天下ノ同胞ニ告クル事爾《しか》り

明治十七年第九月

富松正安
三浦文次
河野廣体
琴田岩松
外十二名　」

（藤沢市大庭・金子隆氏蔵）

ここで問題にしたいのは、これらの文書がどういうルートで武藤の手に渡ったかということである。むろん文書の発信者は事件の当事者であることは間違いないが、武藤について言えば、有一館のルートがまず考えられる。

加波山事件は富松正安と大矢の「盟約」もあったことであろう。いずれにしろ、このような文書が他で発見されたという事実を寡聞にして知らないので、判断の手だてもない。言えることは、これらの激化事件では、事件の当事者たちが広域にわたって連絡通信網を形成していたということであろう。逆に言えば、これらの文書の配布と普及を手助けする事件の同伴者たちが、関東や東海の各地に存在していたと考えられる。

激化事件が最も集中した明治十七、八年の状勢の中で、首都（東京）占拠計画とか常総甲武の一斉蜂起とか全国的大動乱とかの諸計画の有無が、かつて論ぜられたことがあったが、大胆に言えばこの二つの文書も、そのような論議に一石を投ずることになるのかもしれない。

ともあれ、明治十七、八年の政治経済状況は、急進派の青年たちにとっては専制政府転覆と、国内革命（内地改良）の好機と映じていたのである。そして透谷も、過激粗暴な壮士たちの挙動に違和感を感じながらも、大阪事件の直前まで、そのような青年たちの仲間うちにいたと言えないだろうか。

**補註**

＊　武藤角之助は出獄後、藤沢町大庭の金子小左衛門家に入婿し、金子角之助と改姓した。義父のあとを継いで、明治四十二年（一九〇九）藤沢町会議員となり、次いで同四十五年には藤沢町長に就任し、以来十六年間町政を担当した。その間、大正十年（一九二一）には、全国町村会会長に選出され、折からの大正デモクラシーの気運の中で、郡制廃止、両税移譲、義務教育費の国庫負担の三大要求を掲

げて、地方自治権の拡大に大活躍した。
なお、ごく最近大阪事件在獄中のかれの書簡が発見されたので、参考までに紹介しておこう。
「拝啓
稲田収穫御多忙の秋にも不拘御慰問被成下難有奉存候、迂生事幸ひ皇天の冥助により無事消光罷在候　今日文明の恩沢にて昔の如き厭ふべき嫌ふべき牢弊無之保護の整理営内の清潔日々の運動等は丸で世人の予想外に御座候　殊に各処の諸友は日々慰問いたし呉れ候間御安神の底（程）奉希望候　精処君曩《さき》きに面接し育三郎清太郎二子次きに遠より物品を贈与し今又愛兄の尊書に接し我村人の迂生を愛せらるの深きは大に奉感謝次第に御座候　古人曰く愛は徳を建つるもの也と我村人夫れ近き歟《か》　迂生又長く此厚意を忘れざるべし　四方山の御談《おはなし》は貴命の如く帰村の后炉を擁し座を丸ふして充分其快を尽すべし　御両親様御令閨平様にも宜敷御伝言を乞ふ
武藤角之助
神奈川県高座郡綾瀬村
武藤熊太郎様
」
（大和市福田・武藤久雄氏蔵）

＊＊　幻境の中での透谷の大矢に対する心酔ぶりは有名だが、大阪事件のあと石坂ミナとの恋愛の中で透谷は、「嬢は実に第二の大矢なり」と言っている（一八八七年八月下旬、父快蔵宛書簡）。また、後年の大矢との交友を見ても、透谷には終生「心の友」大矢のことが脳裏にあったと思われる。
一方、石坂公歴については、アメリカ亡命後の活動に接して、「君は蓋世《がい》の真丈夫なり（中略）余は生まれて此に二十年、未だ曾て君の如き畏るべき友を得たることなし」（一八八七年十二月十六日、在米石坂公歴宛書簡草稿）と畏敬しながらも、他のところでは、「小生の気風は遠く公歴氏の上に在りたり」（前掲、父快蔵宛書簡）と述べている。

## 資料および参考文献

『北村透谷全集』岩波書店
『北村透谷集』岩波文庫
松尾章一・松尾貞子編『大阪事件関係史料集(上)(下)』日本経済新聞社
『自由党史(下)』岩波文庫
石川諒一・玉水常治共編『自由党大阪事件』長陵書林
『綾瀬市史3　資料編　近代』
『大矢正夫自徐伝』大和書房
色川大吉責任編集『三多摩自由民権史料集(上)(下)』大和書房
色川大吉『北村透谷と大矢正夫　大阪事件内面史』(日本人物体系5)　朝倉書房
色川大吉『明治精神史(上)(下)』講談社学術文庫
色川大吉『自由民権の地下水』同時代ライブラリー　岩波書店
色川大吉『北村透谷』東京大学出版会
小沢勝美『北村透谷　原像と水脈』勁草書房
平岡敏夫『北村透谷研究評伝』有精堂
『北村透谷』日本文学研究資料叢書2　昭和女子大学
『透谷と美那子』民権ブックス2　町田市立自由民権資料館
『北村透谷と多摩の人びと』民権ブックス7　町田市立自由民権資料館
北村透谷没後百年祭実行委員会編『北村透谷と小田原事情』

## V　大阪事件とその後の自由党

大阪事件研究会『大阪事件研究』柏書房

拙著『神奈川の自由民権運動』新かながわ社

拙著『自由民権運動と神奈川』有隣堂

拙著『よみがえる群像－神奈川の民権家列伝』正・続　神奈川新聞社

拙著『大矢正夫小伝』青芝俳句会

拙稿「研究ノート　大矢正夫と村松亀一郎」－『自由民権』7　町田市立自由民権資料館紀要

拙稿「明治女性史に関する二つの新史料－景山英子と相州自由民権運動」－『神奈川県史研究』28

拙稿「小笠原東陽とその弟子たち　自由民権と耕余塾」－『藤沢市史研究』24

# 13 高座郡における明治二十六年の県会選挙
## ――長谷川彦八の日記から

### (1)　長谷川彦八と日記について

ここに紹介する日記は、大和市が生んだ明治の地方政治家・長谷川彦八によって書かれたものである。長谷川家は大和市下鶴間の旧家で、同家に伝わる「家譜」によれば、江戸時代の天和二年（一六八二）に没した初代彦八より、現当主の賢太郎氏に至るまで、一三代続く地方きっての名望家である。同家はまた江戸時代には代々村役人に就き、幕末の万延元年（一八六〇）には名字帯刀を許された。

長谷川家の家系の中で、日記の筆者・彦八は第一〇代の当主である。彦八は安政元年（一八五四）の生まれで幼名を彦介と言ったが、父の権平（九代彦八）が早逝したため、祖父・彦兵衛（八代彦八）の膝下で育てられ、わずか九歳で家督を相続している。明治維新を迎えたのは、かれが十四歳のときであった。そして明治五年（一八七二）、十九歳で妻タカを、高座郡新田宿村（現座間市）の長谷川金七家から娶《めと》っている。

彦八がはじめて郷村の公務に就いたのは、明治十年（一八七七）で第二十大区第二小区の副戸長の職であった。次いで第九中学区副学区取締（十一年）、下鶴間村戸長（十四年）、下鶴間ほか三カ村連合戸長（十七年七月）、県会議員（十八年十二月）と、草創期の地方制度の要職をあわただしく駆け上っていった。そして最も長くその職にあったのが、最後の県会議員時代で、明治十八年から同二十九年まで在職している。しかし晩年は病気に冒され、明治三十九年（一九〇六）十二月、五十六歳で他界している。

彦八の生涯の中で最も注目されるのは、明治十年代の自由民権運動と二十年代の県会議員時代である。民権運動時代の彦八については、『大和市史研究』四号の拙論「相州自由民権運動ノート—大和市域とその周辺」や、『大和市史3　通史編　近現代』を参照して頂くとして、ここでは、日記との関連から明治二十年代の県議時代の活動がテーマとなる。この日記は彦八が明治二十六年（一八九三）、二度にわたって行われた県会議員選挙の候補者としてたたかった選挙記録である。日記は二十五年十二月から稿を起こし、翌二十六年十二月までで、日常の生活記録はほとんどなく、専ら選挙を中心とした内容となっている。ここには選挙戦の状況が詳細に描かれており、候補者・彦八の日々の活動が克明に記されていて、大変興味を呼ぶ。その全体の内容については、あとで詳しく紹介することにしたい。

なおここで、日記について一言、言って置きたいことがある。それはこの日記が発見されるまで、県会選挙に関する地元の資料が皆無に近かったことだ。そのため、以前編さんされた『大和市史5資料編　近現代　上』では、止むを得ず当時の新聞記事に頼らざるを得なかった。市史資料編に収録した新聞記事は、選挙をたたかった二党派の機関誌（『自由新聞』及び『毎日新聞』）からとったもので、それなりに役立ったが地元の原資料が無かったため、いま一つ迫力に欠けるものとなってしまった。それ故に今回発見された日記は、どれ程強調してもし切れない程の重みと価値を持っている。長谷川家の蔵の中に奥深く眠っていたこれらの資料が、初めて日の目を見ることが出来たのは、現当主である長谷川賢太郎氏のご配慮と決断によるものである。私事にわたるが、私自身、同家とは先代の彦太郎氏以来三〇年にわたるご交誼を得たこともあって、この日記との出会いには殊更感慨深いものがある。

さて、日記の内容に入るまえに県会選挙の前哨戦とも言うべき二つの国政選挙についてふれておかねばならない。最初のそれは国会開設にともなって行われた明治二十三年（一八九〇）の第一回衆議院議員選挙である。当時の高座郡は、神奈川県下六選挙区中、愛甲郡、津久井郡と共に第五区に属し、自由党から中島信行、改進党から今福元頴を候補者に立てて争われた。中島は土佐出身で、神奈川県令や自由党副総理の経歴をもつ著名人、一方の今福は地元海老名の出身で、県会議員から高座郡長に転出した地方名望家だ。しかしその経歴と知名度には格段の差があり、勝負は最初からついていた。選挙の結果は予想通り、中島一一四六票、今福三三七票で自由党の圧勝に終わった。この選挙では、自由民権運動以来培ってきた自由党の底力を如実に示した感があった。

第二回の衆議院選挙は世にいう大選挙干渉で知られている。第二議会で民党の攻勢に手を焼いた松方内閣が、二十四年の暮、議会を解散して翌年早々に行った選挙である。第二議会で民党連合を組んで藩閥政府に対抗した自由、改進の両党は、選挙でも共同してたたかった。神奈川県の各選区をみても、一区は島田三郎（改進）、二区山田泰造（自由）、三区石坂昌孝（自由）、四区山田東次（自由）、六区福井直吉（自由）と、民党が共同候補を推してたたかった。しかし五区だけは事情が違っていた。ここでは現職の中島が候補を辞退したため、自由党内で後継者争いが生じた。候補者に名乗り出たのは、山田嘉穀（海老名）と菊池小兵衛（茅ヶ崎）という二人の自由党県議であった。同じ高座郡内で、山田は北部に菊池は南部に地盤をもっていた。とりわけ菊池は県会開設以来の古参議員で、その名声は山田を淩《しの》ぐものがあった。結局両者間では調整がつかず、山田が後継者に選ばれた。それに不満を持った菊池は、自由党を脱党し改進党から推されて立候補した。その結果五区では、異例の民党同士の対決となったのである。とくに高座郡は両候補の出身地だけに、郡内を二分する激戦となった。

ところで選挙の結果は、今度も山田の当選で自由党の勝利に帰した。しかし、両候補の得票を比べると、山田七七一票、菊池六四六票で菊池の善戦が光った。それはこれまでの改進票に加えて、自由派の票を大きく喰《く》ったからであった。以来高座郡は選挙のたび毎に両党の党争の舞台となった。

さて第二回総選挙は、松方内閣の大選挙干渉によって、全国各地で民党と吏党・官憲が衝突して流血事件を引き起こし、民党側に多くの犠牲者を出した。神奈川県でも南多摩郡鶴川村（現町田市）で、大須賀事件という殺人事件が発生し、それを口実に自由党に大弾圧が加えられた。

そこで、選挙が終わると民党は、新議会で松方内閣の責任追及に乗り出した。神奈川県でも同年十二月、県会で内海知事と菅井警部長の罷免を要求する建議案を提出した。この建議案は出席議員四三名中三七名の圧倒的多数で可決された。これに対して内海知事は、府県会規則三十三条に基づいて内務大臣の指揮を請い、同月十六日県会解散の挙に出た。こうして神奈川県では、二十六年一月早々、県政史上はじめての議会解散による県会選挙が行われることになった。そして、高座郡では三度、自由・改進の宿命の対決が展開されることになる(1)。

## (2)　第一回県会選挙

さて、この辺から彦八の日記は始まる。日記の冒頭の日付は明治二十五年十二月十一日となっている。この日彦八は金子小左衛門（大庭）、大島正義（海老名）、志村大輔（田名）らと上京している。そして翌日は、貴族院を傍聴し、地価修正事務所を訪れ、また地元の代議士・山田嘉穀と面会している。山田との面会は恐らく県会選挙の相談であろう。

十二月十七日、地元では早くも選挙の準備が始まった。当日の日記に、

「国分村集会ニ村、蜂須賀氏同車ニテ出張ス、和泉屋ニテ中喰ヲナシ龍宝寺ニ会ス、会スルモノ凡五十名、県会議員改選之事ヲ議ス、候補者来ル廿一日同葉に各村二名ヅツ委員出張ノ上公選之事ニ決ス」

この集会の出席者を旧村別に分けると次のようになる。綾瀬六、上今泉五、下今泉、国分各四、

河原口、中新田各三、大沢、大和、藤沢、渋谷各二、上郷、福田、溝、新戸、新磯、磯部、六会、御所見、田名、本蓼川、柏ケ谷各一（「明治二十五年日記」）

つづいて二十一日には

「蜂須賀氏ト同道、国分村龍宝寺ニ参ル、会スルモノ大凡二十二名、県会候補ノ事ヲ議、午後六時頃漸ク投票ニテ決定ス、后十時頃帰宅ス　車夫増蔵」

この日投票で決まった候補者は、金子、大島、志村、長谷川の四人であった。このうち大島、志村は現議員、長谷川は元議員、金子は新人であった。明けて一月二日には、国分村で中部集会が開かれ、支持者の「調印ヲ取ルコト」が決まり、支持獲得の本格的な活動が始まった。

一方、自由党本部は今回の神奈川の選挙を重視して、一月四日横浜の旧公道倶楽部に、本県出身の代議士、県議、党員ら二〇〇名を集めて、支援のための全県集会を開いた（日記一月四日、以下、一月四日と日付だけに省略）。この集会では先の知事罷免の建議案に賛成した議員にのみ投票することを申し合わせている。

このあと彦八は、村役場に村会議員を集めて全員の支持を取り付けたり（一月十日）、村内の青年三七、八名を新年宴会で自宅に招き、鶴間青年会を結成したりしている（一月十二日）。この青年会はやがて選挙戦の実戦部隊として、彦八らの手足となって活躍することになる。

選挙戦の中で彦八は、党員、支持者の協力を得て、演説会と懇親会を精力的に開き、支持を拡げている。これらの集会は一月半ばから連日のように開かれ、村落単位に二〇名から四〇名の聴衆を集めて行われた。その間をぬって彦八は郡内を駆け回り、一日に何人もの有力者や支持者を訪問して支援を訴えている。活動が深夜に及んだため、有志の自宅や最寄の旅館に外泊することもしばしばであった。

彦八ら自由党が選挙中訴えた政策に地価修正問題があった。地価修正はかつての地租軽減運動に代わるものとして、西日本を中心に地価の不公平を是正する運動として取り組まれたものであった。地価修正法案は前年の第四議会で衆議院を通過したが、貴族院の反対で不成立に終わった。このとき神奈川県でも、自由党が県内組織をあげて議会請願を行っている。しかしその後も、地価修正に対する選挙民の関心は高く、彦八らも集会でこの問題を積極的に取り上げている（二月二十日）。

話が前後するが、ここで当時の県会議員の選挙制度にふれておこう。県会の定数は五八名で選挙区は郡区単位に分かれ、高座郡の定数は四名であった。議員の任期は六年で三年毎に半数が改選される。選挙の有権者は直接国税五円以上を納入する二十歳以上の男子、被選挙権は同じく一〇円以上・二十五歳以上の男子であった。これを当時の高座郡に当てはめると、選挙権の有権者は郡民の五・三％、被選挙権のそれは二・五％である。こうした財産と性による制限の外に、投票は記名投票という不合理なものであった。このような制度の欠陥が、選挙戦を激烈なものにし、限られた有権者を力で奪い合うという風潮を生んだ。選挙戦に壮士が登場するのも選挙の日常風景となっていた。これは投票前夜の日記である。

「一月三十一日、郡中競争盛ンナリ、正午頃ヨリ座間へ十二

表13・1　明治26年2月の高座郡県会選挙結果

| | 氏　　名 | 党派 | 得　票 |
|---|---|---|---|
| 当 | 長谷川彦八 | 自由 | 2042票 |
| 当 | 高橋伊三郎 | 改進 | 2004 |
| 当 | 金子小左衛門 | 自由 | 1983 |
| 当 | 志村大輔 | 自由 | 1937 |
| 次 | 川井考策 | 改進 | 1929 |
| | 大島正義 | 自由 | 1920 |
| | 伊東祐吉 | 改進 | 1870 |
| | 榊原善政 | 改進 | 1802 |

人、大野村へ十八人、下溝村へ十二、三人、明治村へ二十人ノ壮士ヲ発ス、明治村金子飛脚来、依テ村方一同　ノ人夫凡百人程夜中明治村ニ向フ」

さて、二月一日の投票の結果は、表13・1のように自由三、改進一で自由党の圧勝に終わった。彦八はトップ当選。当選の確定した二日の晩、かれは村民三、四百人を招いて盛大な祝賀と慰労の会を催している（二月二日）。

## (3)　選挙の取消と再選挙

しかしこれですべてが終わったわけではなかった。一カ月後、彦八らの前には二つの大きな問題がもち上がった。一つは「三多摩分離問題」で、高座郡に隣接する三多摩を、神奈川県から東京府に移管する問題である。東京市民の生活用水で、三多摩を流れる玉川上水の水源確保と安全のために多摩三郡を東京府に移管しようという構想は、以前から政府内にあった。それが二十六年二月、「東京府及神奈川県境域変更ニ関スル法律案」として、議会に上程されるに及んで、俄然一大政治問題となった。その裏には、自由党が多数を占める神奈川県会の力を分断しようという、藩閥政府の意図もあったと言われる。これに対して、三多摩をはじめ神奈川自由党も強く反対した。とりわけ多摩に多くの同志を持つ彦八は、三多摩復帰の建議案を県会に提出したり、大和村の有志一四四名の移管反対の請願書を衆議院に送るなどして、運動の先頭に立った[2]。結局この法案は、自由党の反対にもかかわらず議会を通過したが、このとき改進党の菊池小兵衛をはじめ県会議員の候補者らは分離案に賛成し、賛成主意書を政府に送って自由党の憤激を買った。

もう一つは、さきの高座郡の県会選挙の取り消し問題であった。選挙直後から改進党は、選挙の仕方に不正があったとして、県に対して選挙の無効を申し立てていた。それは次のような理由によるものであった。

「一、投票用紙列記ノ書式ヲ知事ヨリ達シアルニ拘ハラズ、一選挙人ニ用紙四枚ヲ与へ、一枚ニ一被選挙人ヲ記載セシメタル事

二、選挙人被選挙人ノ氏名ヲ朗読シ、之レヲ点数簿ニ記入シテ計算スベキヲ、一被選挙人毎ニ投票一括ニシ毎括ノ合点数ト被選挙人ノ氏名トノミヲ朗読シタル事

三、本会（選挙会のこと）書記ニ町村長、助役、役場書記ヲ任用シタルコト

四、毎括被選挙人ノ投票ヲ立会人ニ取扱ハシメタル事[3]」

つまり、これらのことが府県会議員選挙規則第五十八条に違反し、選挙は無効だという申し立てであった。

なお、改進派の毎日新聞では違法の理由として次のように報道している。

「去二日海老名村本会場に於て開票に着手せしに、自由派候補者金子小左衛門を小右衛門、改進党の川井考策を老策と記載せる者各数票ありしに、選挙長たる井坂郡長は小右衛門を有効に、老策を無効と認定し（後略）[4]」

これを受けて県知事・中野健明は、五月八日内務大臣の認可を得て、先の選挙を取り消し、あらためて七月二十日に選挙会（投票）を開くとの告示を行った。

これに対して自由党も黙っておらず、県議の長谷川と金子の連名で、知事宛に伺書を提出して再考を求めた。その言い分は、すでに選挙後三カ月が経ち、当選議員は県会に出席して活動している。この場合の議員の資格問題は、行政官たる知事になく、議会がその可否を決める権限があるというものであった。しかし知事はこれを却下したため、結局告示通りとなった。これについては、彦八ら自由党は一度は「出訴」して争うことを決めたが、自由党幹部・星亭の意向もあって出訴を断念した。

当時の星は自由党関東派の総師として、県下の自由党員に絶大な影響力を保持していた。高座郡の県会選挙における自由、改進の対決も、星の戦略から出たといわれており、選挙中も彦八らは五回も上京して星の指導を仰いでいる。星はこの頃から改進党との連合を打ち切り、外相陸奥宗光を通じて、藩閥の首領伊藤首相との提携を模索していた。いわゆる「政界横断」（民党連合）に代わる「政界縦断」戦略である。そのために、ライバル関係にある改進党との対決を前面に押し出し、その最初の舞台を高座郡の県会選挙に設定したのであった。

さて、再選挙の告示と共に、自由、改進両派は再び選挙戦に突入した。候補者は、自由党は前回と同じ顔ぶれ、改進党は榊原善政を山宮藤吉に代えて選挙に臨んだ。自由党では前回落選した大島が、一時出馬を固辞したため（六月七日）その説得に手間取ったが、大島の義兄に当たる愛甲郡下川入の自由党領袖・小宮保次郎や、政友牧野随吉の力を借りて、再度出馬させることが出来た。

自由党は序盤で、出訴問題や候補者決定で時間をとられたが、六月十五日の長後・羽根沢屋で行われた「相談会」で陣容を整え、選挙戦に全力を上げることを決定した。今度の選挙で自由党が特別重視したのは党勢拡大であった。とくに彦八は地元下鶴間の党員獲得に力を入れ、選挙終了時には一〇〇名に達したと報告している（十月二十七日）。ちなみに選挙前の郡下主要村の党員数は、大和三六、海老名二六、綾瀬二三、座間二二、有馬四、下溝四となっている（「明治二十五年日記」）。党員獲得と合わせて、自由派の機関誌である『自由新聞』や『めざまし新聞』の購読が進められ、その数は郡内二一カ村、三六四部に上っている。[5]

また「県会議員選挙略表」という文書には、郡内の村別有権者名簿一覧や村会議員名簿が記載されており、名簿の一人ひとりについて自由、改進、中立という色分けがなされている。それによれば、郡下二七カ村のうち、自由派の優勢な村が一四カ村、反対派が六カ村、勢力伯仲が三カ村となっている。この外に選挙戦の遊説委員に選ばれた一八名の名簿があるが、これらのメンバーは日記にしばしば登場する郡党の指導的活動家たちである。

投票を一カ月後に控えた六月二十五日には、かねてから準備してきた神奈川県青年会（相陽自由会）の発会式が藤沢で開かれた。この日、東京から板垣、星らの党幹部を迎え、駅頭は一〇〇〇人の支持者の歓迎でわき立ったと言われる。また発会式の会場は二五〇〇人の参加者で埋まり（三月二十五日）、発起人を代表して平野友輔が趣意を述べ、次いで板垣、星の演説があった。青年会幹事（九名）には大和からは村長の蜂須賀又次郎が選ばれ、賛成員（四九人）には彦八と和田直栄が名を連ねた。[6]青年会の発会式が、この時期に地元で行われたのは、高座郡選挙への全県的な支援と決起を呼びかけるものであった。一方改進派も、六月十八、十九日の両日、有馬村と茅ヶ崎村で、それぞれ七〇〇人、五〇〇人の支持者を集めて演説会を開き、気勢を上げた。[7]このとき弁士として出席した代議士の島田三郎と大津淳一郎が、同派の陣頭指揮を執った。それに対抗して自由派は、石坂昌孝、佐藤貞幹、村野常右衛門らが三多摩壮士を率いて応援に駆けつけた。とくに石坂は再三現地に泊まり込んで選挙戦の指導に当たっている（六月十二日〜六月十六日）。

七月に入ると両派の抗争は遂に血を見るに至った。七月十一日、綾瀬村吉岡の正福寺で星亨を迎えて開かれた政談演説会に、改進派の壮士一〇〇人が押しかけ、両派の壮士が入り乱れてピストルを乱射するという事件が発生した。この日の彦八の日記には、「寺尾村ヲ発シ星先生ニ向フ、綾瀬村吉岡ニ政談演説会アリ、改進党員凡ソ八、九十名来襲ス、午后十時帰宅ス」とある。

事態を重く見た警察は、会場にいた彦八と金子の二人を、改進党弁護士の高橋留吉に傷を負わせたとして「故殺未遂」の容疑で逮捕し、横浜監獄に収監した（七月十三日）。そしてこの日から八月三日まで、日記には空白が続く。わずかに七月三十一日の項に、六人の入監者の名が記されているに過ぎない。

そこで、日記にはないその後の選挙戦の模様を、新聞報道によって追ってみよう。吉岡事件を契機にエスカレートした両派の抗争は、日を経るにつれて暴力選挙の様相を帯び始めた。両派の壮士が相手側の事務所や運動員を襲い、暴力を振るって負傷させるという事件が頻発した。その度に両派の告訴合戦が繰り返された。新聞はこの選挙を「高座の血戦」とか「流血の選挙戦」というセンセーショナルな見出しで書き立てた。例えば七月十四日の『毎日新聞』にはこんな記事が出ている。

「同地方昨今の光景は恰も戦争の有様にて、戦争に無関係の農民迄も仕事が手に就かざるより孰れも休業し居れり、壮士等自流の選挙領分には日夜隊伍を組みて要処要処に屯集し、各々仕込杖・刀剣・手槍若しくは短銃等を携へ、或は示威の為め時々空砲を発するものあり、又壮士の衣服は両派とも白槻衣・白股引を穿ち、紺の脚絆に鞋掛けの由にて、目印は大ひなる麦帽子の周囲に自由派は赤筋、改進派は白筋入れありと云ふ。」

また七月二十二日の同紙には、両派の選挙事務所の所在を示すこんな地図が載っているので、参考までに掲げておこう（図13・1）。

選挙で動員された壮士についてであるが、日記にも再三壮士のことが出てくる（七月五日）。第一回の選挙でもその終盤に多数の壮士が動員されたことは前にも述べたが、今回も同様であった。投票日当日の朝、自由党は自由派支持の選挙人一六〇人に、二〇〇人の護衛の壮士をつけて松林村の選挙会場に送り込んでいる。[8] 改進派もまた前日より選挙人を集め、護衛付きで朝早く会場に一番乗りさせている。

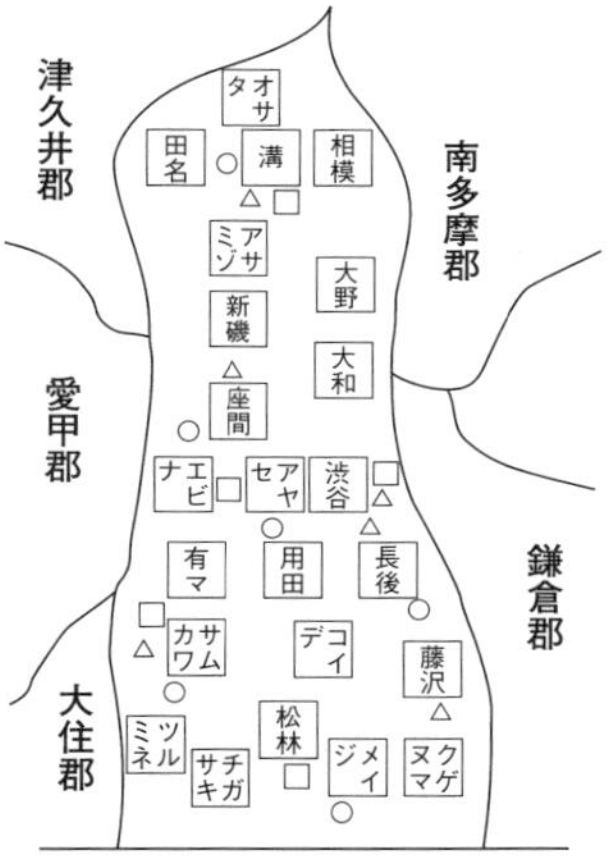


図13・1　選挙事務所所在地
『毎日新聞』明治26年7月22日から
□会場 5　○改進事務所 6　△自由事務所 6

ところで壮士とは、『広辞苑』（岩波書店刊）によれば、「一定の生業がなく他の依頼を受け、腕力を頼んで脅迫または談判などをする人」と定義している。つまり選挙戦ではこれが武器を持った戦闘集団となるわけだ。壮士と言えば、三多摩壮士のことが頭に浮かぶが、事実高座郡選挙では、三多摩壮士が大量に動員されたようだ。こうした中からやがて大和にも、「鶴間壮士」と言われる壮士の一団が誕生するのである。また土佐の出身で、後に高座郡を地盤に代議士となった胎中楠右衛門が、壮士としての第一歩を踏み出したのもこの選挙であった。(9)

壮士のことに関連して、武器のことにもふれておこう。日記の中に仕込杖の購入や注文のことが出てくる。「大和杖拾二本、シナイ廿五本…金子小左衛門氏受取」（二月二十日）とか、「仕込杖ヲ四本及タン刀壱本ヲ注文ス」（六月十二日）、「仕込杖横浜ヨリ来ル、金子氏ノ分青年会事務所へ預ケ置候事」（六月二十七日）等々である。これを読むと、当時は選挙に暴力はつきものとして、武器を準備していることがわかる。選挙戦の後半に、両派の武闘に手を焼いた警察が、それぞれの代表を招いて、武器の提出と携帯禁止を約束させたが、その時双方から提出した武器の種類と数は、ピストル、猟銃、刀剣、仕込杖、竹槍、棍棒《こんぼう》など、合わせて五〇〇余点に上ったという。(10)

この約束に関連して石坂昌孝が配下の壮士に向かって、「縦令《たとい》反対派が如何乱暴を働くとも諸君は忍びて之に堪えよ。必ずしも彼の挑発に逢ひ相率ひて立憲治下の乱民となる勿れ、令に従ふ者は進め、令に従はざる者は去れ」と訓戒しているところは流石である。(11)しかし武器の提出も十分な効果がなく、警察力では不足のため、選挙終盤には内務省の要請に基づいて憲兵まで出動する有様であった。(12)こうして、選挙の終わるまでに両派から巡査三名を含む四二人の負傷者（うち一五人は重傷者）を出し、暴力行為で藤沢と八王子署に検挙された者は一一人に上った。

## (4)　選挙勝利とその後の彦八

こうしていよいよ七月二十日の投票日を迎えた。この日未だ獄窓にあった彦八は、どこから情報を入手したのか、日記に「高座郡県会議員選挙当日ナリ、我党壮士及選挙ノ者同郡ニテ凡壱万人トノ事ナリ」と書いている。明けて二十二日、投票結果が明らかになった。開票結果は表13・2の通りで、自由派が全議席を独占し改進派は惨敗した。それにしても各候補の得票を見ると、わずか数票差で当落が決まるという大接戦であったことがわかる。

一方、獄中にあった彦八ら四名は、八月二日に保釈となり、保釈金五〇円を積んで久しぶりに釈放された(八月二日)。出獄した彦八は、しばらく横浜の津久井屋に逗留して休養を取り、同月六日に帰宅している。越えて八月二十二日には、横浜地方裁判所の予審終結決定の知らせがあり、彦八らは証拠不十分で全員免訴となった。これに対して改進派は、十月十日壮士五名が有罪となり、四カ月から六カ月の重禁錮に処せられている。

出獄後、しばらく鳴りをひそめていた彦八は、九月に入ると再び政治活動に復帰した。日記をたぐっても、自由党武相支部の発会式を兼ねた選挙祝勝会(九月三日)、藤沢青年会事務所での慰労会(九月二十日)、綾瀬村寺尾の中部慰労会(九月二十一

表13・2　明治26年7月の高座郡県会選挙結果

| | 候補者氏名 | 党派 | 得　票 |
|---|---|---|---|
| 当 | 大島正義 | 自由 | 2150票 |
| 当 | 長谷川彦八 | 〃 | 2146 |
| 当 | 金子小左衛門 | 〃 | 2141 |
| 当 | 志村大輔 | 〃 | 2131 |
| 次 | 伊東祐吉 | 改進 | 1982 |
| | 川井考策 | 〃 | 1981 |
| | 高橋伊三郎 | 〃 | 1976 |
| | 山宮藤吉 | 〃 | 1975 |

日）、座間村の北部懇親会（九月二十二日）と選挙の打ち上げが続いた。最後に地元観音寺での鶴間一統の慰労懇親会があった（十月十五日）。選挙の祝賀と慰労が一段落すると、彦八は多額の選挙費用の調達と清算に奔走しなければならなかった。資料中に二十六年十月の日付のある二冊の「義捐簿」があるが、それに郡下四三名の有志が四〇二円の募金を寄せている。しかしこれで足りたわけではない。「数千金ノ多額」に上ったといわれる選挙費用のうち、相当額を彦八が負担したことは、日記の端々からもうかがえる。五〇町歩地主として、郡内屈指の地主・資産家である同家の資産が、この時期低迷しているのも、二度の県会選挙での出費が大きく響いているように見える。(13)

十一月十日、高座郡選出の新議員を加えた臨時県会が開かれ、そこで彦八は副議長に選出されている。次いで翌年三月には県会議長に選任され、約二年間県政の舞台で、議会運営の舵取《かじと》りに当たることになる。時に彦八四十一歳、これが長年の政治活動を経て、地方政治家として登りつめた栄光のポストであった。

**注**

（1）以上各回の選挙については、『神奈川県史　通史編4　近代・現代(1)』

（2）『大和市史5　資料編　近現代(上)』

（3）長谷川彦八文書（長谷川賢太郎氏蔵）

（4）『毎日新聞』明治二十六年二月九日。以下の新聞記事は『大和市史5　資料編　近現代(上)』に収録

（5）長谷川彦八文書

（6）『自由新聞』明治二十六年六月二十七日
（7）『毎日新聞』明治二十六年六月二十一日
（8）『自由新聞』明治二十六年七月二十一日
（9）拙稿「郷土に見る近代黎明期の群像(下)」－『海老名の歴史』6
（10）『自由新聞』明治二十六年七月十八日
（11）同　明治二十六年七月十九日
（12）同　明治二十六年七月十八日
（13）拙稿「長谷川家文書資料調査報告について」－『大和市史研究』24
なお、彦八の日記は『大和市史研究』26号に全文収録されている。

## あとがき

わたしの民権研究も、かれこれ四〇年になろうか。本書に載せた最初の論文から数えても、すでに三〇年の歳月が流れている。その研究途上で大きな転機となったのは、昭和五十六年(一九八一)十一月、横浜集会をかわきりに始まった自由民権運動百年記念のカンパニアであった。同年から昭和五十九年(一九八四)の秩父事件百年集会まで、四年間続いたこの壮大なカンパニアは、わたしの民権研究にとって大きなはずみとなった。

その最初の年にわたしは、『神奈川の自由民権運動』(新かながわ社　昭和五十六年)、続いて数年後に、『自由民権運動と神奈川』(有隣堂　昭和六十二年)、『よみがえる群像―神奈川の民権家列伝』正・続(神奈川新聞社　平成元年)の三部作を上梓した。この頃がわたしの研究生活で、気分的に高揚し、精神的にも最も充実した時期であったと思う。

その後わたしは、神奈川県史の執筆などに携わり、退職後は、幾つかの自治体史の編集を委嘱されて今日に至っている。そのため、問題の関心が民権以外の分野に広がり、以前ほど民権研究に専念出来なくなった。しかし、自治体史の編さんでも、時として目を見張るような新資料に出会い、民権研究の意欲を呼び覚まされることがある。今回収録した幾つかの論文は、この時期に執筆したものである。

それにしても近年の民権研究は、研究者も少なく研究論文も僅かで、ひところに比べると隔世の感がある。民権研究をライフワークにしてきたわたしなどにとっては、寥々たる思いを禁じえない。また、自由民権運動を「近代国家形成期」の運動ないし一事象として、その革新性と独自性を否定する論説もあらわれるなど、研究者の志向も大きく様変わりしているように思える。これはわたしだけの感慨だろうか。本書の刊行がそのような研究状況に、あえて一石を投ずることになればと念願している次第である。

余談になるが、町田市立自由民権資料館では『武相自由民権史料集』の編集を進めている。これは以前刊行された『三多摩自由民権史料集』（色川大吉責任編集）に次ぐ大事業である。この史料集が、二十一世紀に向けた民権研究の起爆剤ともなれば、と期待しているところである。

最後になるが、本書の出版にあたって有隣堂出版部の方々、とりわけ山本友子さんには、一方ならぬお世話になった。厚くお礼申し上げたい。

二〇〇二年初夏　著者

## 掲載論文初出一覧

1 神奈川県における自由党の成立過程―『神奈川県史研究』2 昭和四十四年
2 草莽から自由民権へ―『神奈川県史 各論編1』 昭和五十八年
3 国会開設運動―『神奈川県史 通史編4』 昭和五十五年
4 湘南社にみる憲法論議（「民権期における地方政社の憲法論議」改題）―『倫社・政経研究』9（神奈川県高等学校社会科研究部会紀要） 昭和五十一年
5 「小宮日誌」と相州自由民権運動―『神奈川の自由民権』勁草書房 昭和五十九年
6 小笠原東陽の耕余塾とその弟子たち―『藤沢市史研究』24 平成三年
7 自由民権とまちづくり―『倫理・政経・現社研究』19（神奈川県高等学校社会科研究部会紀要） 昭和六十一年
8 武相困民党―『倫社・政経研究』4 昭和四十六年
9 相州西部の農民騒擾（「秦野の農民騒擾」改題）―『秦野市史 通史3』 平成四年
10 露木事件の歴史的意義―『倫社・政経研究』6 昭和四十八年
11 景山英子と相州の女性民権運動（「明治女性史に関する二つの新資料」改題）―『神奈川県史研究』28 昭和五十年
12 大阪事件と北村透谷―『綾瀬市史研究』3 平成八年
13 高座郡における明治二十六年の県会選挙―『大和市史研究』26 平成十二年

★ この中のいくつかの論文については、若干の改稿と補筆をした。

大畑　哲（おおはた　さとし）
1929年静岡県に生まれる。東北大学経済学部卒。元神奈川県立厚木高校教諭。神奈川県史のほか、厚木・相模原・大和・座間・綾瀬など、神奈川県内の多くの自治体史編さんに携わる。
著書に『神奈川の自由民権運動』新かながわ社、『自由民権運動と神奈川』有隣堂、『よみがえる群像－神奈川の民権家列伝』正・続　神奈川新聞社、編著書に『神奈川の自由民権－小宮保次郎日誌』勁草書房、『山口左七郎と湘南社－相州自由民権運動資料』(共編)まほろば書房、などがある。

相州自由民権運動の展開

平成14年9月25日第1刷発行
定価はカバーに表示してあります。

著　者　大畑　哲
発行者　松信　裕
発行所　株式会社　有隣堂
本　社　〒231-8623 横浜市中区伊勢佐木町1-4-1
出版部　〒244-8585 横浜市戸塚区品濃町881-16
電話045-825-5563　振替00230-3-203
印刷所　図書印刷株式会社
装　幀　海野圭子
 ISBN4-89660-174-2